TSMC와 트럼프 이펙트

: 대격변 예고

TSMC와 트럼프 이펙트

: 대격변 예고

tsmc,
TRUMP
EFFECT

콜리 황(黃欽勇) 지음 | **이 철(李鐵)** 옮김

 경이로움

대만의 반도체 산업을 통해 우리를 본다

신현철(반도체공학회 회장)

1990년대 우리나라가 반도체 산업을 처음 시작할 때 우리의 모델은 일본이었습니다. 그 이후 30여 년간 대한민국 반도체는 놀라운 성과를 거두며 세계를 놀라게 했습니다. 그러나, 현재 우리는 흔들리고 있는 상황입니다. 한때 전자제품 위탁생산 중심의 중소기업 산업구조라고 다소 간과했던 대만이 이제는 우리가 나아가야 할 새로운 모델로 보이기 시작했습니다.

　대만의 TSMC는 반도체 패권 전쟁의 중심에 서 있으며 글로벌 반도체 생태계의 중심 기업으로서 반도체 산업에서의 영향력과 역할이 매우 큽니다. 이 책은 TSMC의 시각을 통해 반도체 패권 전쟁의 본질을 이해하고, 앞으로 펼쳐질 미래에 대해 심도 있게 분석하고 예측하고 있다는 점에서 시사하는 바가 큽니다.

트럼프 2.0 시대에 들어서면서 미-중 무역 전쟁이 심화되고 있고 반도체 산업은 국가 전략적 이해관계의 중심에 서게 되었습니다. 이러한 갈등이 앞으로 더욱 심화될 것으로 예고된 가운데, 치열한 경쟁 속에서도 상호 보완적 협력을 통해 글로벌 반도체 생태계의 중심축을 형성하는 전략은 지금 시작되고 있는 AI 전환 시대에 더욱 중요해질 것입니다.

지금도 반도체를 둘러싼 미국, 중국, 한국, 대만, 일본, 유럽 등 주요 국가 간의 경쟁과 협력이 치열하게 펼쳐지고 있으며, 이러한 경쟁과 협력은 단순한 기업 간의 상업적 싸움이 아니라 기술 주권과 미래 산업의 지배력을 놓고 벌어지는 국가 차원의 무기 없는 전쟁과도 같습니다. 미국과 중국 사이의 좁은 틈새에서 생존과 전략적 입지를 유지하기 위해 노력해야 한다는 저자의 분석은 현재 반도체 산업 생태계에 포함되는 기업들이 직면한 과제를 정확히 짚어냅니다. 이 책에서 강조한 '효율보다 전략, 가격보다 가치'라는 메시지와 'AI를 지배하는 반도체'라는 TSMC의 당찬 포부는 반도체 생태계가 주목해야 할 미래 핵심 방향이 될 것입니다.

앞으로 재편될 글로벌 반도체 생태계는 치열한 경쟁 속에서도 상호 보완적 협력이 강화될 것으로 전망됩니다. 세계 각국은 폐쇄적인 정책이 아닌 전략적 협력을 꾀해야 하며 이러한 점에서 TSMC의 글로벌 생태계 구축을 통한 발전 전략은 매우 주목할 만합니다. 글로벌 반도체 가치 사슬에서 중간에 위치한 한국은 새로운 반도체 발전 전략 수립, 혁신 기술 개발, 생태계 중심의 산업 구조 확보라는 중요한 기로에 서 있습니다.

이 책이 대만의 반도체 산업을 통해 우리에게 깊이 있는 통찰을 줄 것이며 아무쪼록 반도체 산업의 미래를 이해하려는 모든 이에게 귀한 지침서 되기를 바랍니다.

혁신국가로
대만을 읽다

임준서(연세대학교 시스템반도체 공학과 교수)

사람의 손바닥이 신체 5장 6부 기관의 바로미터라고 한다면, 현재 대만은 세계 AI를 비롯한 반도체 산업의 축소판을 엿볼 수 있는 바로미터입니다.

『TSMC와 트럼프 이펙트: 대격변 예고』라는 전문적이고 통찰력 있는 이 도서는 대만이 40여 년간 어떻게 부품 국가에서 세계 반도체 및 IT 산업의 향방을 결정하는 운전석에 앉게 되었는지를 1세대 창업자부터 현재까지 조망했습니다.

그들은 하드웨어 제조에서 혁신의 기회를 만났습니다. PC와 스마트폰 시대를 거쳐 AI 시대까지 변화의 위기 속에서 그들은 지속해서 옷을 갈아입으면서 글로벌 공급망에서 대체 불가능한 위치를 확보했습니다. 특히 대만의 파운드리 업체들은 2024년 전 세계 반도체 위탁생산의 70% 이상을 차지하며, 연간 1,000억 달러 이상의 매출을 기록하며 세계 반도체 산업의 핵심축으로 자리 잡았습니다.

이 과정에서 주목할 만한 점은, 대만의 TSMC가 엔딩 크레딧을 선명하게 그리고 대만 특유의 개방된 생태계의 파트너들과 공유하며 변화의 시그널을 읽어 빠른 의사결정을 했다는 것입니다. 저자는 "모든 기술은 신뢰할 수 없으며, 유일하게 신뢰할 수 있는 것은 새로운 기술을 학습하는 능력"이라고 강조합니다.

우리가 알고 있는 모든 최신 지식이 빠르게 과거의 지식으로 변화하는 불확실성 속에서, 기존의 단어의 한계가 상상력의 한계를 규정한다는 점을 상기시킵니다. 전통적인 사업화 경쟁 방식이 아닌, '효율이나 비용보다 전략이 더 중요하고 가격보다 가치가 더 소중한' 새로운 경쟁 패러다임이 필요한 시대입니다.

대만은 중국과 미국 사이에서 독자적인 경쟁력을 확보했습니다. TSMC의 반도체가 따로 있는 것이 아니라 세계 무대에서 작동하는 반도체만이 있을 뿐입니다. 대만의 생태계는 그러한 세계 수준으로 나아가게 했기에 성공했습니다. 심지어 TSMC가 미국 기업이 될 잠재적 시나리오까지도 고민하게 합니다. '중국 플러스 원'으로 인도, 베트남 등을 전략적인 바둑판 위에서 포석해야 합니다.

불확실성이 가득한 세계 패권 경쟁 속에서, 기업의 이사회가 재무

지표와 감사보고서에만 초점을 맞춘다면 최적의 혁신 기회를 놓칠 수 있다는 저자의 말을 되새겨야 합니다. 특히 2030년까지 전 세계 반도체 시장이 1조 달러를 돌파할 것으로 예상되는 상황에서, 대만의 전략적 포지셔닝은 더욱 중요해질 것입니다.

이 책은 글로벌 기술 패권 경쟁 시대에 2선 국가들이 어떻게 생존하고 번영할 수 있는지에 대한 깊은 통찰을 담고 있습니다. 단순한 데이터를 넘어 의사결정에 필요한 실행 가능한 인사이트를 제공하고 있어, 개인과 기업 그리고 국가가 미래 전략을 수립하고 발전을 도모하는 데 도움이 될 것입니다. 이 책이 우리나라 반도체 경쟁력 회복의 단초가 되길 바랍니다.

잊혀진 대만의
약진을 보며

최신 데이터에 따르면 일본의 디지털 무역 적자는 2024년에 6조 4,600억 엔(약 432억 달러)으로 사상 최고치를 기록했습니다. 2014년 일본의 ICT 산업 분야 무역 적자가 2조 2,200억 엔이었으니 10년 만에 세 배 이상 증가했습니다. 주로 클라우드 인프라 서비스, 온라인 광고 및 특허 라이선스에 대한 대가가 그 내역이라고 합니다. 교도통신은 개인 및 기업 활동이 점점 더 디지털화됨에 따라 일본 시장에서 미국 거대 기술 기업의 매출은 계속 증가할 것이라고 보도했습니다. ICT의 발전 경쟁에서 자리를 잃어간 일본이 치루는 대가입니다. 그리고 이 대가는 앞으로 계속 구르는 눈덩이처럼 커질 것으로 예상됩니다.

우리나라는 지난 수십 년간 눈부신 경제 성장과 기술 발전을 거듭해 왔다. 21세기에 들어서면서는 IT 강국이라는 말을 듣기도 했습니다. 그러나 이제 반도체 글로벌 1위라고 알고 있던 삼성전자의 기술 우위는 무너져 내리고 심지어 V10 낸드부터 중국 양쯔 메모리의 특허를 사용하기로 했다는 소식이 들려옵니다. 2024년 과학기술부에서 한국의 과학 기술 역량이 중국에 뒤처졌다고 발표한 바도 있습니다. 우리가 선진국으로 들어섰다며 자화자찬하고 ICT 강국이라고 자만하는 사이에 우리의 기술 역량은 이미 뒤처져 버린 것입니다.

마치 일본이 자만하던 사이 우리가 ICT 영역에서 일본을 추월해나간 것처럼 이제 우리는 자만하던 사이 대만이 반도체와 전자 영역에서 우리를 추월했습니다. 앞으로 AI, 6G, 양자 컴퓨팅 등 차세대 과학기술 영역에서 우리와 대만 간에는 더욱 격차가 커질 것으로 예상됩니다. 이제 우리는 우리 자신을 냉철하게 되돌아볼 필요가 있습니다. 이러한 시기 대만의 유력한 전자정보 싱크탱크이며 전문 미디어인 디지타임스의 콜리 황 동사장이 지역적으로는 전 세계를, 분야로는 지정학부터 기술 영역에 이르기까지 대만의 현 상황과 비전을 분석하고 대만의 미래를 토로하는 본서를 중국어, 영어, 일본어, 그리고 한국어로 출간한 것은 매우 시의적절하다고 할 수 있습니다.

개인적으로 역자는 콜리 황 동사장을 몇 차례 만난 적이 있습니다. 대만의 하이테크 산업에서 그의 영향력은 매우 크며 TSMC의 모리스 창, 폭스콘의 궈타이밍 등이 콜리 황 동사장에게 투자도 하고 의견도

듣는 특출한 인재입니다. 그만큼 그의 견해에는 날카로운 통찰이 스며들어 있습니다. 우리는 그의 시선을 통해 한국의 산업 기술의 객관적 현주소와 무서운 기세로 한국을 따라잡고 있는 대만의 상황을 이해하고 또 반성할 필요가 있다고 생각합니다. 이를 위해 부족한 실력이나마 역자는 본서를 번역할 결심을 했습니다. 그리고 그 계기를 마련해준 대만 전자산업의 막후 인물 중 하나인 우샤오린^{吳小琳} 여사에게 감사드립니다.

이철^{李鐵}

서문

격동의 60년

제47대 미국 대통령으로 도널드 트럼프가 재취임에 성공했습니다. 이에 '미국 우선주의'에 입각한 행정명령들이 향후 4년간 국제 무역과 지정학적 관계의 핵심 화두가 될 것입니다. 동맹국과 공동의 가치를 도모하던 바이든 정부의 기존 전략과 달리, 트럼프 정부는 '미국의 동맹국은 미국의 국익에 직접 기여하는 방식으로 산업 및 외교 정책을 재조정해야 한다'라는 기조를 내세우고 있습니다.

국제 사회에서 미국의 경제적 우위를 공고히 하겠다는 트럼프의 현실주의적 세계관에서는 대만을 단순한 '작은 섬'으로 간주할 가능성이 있습니다. 이에 따라 그는 대만을 향한 미국의 지원 정책을 협상 카드로 활용할 수 있으며, 칩스법CHIPS Act의 철회나 대만을 대상으로 한 새로운 관세 정책을 고려할 수도 있습니다. 그러나 이러한 정책 변화가 실제로 글로벌 첨단 기술 산업의 가치 사슬과 경쟁 구도를 근본적으로 뒤흔들 수 있을까요?

대만뿐만 아니라 독일, 일본, 캐나다, 멕시코, 한국, 인도 등 미국과 긴밀히 연결된 국가들 역시 새로운 미국의 경제 기조에 맞춰 대응 전략을 재정립해야 합니다. 기존의 외교적 관행에 의존하기보다는, 트럼프 행정부의 경제 실리주의를 반영한 협상력을 강화해야 하며, 기존의 동맹 구조가 급격하게 변화할 가능성도 염두에 두어야 합니다.

미국 역시 AI 시대가 본격화되는 시대적 전환점에서, 과거 오랜 기간 추구해 온 '공동 창조co-creation, 공동 이익shared benefit, 공동 번영mutual prosperity'의 가치를 어떻게 재해석할 것인지 고민해야 합니다. 이제 트럼프 시대의 경제 질서 속에서 '상호 협력'과 '경제적 실익'의 균형을 어떻게 조율할 것인가가 세계 각국의 핵심 과제가 될 것입니다.

트럼프 2.0 시대는 '미디어 파편화'의 시대로, 언론이 쇼 비즈니스처럼 행동하며 사회의 가치를 더욱 혼란스럽게 만들 가능성이 큽니다. 트럼프는 취임 전부터 캐나다와 멕시코에서 수입되는 제품에 25%의 관세를 부과하겠다고 발표하며 산업 전반에 큰 파장을 일으켰습니다. 특히, 독일 자동차 산업이 흔들리는 상황에서 우크라이나 전쟁까지 겹치며 NATO(북대서양 조약 기구)의 결속력도 시험대에 올랐습니다.

트럼프는 NATO 회원국들이 자신의 말을 따르지 않으면 자국의 안보 비용을 스스로 부담하라는 태도를 보이고 있습니다. "네 비용은 네가 지불해!You've got to pay your bills"라는 말은 트럼프가 자주 반복한 말입니다. 전 네덜란드 총리이자 현 NATO 사무총장인 마크 루테Mark Rutte도 GDP의 2% 수준의 국방 예산은 충분하지 않으며, 최종 목표는 중국 견제에 있다고 강조했습니다. 화웨이와 SMIC 같은 기업들은 현대의 테르모필레* 전투의 영웅이 될 수도 있고, 고조되는 미-중 양강 대결 속에 표적이 되어 사라질 수도 있습니다. 역사는 이 시대의 변천을 기록할 것이고, 냉전 시대와 마찬가지로 동아시아 주요 국가들은 제1도련선에서 자신의 전략적 입지를 확립해야 할 것입니다.

아시아에서는 2024년 12월 3일 윤석열 한국 대통령이 계엄령을 선포하고 열흘 만에 물러났습니다. 이시바 시게루 일본 총리는 한-일 관계가 매우 중요하다고 조심스럽게 말했지만, 한국의 차기 대선 후보인 이재명이 친미도 친일도 아니라는 것을 우리는 모두 알고 있습니다. 이로 인해 한국이 동북아시아 하이테크 공급망의 구멍이 될 수 있다는 우려가 제기되고 있습니다. 트럼프의 깃발은 분명하고, 미국은 보호 우산을 철수했으며, 2선 국가들은 긴장하고 있고, 지정학적 1선 국가들은 자신들이 희생양이 될지 지켜보고 있습니다. 대만과 일본은 더욱 긴밀한 협력 관계를 기대할 수 있는 반면, 한국은 삼성전자가 절정기를 지나면서 자국의 국력이 쇠퇴하는 현실입니다.

---

* 역주: 테르모필레는 B.C. 480년 스파르타의 장군 레오니다스가 이끈 그리스 군이 페르시아 군과 싸워 전멸한 곳의 이름이다.

트럼프의 4년 임기는 빠르게 지나가지만, 트럼프가 임명한 인사들은 대부분 50세 이하의 엘리트이고, 이들의 정치생명은 향후 10년에서 길게는 20년일 테니, 트럼프 정책은 임기가 끝난 후에도 10년 이상 영향을 발휘할 가능성이 높습니다. 미국의 입장에서 러시아는 작은 위험이지만*, 중국은 큰 잠재 위험**입니다. 중국의 해군력 증강 속도는 놀라울 정도로 빠르며, 전함의 수가 많을뿐 아니라 70% 이상이 2010년 이후 건조된 새 전함입니다. 기술 발전이 가속화됨에 따라 중국은 구식 함대 시스템이 아니라, 가전제품을 양산하듯 함대를 찍어 내고 있습니다. 이러한 접근법은, 비록 함대가 아주 정교하지 않을 수는 있지만, 기존의 군사 전략과 평가 기준을 뒤흔들 수 있습니다. 글로벌 드론 사업도 중국의 DJI가 압도적으로 주도하고 있습니다.

하이테크 세계의 선도 기업들은 어깨를 나란히 하는 경쟁 우위가 아니라 누구도 넘볼 수 없는 독점적인 지위를 추구합니다. 누가 누구로부터 구매하는지는 중요하지 않으며 어떻게 더 높은 가치를 창출할 수 있는지가 관건입니다. 전통 산업인 부동산 업계 출신인 트럼프는 관세로 상호 경쟁 우위의 균형을 맞출 수 있다고 믿고 있지만, 이는 과거 산업화 시대의 개념입니다. 정부 정책과 산업 현실 사이의 불일치는 기존 정치인이 생각하는 수준을 뛰어넘은 지 오래입니다. 과거와 달라진 AI

시대의 경쟁 모델을 트럼프는 이해하지 못하고 있습니다. 그럼 이시바 시게루, 이재명, 심지어 대만의 정치 지도자들은 이런 변화를 이해할 수 있을까요?

TSMC는 우월한 기술력, 과감한 자본 투자, 규모의 경제를 바탕으로, 다수의 거대 기술 기업들이 더 큰 가치를 창출할 수 있도록 돕는 조력자의 역할을 하고 있습니다. 현재 균형 잡힌 수급 시스템이 붕괴되어 글로벌 산업 혼란이 발생하면 가장 큰 피해자는 엔비디아^{NVIDIA}, 아마존^{Amazon}, 애플^{Apple}, 마이크로소프트^{Microsoft}, 테슬라^{Tesla}, 구글^{Google}, 메타^{Meta}와 같은 미국의 기술 기업이 될 것입니다. 옥석구분玉石俱焚*은 상인의 셈법일 수 없으며 쥐어짜야 나오는 이익은 지속 가능하지 않습니다. 진정한 가치는 '누가 게임의 규칙을 정하느냐'에 있습니다. 손자병법은 "형세를 조성하여 적이 따르지 않을 수 없게 하라**"라고 했습니다. 오늘날 게임에서 규칙을 만드는 것은 미국이며 따라서 트럼프와 협상하여 그를 우리에게 유리한 입장으로 설득하는 것이 가장 좋은 방법입니다. 문제는 미국에 유리하면서 자국에도 불이익이 없는 방법을 찾는 것이 쉽지 않은 것입니다.

지난 몇 년 동안 전 세계의 자원은 미국 주도의 거대 테크 기업들에 집중되어 왔습니다. 호랑이 같은 이들의 입에서 이빨을 뽑아낼 수

---

* 　옥과 돌이 구분되지 않고 함께 불타버리는 것. 좋은 사람과 악인이 함께 화를 입는 것을 나타내는 말이다.

** 　形之, 敵必從之。

있었던 것은 반도체 및 서버 공급망을 장악하고 있는 대만 기업과 네덜란드의 ASML, 독일의 자이스^{Zeiss}, 미국의 ARM과 같은 독보적인 기술의 제공업체였습니다. 하이테크 산업은 인종, 세대, 국가 간 격차를 가져오지만, 대량 생산 중심의 전통 제조업은 일자리를 창출하고 부의 사회적 편익을 분배하는 데 있어 더욱 효과적인 역할을 합니다. 하이테크 산업이 규칙을 만들어가는 동안, 제조업은 경제적 안정과 사회적 균형을 유지하는 중요한 역할을 수행해 온 것입니다.

이러한 긴밀한 산업 간 상호작용 속에서, 동북아시아의 제조업 기반 국가들은 다양한 세력 간 경쟁의 중심지가 되었습니다. 과거 냉전 시대부터 지속되어 온 지정학적 관계는 첨단 하이테크 기술이 더해지면서 더욱 복잡한 양상으로 변화하고 있습니다. 평균 폭 180km인 대만해협은 중국 항공기와 선박의 지속적인 침입을 받는 동시에, 서방 군함들이 공해로서의 중립성을 유지하기 위해 항해를 이어가는 전략적 요충지입니다. 세계는 리스크와 기회 사이에서 요동치고 있으며, 그 속도가 점점 빨라지고 있습니다. 대만 산업의 리스크와 도전에 대해 다국적 대기업들이 서로 다른 해석을 내놓고 있지만, 우리는 이러한 해석의 종착점에서 역으로 거슬러 올라가 그 안에 숨겨진 맥락을 상당 부분 추론할 수 있습니다.

새로운 기술이 주도하는 2030년에도 반도체 칩은 여전히 컴퓨팅 파워의 원천이 될 것입니다. 최종 제품에 의해 주도되는 시장 수요는 1조 달러에 이를 것으로 예상되며, 이에 연동하는 반도체 산업 공급망은 잠재적으로 2조 달러의 가치를 창출할 수 있습니다. 정보 및 전자 산업에 미치는 영향은 12조 달러 이상에 달할 수 있습니다. 이 책에서 반도체 패권 경쟁을 기반으로, 최첨단 반도체부터 서버, 노트북, 휴대폰, 전기차의 하드웨어 제조에 이르기까지 ICT 산업의 공급망을 분석하여 글로벌 공급망에서의 국제 분업과 대만의 역할에 관해 살펴보겠습니다.

AI 주권*과 데이터 센터는 업스트림의 반도체에서 서버에 이르기까지 상당한 수요를 창출하고 있습니다. 단순한 시장 점유나 하드웨어-소프트웨어 통합을 넘어, 독점과 전횡이이야 말로 거대 기술 기업들이 원하는 목표입니다. 미-중 간의 패권 경쟁은 최종적으로 ICT 산업 제조 시스템의 배후에 숨어있는 반도체를 겨냥하고 있습니다. 산업이 PC, 스마트폰에서 발전을 거듭함에 따라, 우리는 선형적 사고와 매트릭스 교차 모델로는 더 이상 AI가 가져온 다양한 새로운 시대를 설명할 수 없다는 것을 깨달았습니다.

피아를 구분하기 어려운 세계가 형성되고 있는 상황에서 미-중은 그들 사이에 명확한 선을 긋고 충성의 맹세**를 요구하고 있습니다. 국제 정치 무대에서 대만은 바둑판의 천원天元***과 같습니다. 겉으로 보기에는 중요하지 않은 것 같지만 모든 세력을 연결하는 실과 같아서, 어

---

*   역주: 국가나 기업이 타국의 도움없이 자체의 인프라와 데이터를 활용하여 AI를 구축하는 역량을 말한다.

**   역주: 원문은 투명장投名狀으로 옛날 중국에서 군인들이 전쟁에 나갈 때 절대 복종하지 않으면 목을 베어도 좋다는 서약을 하던 것을 말한다.

***   바둑판의 한 가운데 지점, 시스템의 핵을 상징한다.

느 편을 선택하기가 어렵습니다.

『세계 최고의 일본Japan as Number One』의 저자 에즈라 피벨 보겔Ezra F. Vogel은 1970년대 일본에 머물며 제2차 세계대전 이후 일본의 재건 과정을 근거리에서 관찰했습니다. 그가 쓴 『세계 최고의 일본』은 일본을 연구하는 이들에게 중요한 이정표가 되었으며, 이후 한국과 대만의 반도체 산업 발전으로 이어진 1985년 플라자 협정을 이끌어 내는 간접적 계기가 되기도 했습니다. 1979년, 미국과 중국의 수교로 화해의 시대가 도래하자, 보겔은 중국으로 건너가 연구와 강의를 했습니다. 그를 하버드 대학교에 초빙한 존 킹 페어뱅크John K. Fairbank는 미국에는 중국과 일본을 진정으로 이해하는 학자 그룹이 필요하다고 했습니다. 보겔은 일본과 중국 사이의 전략적 고지라는 적절한 시기, 적절한 장소에서 세계의 변화를 직접 목격했고, 2000년에 은퇴한 후 10년간 『덩샤오핑 시대』를 집필하며 세계에 대한 그의 통찰을 공유했습니다.

일본어와 중국어에 능통했던 보겔 교수는 일본의 관리들이 국가의 미래를 계획하는 데 적극적인 태도를 보이지 않는다고 비판하면서, 미래 지향적인 비전이 부족한 정부는 사소한 일에만 집중할 수밖에 없다고 지적했습니다. 또한 미국 정부 관리들은 의견에 귀를 기울이기는 하지만 행동으로 옮기는 경우는 거의 없다고 말했습니다.

저는 변화하는 세상에 대한 보겔 교수의 예리한 관찰을 십분 존경하며 저도 세계의 번영을 위해 헌신하는 훌륭한 학자이자 업계 관찰자가 되기를 열망합니다. 한국이 반도체 산업 육성 프로그램이 시작되던 1983년 저는 한국 유학 장학금을 받아 2년 동안 한국이 어떻게 반도체 산업을 무에서 유로 구축하는지 직접 목격했습니다. 1985년, 저는 대만으로 돌아와 새로 설립된 싱크탱크인 MIC^{Market Intelligence & Consulting Institute}에 입사하여 대만과 한국의 산업 경쟁력 연구를 담당했습니다. 1990년대 초 저는 미국의 대형 유통 채널과 실리콘밸리 기업의 비즈니스 모델을 연구하기 위해 워싱턴 DC와 캘리포니아에 두 차례 파견된 적이 있습니다. 의심할 여지없이 대만과 한국은 지난 반세기 동안 모든 신흥국의 기술 산업 발전의 롤 모델이었으며, 워싱턴 DC와 실리콘밸리는 이러한 변화의 중심지였습니다. 기술 산업 분야에서 연구를 수행할 때 중국어, 영어, 한국어는 저의 가장 큰 자산이었습니다.

1990년대에 MIC를 지휘하던 저는 대만 하이테크 업계 리더들의 권유로 디지타임즈^{DIGITIMES}를 설립했습니다. 제 업무는 변화하는 세상에 대해 더 넓은 시각을 가지는 것이었고, 해외에서 강연과 인터뷰를 자주 진행했고, 전 세계의 업계 리더들과 경험을 교환했습니다.

2024년 중반에는 삼성전자와 애브넷^{Avnet}의 CEO가 방문한 것을 비롯해서 2024 컴퓨텍스 타이베이와 대만 국제 반도체 엑스포는 모두 국제적으로 주목받는 주요 행사였기에 그 어느 때보다 많은 주요 기업의 고위 임원들을 만났습니다. 저는 지난 분기 타이베이에서 샌프란시스코로 곧장 날아가 실리콘밸리에서 열린 두 개의 반도체 업계 행사에 참석했고, 곧바로 독일 베를린으로 날아가 자이스의 연례 심포지엄에서 연설했습니다. 세미콘 재팬^{SEMICON Japan}은 제가 2024년에 참석한 마지막 국제 행사였는데, 일본 반도체 업계의 엘리트 회원들이 모인 이 행사에서 저는 그들이 느끼는 두려움을 알 수 있었고, 특히 TSMC의 구마모토 공장이 가동됨에 따라, 이를 기점으로 자국 기업들과 더 깊은 협력을 도모하고자 하는 강한 열망을 목격할 수 있었습니다.

2024년 말 긴자의 한 레스토랑에서 저는 일본 경제산업성 차관을 역임하고 18년 동안 참의원 의원으로 활동한 후지스에 겐조藤末健三와 저녁 식사를 함께했습니다. 현재 도쿄대와 게이오대에서 교수로 재직 중인 후지스에 씨는 1980년대 통산성(현 경제산업성)의 정책 입안에 관여하는 과장이었고, 중국 칭화대학교와 한국 KAIST에 객원 교수로 있었던 경험도 있어 한-중 양국의 반도체 산업에 대한 깊은 이해를 갖고 있습니다. 우리는 규슈 구마모토의 프로젝트가 홋카이도 라피더스Rapidus의 2nm 계획과 어떻게 달라야 하는지, 그리고 대만의 참여가 일본 반도체 산업을 활성화하는 계기가 될 수 있는지에 대해 의견을 나누었습니다.

2024년은 대만 반도체 산업 50주년이 되는 해였고, 지난 40년 동안 저는 대만 산업의 성공 스토리를 목격해 왔습니다. 업계 선배인 송칭원宋恭源, Raymond Soong의 격려에 힘입어 저는 과거와 현재, 그리고 10년 후 예상되는 미래에 대한 증인 역할을 맡아 제가 아는 세계를 충실히 기술하고 국제 사회와 공유하고자 합니다. 이 책은 또한 50년 전 RCA의 창립 멤버들인 궈타이밍郭台銘*, 먀오펑창苗豐強**, 송칭원宋恭源***, 스

---

*   폭스콘FOXCONN 창업자, 동사장
**   신다그룹神達集團 창업자, 동사장
*** 광보그룹光寶集團 창업자

전룽施振榮[*], 정숭화鄭崇華[**]' 쉬성슝許勝雄[***], 예궈이葉國一[****] 등 대만 산업 발전의 선구자들에게 바치는 헌사입니다.

미국과 중국의 패권 경쟁의 이면에서 대만의 역할은 매우 중요하게 평가되고 있습니다. 이번에 방문한 해외 대기업들은 여러 주요 이슈를 제기했고, 저는 이러한 이슈를 분석해 몇 가지 의견을 이야기했습니다. 저는 대만에 대한 이해를 바탕으로 국가 발전에 도움되는 전략을 모색할 수 있을 뿐만 아니라 우리 자신의 사업을 위한 견고한 기반을 찾아낼 수 있다고 믿습니다.

보겔은 "문명의 진보는 상업적 이익으로만 측정할 수 없다"라고 말했습니다. 저는 책을 쓰는 과정이란 티베트 라마승들이 가격이나 예술적 성취에 개의치 않고 탕카唐卡[*****]를 그리는 데 집중하고 전념하는 것과 같다고 이해하고 있습니다. 한때 하버드대학교 페어뱅크 중국학 센터의 소장을 지낸 보겔은 자신은 평범한 사람인 반면 페어뱅크는 대표적인 엘리트주의 집단이라고 했습니다. 많은 성공한 기업가들과 비교했을 때, 저는 기업가의 탈을 쓴 임금 노동자에 불과합니다. 저의 진정한 직업은 산업 분석가이며 이는 제 평생의 소명입니다.

---

[*]   에이서Acer 그룹 창업자
[**]   델타 전자Delta Electronics 창업자
[***] CTBC 파이낸셜 홀딩Chinatrust Financial Holding Company 동사장
[****] 인벤텍Inventec 창업자
[*****] 티벳 불교에서 승려들이 면, 비단, 종이 등에 종교적 상징을 그린 예술품을 말한다. 탕카는 예불의 대상이 되거나 수집품의 대상이 되곤 한다.

차례

1부

대격변 예고

2부

반도체 100년, 외롭지 않은 여정

tsmc, TRUMP EFFECT

1부

대격변
예고

1859년 찰스 다윈Charles Darwin은『종의 기원On the Origin of Species』을 출간하여 종의 진화를 이해하는 초석으로 진화론을 정립했습니다. 영국 해군의 전성기에 그는 영국 해군 측량선인 비글호를 타고 5년 동안 전 세계를 여행하며 생물학자의 시각으로 세상을 기록했습니다. 강력한 영국의 위상이나 조사선이 없었다면 다윈의 저술은 인류가 자연 선택에 대하여 고찰하는 토대가 될 수 없었을 것입니다.

저는 한국에서 2년 동안 거시경제학을 공부한 후 대만으로 돌아와 국가 컴퓨터 산업 발전 프로그램에 참여해 오랫동안 연간 산업 통계 및 분석 업무를 담당했습니다. 어느덧 40년의 세월 동안 대만과 한국의 기술 산업 변화를 연구한 1세대 연구자로서 두 국가의 성공적인 여정을 처음부터 지켜보았고, 의심할 여지없이 유리한 고지에서 세계의 변화를 관찰할 수 있었습니다. 또한 디지타임즈의 250명 직원들과 함께 매일 약 100건의 뉴스 기사와 연간 300건의 다양한 주제의 연구 보고서를 작성하면서, 저는 보다 넓은 시각에서 세상의 변화를 관찰할 수 있었습니다.

손자병법에서는 "물이 급하게 흐르면 돌도 떠우는데 그것은 기세이다"*, 또 "기세는 허와 실이 모두 있는데 허실이 기세를 이루면 계기가 올 때 움직인다"**라고 했습니다. 이 뜻은 물이 제 아무리 빨라도 거석을 움직일 정도가 되려면 물길의 힘이 관건이라는 것입니다. 물길이 빠르기도 하고 느리기도 해야 중력에 가속이 붙는 현상이 나타나 돌을 움직일 수 있게 됩니다. 경영자는 허와 실이 상호작용하는 도리를 알아야 하며, 최적의 타이밍에 각종 사물을 움직일 수단을 잘 이용하여 최대의 효익을 만들어 내야 합니다.

그동안 소프트웨어의 가치가 지나치게 찬양받은 것에 반해, 하드웨어의 가치는 제조업이 사회에 기여하는 것에 비해 무시되어 왔습니다. 대만은 제조업을 통해 수많은 일자리를 창출해 왔습니다. 업스트림에서 다운스트림까지 일관되게 형성된 산업 사슬은 쉽게 대체할 수 없는 고도로 통합된 생태계를 구성했습니다.

---

*　激水之急, 至於漂石者, 勢也。
**　勢, 有實有虛, 虛實成勢, 伺機而動。

서구의 거대 인터넷 기업들이 막대한 자원을 확보하는 동안 대만은 공급망 가치 사슬 중 핵심 사슬을 조용히 장악했습니다. 그 결과 2024년 하반기부터 인텔, 삼성, IBM, 인피니언[Infineon], SAP, 폭스바겐[Volkswagen], 닛산[Nissan]과 같은 기업들이 감원을 발표하는 가운데, 대만은 1997년 아시아 금융 위기 때와 마찬가지로 역동적인 성장세를 유지하고 있습니다.

지식 기반 서비스 산업의 연구자이자 기업가로서 저는 다윈과 비슷한 호기심을 느끼며 변화하는 세상을 관찰합니다. 또한 제조업이 모든 산업의 어머니라고 굳게 믿고 있습니다. 승자독식의 소프트웨어 산업과 달리, 하드웨어 제조업은 업스트림과 다운스트림의 협업을 강조하며 다양한 일자리를 제공합니다. 이 책의 1부에서는 PC와 모바일 통신으로부터 AI 시대에 이르기까지 제가 관찰한 내용을 글로벌 관점에서 정리하고자 합니다. 주요 국가들이 AI 시대로 진화하는 과정에서 기술 패권을 놓고 어떻게 경쟁하는지 살펴보고, 대만을 구심점으로 삼아 여러 국가들이 기술 발전의 결과를 함께 창출하고 공유하며 함께 누리는 것이 가능한 방향을 제시하고자 합니다.

하이테크 산업의 양안 상호작용을 통해 우리는 미-중 무역 전쟁을 중국이 돌파해 가고 있는지 최전방에서 지켜볼 수 있습니다. 미국, 일본, 독일은 대만 반도체 산업이 글로벌 공급망에 기여할 역할을 기대하는 동시에 끊임없이 당근과 채찍을 모두 동원하며 대만의 산업 발전

성과를 공유하고 싶어 합니다. 심지어 체코와 리투아니아 같은 국가들까지도 대만에 대해 기대감을 가지고 있습니다.

TSMC는 TSMC가 대만만의 기업이 아니라 세계를 위한 기업이라고 말합니다. 저 또한 대만은 대만 사람만의 대만이 아니라 서태평양에 던져진 민주주의의 거대한 닻이라고 말해 왔습니다. 닻이 제자리에 견고하면 세상은 평안할 것입니다.

1장

바람은 불고
비는 내린다

2024년 9월 대만에서 열린 세미콘^{SEMICON Taiwan}은 전 세계 반도체 업계 리더들이 한자리에 모이는 매우 기대가 컸던 행사입니다. 같은 해 창립 40주년을 맞이한 OSAT 분야의 선두주 자인 ASE^{Advanced Semiconductor Engineering Inc.}의 CEO 우티엔위吳田玉가 이끄는 30개 기업이 모여 SEMI 실리콘 포토닉스 산업 연합^{SiPhIA}을 결성했습니다. 우티엔위는 미래의 컴퓨팅 수요는 기존 기술의 한계를 뛰어넘을 것이 틀림없다고 말했습니다. 반도체의 계산 능력부터 메모리 용량, OSAT 및 시스템 설계, 심지어 냉각 시스템에 이르기까지 말입니다. 어느 영역이든 기술 한계의 돌파는 쉽지 않지만 그 모든 도전은 곧 기회이기도 합니다.

반면 국제 정세는 폭풍우가 몰아치며, 미국과 중국이 서로에게 소리를 지르고 때로는 아슬아슬하게 충돌 직전까지 가는 등 바람 잘 날이 없습니다. 주요 격전지인 반도체 산업은 트럼프 행정부 출범 이후 불확실성이 가득하지만, 중국의 필사적인 시도는 역설적으로 전례 없는 성공을 거둔 것으로 보입니다. 2024년 ASML, 어플라이드 머티리얼즈Applied Materials, 도쿄 일렉트론, 램리서치Lam Research와 같은 글로벌 반도체 장비 제조업체들의 총매출 중 거의 50%가 중국 시장에서 발생한 것으로 추정됩니다. 동시에 유럽과 미국 정부는 첨단 칩과 장비가 중국으로 유입되는 것을 막기 위해 노력하고 있습니다. 글로벌 장비 시장의 관점에서 SEMI는 2024년부터 2027년까지 글로벌 장비 시장의 주요 성장 동력은 중국, 대만, 한국이 될 것이고 중국은 2025년에 구매량이 정점에 도달 후 줄어드는 궤도에 진입할 것으로 예상하고 있습니다.

중국이 경기 침체로 인해 투자를 철회하거나 축소한다면 위축된 반도체 장비 시장은 재앙을 맞이할까요, 아니면 새로운 전기가 될까요? 주요 장비 제조업체들은 불확실성으로 가득찬 다음 미래 10년을 어떻게 정의할까요?

2024년 TSMC의 매출은 30% 성장한 것으로 추정되지만 삼성, 인텔, SMIC의 양상은 달랐습니다. 내부 주문을 제외하면 인텔은 한 분기 동안 별 수주를 하지 못했고 심지어 큰 손실을 기록했습니다. 얼마 전 물러난 전 인텔 CEO 팻 겔싱어Pat Gelsinger는 파운드리 수주 경쟁이 생각보다 더 어려웠다고 한탄하며 결국 회사를 사임했습니다. 삼성은 미국 파운드리 사업을 강화하면서 정리해고와 같은 과감한 조치까지 취했습니다. 미국의 제재로 인해 첨단 생산 장비를 구매할 수 없는 SMIC는 최첨단 7nm 공정에서 돌파구를 찾기 위해 계속 노력하고 있습니다.

한편, 다른 중국 제조업체들은 기존 레거시 공정 기술 오더를 수주하기 위해 투자를 늘리고 있습니다. 새로운 28nm 생산 설비가 점차 확산되고 있으며, 미국의 대중 제재로 중국 현지 반도체 설계 회사의 중국 내 주문이 지속적으로 증가하여 낮은 생산 가동률을 보충하고 있습니다.

2020년부터 2024년까지 5년간 전 세계 GDP는 16조 7,000억 달러 증가했습니다. 이 기간 동안 팬데믹으로 인해 대부분의 사람들이 재택근무를 했고 전 세계 데이터 흐름 총량이 급증했습니다. 또한 전 세계 각국 정부는 17조 달러가 넘는 경제 보조금을 투입했습니다. 이 모든 돈은 어디로 갔을까요? AWS(아마존 웹 서비스), 마이크로소프트, 메타, 테슬라, 엔비디아, 구글, 애플, TSMC와 같은 거대 기술 기업의 성장에서 그 흔적을 찾을 수 있습니다. 2019년 이후 세계 경제 성장이 둔화되는 동안에도 시장 가치가 1조 달러를 넘어선 기업이 이미 8곳에 달했습니다.

우리는 전 세계가 밀레니엄 이후 글로벌 네트워크, 모바일 통신, 빅데이터, AI 등 다양한 단계로 진화하는 것을 경험했습니다. 승자가 된 기업들도 자신이 왜 승자가 되었는지, 혹은 앞으로 어떤 도전에 직면하게 될지 이해하지 못할 수 있습니다. 하지만 여기에서는 '종착점을 출발점으로 삼아^{以終爲始}' 산업과 사회 진화의 궤적을 보다 거시적 관점에서 살펴볼 수 있을 것입니다.

종착점을
출발점으로 삼는다

대만의 전자 산업은 미-중 경쟁 속에서도 여전히 활기를 띠고 있습니다. 그러나 이제 대만은 지정학적 딜레마에도 직면해 있습니다.

대만 대중 매체는 엔비디아 CEO의 젠슨 황^{Jensen Huang}이 대만을 방문할 때마다 그가 찾는 맛집 지도*나 개인적 일화에만 집중하는 피상

---

* 역주: 엔비디아의 젠슨 황은 대만 타이난 출신으로 대만을 방문할 때 자주 타이베이나 타이난의 야시장, 또는 뒷골목의 작은 식당을 찾아다닌다. 때로는 업계의 최고경영자들을 이런 작은 '맛집'에 초대하여 회합을 가지기도 한다.

적인 보도 행태를 보이고 있으나, 미래를 전망해 보려면 우리는 발전 전략 지도를 그려야 합니다. 대만 정부의 정책은 여전히 원인이 아닌 증상을 치료하는 단기 전략이 대부분이고, 기업과 정부 간에는 이해와 신뢰가 부족해 보입니다. 최근 대만과 미국의 선거를 보면 정치인들은 언론의 주목을 받거나 온라인상 이슈화 되기 위한 기회만 찾고, 하이테크 산업 정책에 대한 실질적인 논의는 회피하거나 모호하고 피상적인 답변을 내놓습니다.

격차는 이미 벌어졌고 해소될 전망은 보이지 않는다

시장 조사 기관은 2030년까지 반도체 시장이 1조 달러를 넘어설 것으로 예측하는 등, AI가 수조 달러 규모의 비즈니스 기회로 떠오르고 있습니다. 그렇다면 전체 하드웨어 제조업은 얼마나 더 큰 잠재 시장을 가지고 있을까요?

반도체 산업을 수요와 공급으로 나누면 2024년 전 세계 반도체 시장 규모는 약 6,235억 달러에 달할 것으로 추정되며, 이 중 약 30%는 메모리, 70%는 로직 칩과 같은 비메모리 제품이 차지할 것으로 보입니다. 반도체는 시장에서 40%는 컴퓨터 영역(PC와 서버 포함)에 사용되었고, 30%는 휴대폰과 네트워크 장비와 같은 통신 제품에, 나머지는 가전제품, 자동차, 그리고 산업용 PC 등에 사용되었습니다.

앞서 언급했듯이 6,295억 달러는 반도체 설계 회사와 종합 반도

● 2024년 글로벌 반도체 산업 구조

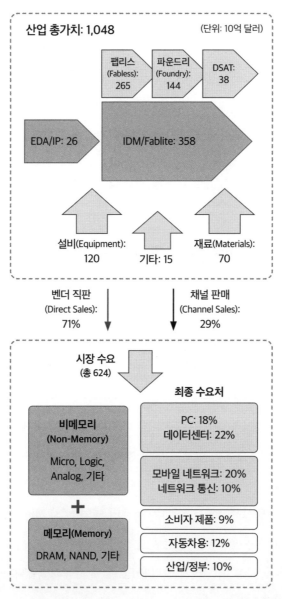

체 업체^{IDM}의 매출이며, 이 매출 중 29%는 WT마이크로일렉트로닉스, WPG^{大聯大}, 애브넷 등과 같은 부품 유통업체를 통해 판매되고 71%는 인텔, 텍사스 인스트루먼트, 인피니언 등과 같은 IDM 대기업이 직접 판매합니다. 파운드리 및 OSAT 업체는 제조 서비스를 제공하는 중간 공급자로서, 최종 제품을 직접 시장에 판매하지 않기 때문에 일반적인 '시장 규모' 통계에는 이들의 매출이 포함되지 않습니다.

파운드리 및 OSAT 외에도 지적재산권^{IP} 라이선스와 전자설계자동화^{EDA} 도구를 공급하는 기업들(시놉시스^{Synopsys}, 케이던스^{Cadence}, 지멘스^{Simense}, ARM 등)도 반도체 생태계의 필수적인 구성 요소이며, 장비 및 재료 공급 업체도 전체 공급망에서 중요한 역할을 담당하고 있습니다. 이러한 지원 서비스 기업의 매출까지 포함하면 2024년 전 세계 반도체 산업 공급망의 총 가치는 1조 달러를 넘어설 것으로 예상됩니다.

아시아 중심의 공급망에 있어 산업을 보는 관점은 서방 세계의 시장 기반 관점과는 다릅니다. 복잡하고 전문적인 이슈를 다루는 서방의 컨설턴트가 아시아 하드웨어 제조 공장과 공급업체의 특수한 포지션을 공급망의 관점에서 분석하여 줄 것으로 기대하기 어렵습니다.*

지역에 따라 문화도 다른 법이어서, 우리가 실리콘밸리의 시각에서 AI의 복잡한 비즈니스 기회를 모색하는 것이 쉽지 않을 수 있습니다. 그러나 우리는 향후 5년, 10년 내 공급망이 어떻게 변화해 갈지 가

---

*   역주: 대체로 서구는 아시아 제조 업체들에 하청을 주는 입장이기 때문에 구매자와 판매자 간의 관계에서 구매자에 편향된 시각을 가진다는 의미로 해석된다.

정할 수 있고 이에 따라 종착점을 출발점 삼아 공급망과 제조업체가 마주할 기회와 도전을 분석할 수 있습니다.

반도체 산업의 경우 전략 계획에서 우선적으로 고려해야 할 것은 단기적이고 구체적인 비즈니스 기회입니다. 유럽의 3대 반도체 기업을 예로 들면, 매출의 30% 이상이 자동차 시장에서 나오기 때문에 당연히 자동차용 반도체 시장과 경쟁 상황을 가장 먼저 고려해야 합니다. 그다음으로는 산업 제어 애플리케이션과 서버 분야의 시장 기회, 그리고 주로 아시아 주요 제조업체가 주도하는 PC 및 휴대폰 시장의 수요가 그다음입니다. 그러나 AI 시대에서는 AI 기반의 변화에 더욱 주목해야 합니다. 예를 들어, AI 노트북과 AI 스마트폰은 2023년에 큰 주목을 받지 못했지만, 2024년 이후에는 구조적 변화가 일어나면서 기업들의 관심사가 될 것이며, 유럽 반도체 제조업체들은 이 단계의 발전 가능성을 분명히 과소평가했습니다.

두 번째로 과거에는 반도체 규격을 대부분 브랜드 주도 기업이 결정했습니다. 하지만 AI가 널리 보급되면서 '팬덤'에 집중했던 브랜드 경영보다 제품 차별화의 포지셔닝이 더 중요해지고, 업스트림 제조업체와 다운스트림의 브랜드 회사 간의 관계는 변화할 것입니다. AWS, 구글, 마이크로소프트, 메타, 테슬라 등 인터넷 대기업의 영향력은 점차 강화될 것입니다. 또한 대국 간 파워 게임이라는 정세 하에 모두가 그 어느 때보다 AI 주권에 더 많은 관심을 기울일 것입니다. 현재 전 세계 데이터 센터의 53%는 북미에, 26%는 아시아에, 유럽에는 16%만 위치해 있습니다. 유럽 국가들이 AI 주권의 필요에 대응하자면 향후 몇 년 동안 데이터센터에 대한 투자를 늘릴 수밖에 없을 것을 우리는 예상할 수 있습니다.

IDC에 따르면 2023년 AI 주권의 비즈니스 기회는 약 1,030억 달러에 달합니다. 그리고 2027년에는 시장 규모가 2,585억 달러에 달할 것으로 예상됩니다. 초거대 규모 데이터센터Hyperscale Data Center는 계속 성장할 것이고, 많은 클라우드 시장 수요 중에 자체 데이터센터 구축이 불가능한 경우에는 파운드리 방식으로 아웃소싱을 하여 관리를 위탁하는 비즈니스 모델도 나타날 것입니다.

우리는 AI가 애플리케이션이 주도하는 비즈니스 기회라고 믿습니다. 따라서 AI는 거품이 아니며 단지 고점과 저점이 있을 것이고 심지어는 산업과 지역별로 발전 차이 정도가 있을 것으로 생각합니다. 이는 하드웨어와 소프트웨어의 통합, 다품종 소량 생산, 인수합병, 지역 생산, 현지 생산 등 여러 가지 개념을 결합하는 것입니다. 기업은 AI 비즈니스 기회를 받아들일 때 필히 고수준의 개념을 가져야 하며 이를 통해 기업의 가치 주장value proposition과 가격 책정 모델을 찾아야 합니다.

계속 발전해 온 AI는 오픈AIOpenAI의 챗GPT 출시로 1차 대폭발의 계기를 만났습니다. 챗GPT는 딥러닝의 신경망을 사용하여 복잡한 명령을 처리합니다. 이러한 놀라운 기술력 때문에 학자, 개발자, 기업가 모두 AI 기술로 혁신을 꿈꾸며, 절반 이상의 기업이 AI가 기업 생존을 위협하게 될 것을 두려워하고 있습니다. 당연하게도 글로벌 인터넷 대기업들이 이 분야에 진출하고 있으며, 이러한 상황은 노트북과 스마트폰 시장의 침체기로 위축된 대만의 하드웨어 공급망 기업들에 새로운 기회를 줄 수 있습니다.

오픈 AI 외에도 많은 LLM(대규모 언어 모델)이 많은 응용 기회를 창출했으며, 대만은 이 골드러시에서 삽과 곡괭이를 제공하는 하드웨어 공급업체입니다. 대만을 주요 생산 기지로 삼고 있는 마이크론^{Micron}의 CEO 산제이 메흐로트라^{Sanjay Mehrotra}는 AI 시장에 공급하는 광대역 메모리^{HBM}만으로 마이크론의 매출이 2024년 40억 달러에서 2025년 200억 달러로 급증할 것으로 예측했습니다. 대만에서 1만 1,000명의 직원을 고용하고 있는 마이크론은 이미 2025년에 2,000명의 신규 채용을 예상하고 있으며, 해외에서도 대규모로 인재를 채용할 예정입니다.

공급업체로서는 자신의 강점과 고객의 특성 및 요구 사항을 이해하는 것이 사업 성공의 관건입니다. 기본적으로 우리는 과거의 경험으로 미루어 볼 때 마이크로소프트는 기업 고객 관리에 탁월하고, AWS는 API*, 고객 친화성, 가격 우위에 강하며, 구글은 기술력이 뛰어나다고 판단할 수 있습니다. 각 회사는 방법은 서로 다르지만 모두 시장 주도권을 놓고 경쟁하고 있습니다. 매번 시장 주도권이 바뀔 때마다 피바람 부는 경쟁이 시작됩니다. AI 기술 경쟁에서 최종적인 승자가 결정된 것은 아니지만, 우리는 이를 하나의 나선형 상승의 기회로 이해할 수 있습니다. 누가 먼저 주도권을 잡는지에 따라 다음 단계에서는 막대한 수익을 거둘 수 있습니다.

---

*   Application Programming Interface, 다른 소프트웨어가 대상 애플리케이션을 이용할 수 있도록 제공하는 소프트웨어간 인터페이스를 말한다.

생성형 AI^{GenAI}는 텍스트, 언어, 그래픽, 사운드, 악기 데이터, 심지어 소프트웨어 코드 등 방대한 양의 데이터를 딥러닝을 통해 학습합니다. 딥러닝 모델은 학습 과정에서 새로운 콘텐츠를 생성하며, 그 결과물은 텍스트, 언어, 그래픽, 사운드 또는 프로그램 코드 등 다양한 형태의 콘텐츠가 될 수 있습니다. 요컨대, 프로그램으로 프로그램을 만들고, 소프트웨어로 소프트웨어를 만든다는 오래된 꿈이 현실 세계에서 실현되고 있는 것입니다.

디지타임즈는 자체 경험을 바탕으로 대만의 1,000개가 넘는 상장 기술 기업 및 대만과 고도의 상호 작용을 하는 300개 글로벌 기업을 합쳐 공급망 데이터를 중심으로 종합적인 데이터베이스를 구축했습니다. 이 데이터베이스는 1,300개 기업의 매출, 영업이익, 재고, 순이익, R&D, 자본 지출, 성장률 등 운영 데이터를 교차 비교합니다.

사용자들은 대만 5대 전자 회사*의 데이터를 비교하거나 델타, 컴팔, 미디어텍, 인피니언의 비즈니스 성과를 업종과 국가별로 비교할 수 있습니다. 또한 마이크로소프트와 에이서^{Acer}를 창의적으로 교차시켜 서로 관련이 없어 보이거나 전혀 관련이 없는 두 회사를 대조하여 원하는 데이터를 생성할 수도 있습니다. 개인적으로 저는 전자 5대 기업의 매출 총이익 비교, 글로벌 상위 3개 마이크로프로세서 회사의 재고

---

*   역주: 대만에서는 한국의 삼성전자처럼 국가를 대표하는 전자회사 5개를 전자 5대 기업^{電子} ^{五哥}라고 부른다. 이들은 퀀타$^{Quanta, 廣達}$, 위스트론$^{Wistron, 緯創}$, 페가트론$^{Pegatron, 和碩}$, 컴팔$^{Compal, 仁寶}$, 인벤텍$^{Inventec, 英業達}$이다.

량 비교, 유럽 3대 반도체 회사와 미디어텍의 재고 회전율 비교 등 약 30개의 차트를 한 시간 내에 만들 수 있었습니다. 과거에는 일일이 추출해야 했던 데이터를 이제는 AI와 빅데이터의 도움을 받으니 사용 환경이 일변하여 효율성이 크게 향상되었습니다. 차트를 상호 참조하고, 데이터를 무한대로 캡처하고, 쉽게 비교할 수 있는 기능은 업계 분석을 자주 수행하는 사람에게는 정말 큰 축복입니다.

이러한 데이터 사이언스의 애플리케이션은 이미 사용자에게 새로운 경험을 제공하고 있으며, 이러한 '애플리케이션 중심의 새로운 시대'는 우리의 사용 행태를 변화시킬 것으로 기대됩니다. 저는 종종 "AI의 세계에서는 모든 문제에 대한 답이 있다. 중요한 사실은 당신이 올바른 질문을 했는가이다."라고 말하곤 합니다.

오픈AI가 길을 열고, 엔비디아가 흐름을 타다

전 세계 AI 애플리케이션 기회는 엔비디아와 오픈AI의 주도하에 빠르게 확장되고 있습니다. 생성형 AI 시장은 2024년 400억 달러에서 2030년 1조 5,000억 달러로 83%의 연평균 성장률을 기록하며 비즈니스 기회가 확대될 것으로 예측됩니다. 이 산업의 비즈니스 기회와 경쟁적 함의를 살펴볼 가치가 있습니다.

2012년은 하드웨어 제조 업계에 중요한 이정표가 된 해였습니다. 프로세서, 멀티코어 프로세서, 그래픽 프로세서의 컴퓨팅 성능이 크게 향상되어 인공 신경망 모델을 실행하는 데 핵심적인 역할을 하게 되었습니다. 인텔과 AMD는 모두 16코어 프로세서를 출시하여 병렬 컴퓨팅을 통해 전체 컴퓨팅 성능을 크게 향상시켰습니다.

그래픽 프로세서에서 엔비디아의 케플러Kepler 아키텍처는 그래픽 프로세서 성능의 혁신을 가져왔으며, 2014년에 등장한 비지도 학습에 사용되는 AI 알고리즘인 생산적 적대 신경망GAN은 훈련된 데이터와 유사한 새 데이터를 생성하는 '생성기'와 생성된 설계 데이터와 가짜 데이터를 구별하는 '판별기'의 세트로 구성되어 하이엔드 칩의 연산 능력을 새로운 차원으로 끌어올렸습니다.

오늘날 다양한 매개변수가 합쳐져 서버와 단말기의 시장을 꾸준히 만들고 있으며 하드웨어 제조의 새로운 이정표가 되고 있습니다. 어떻게 폭 넓은 영역을 포괄적인 동시에 멀리 바라보며 제품 라인을 어떻게 배치할 것인가는 리더들의 핵심 전략이 되었습니다.

한편 글로벌 서버 시장의 진정한 경쟁자는 미국과 중국의 상위 기업이며, 이는 내수 시장 규모 및 기업 영향력과 밀접한 관련이 있습니다. 디지타임즈 통계에 따르면, 전 세계에서 하이엔드 AI 서버의 가장 중요한 구매자는 데이터센터 구축에 가장 활발한 공급업체인 마이크로소프트, 구글, 메타, AWS 등 미국에 기반을 둔 초대형 데이터센터 구축 업체들입니다. 미국에 기반을 둔 클라우드 서비스 제공업체CSP와 전통적인 서버 브랜드를 합치면 전체의 80% 이상을 차지합니다. 중국 기업은 5%의 점유율을 차지하고 있습니다.

여기서 주목할 점은 슈퍼마이크로Supermicro, 콴타 마이크로시스템즈Quanta Microsystems, 아수스ASUS와 같은 신흥 브랜드의 점유율도 전체의 12% 이상을 차지한다는 점입니다.

출하량 기준으로 세계에서 가장 큰 서버 공급업체는 마이크로소프트로서, 오픈AI에 투자하여 챗GPT를 개발했으며 생성형 AI 클라우드 서비스에 가장 적극적으로 참여하고 있는 기업입니다. 그다음은 TPU 연구 개발에 투자하고 하이엔드 AI 서버에 주력하는 구글입니다. 메타와 AWS가 3위와 4위를 차지했으며, 그 뒤를 이어 델Dell, HPE, 엔비디아, 슈퍼마이크로와 같은 전통적인 브랜드와 중국의 레노버Lenovo, 웨이브, 화웨이가 엎치락뒤치락하며 뜨거운 경쟁을 펼치고 있습니다.

새로운 AI 시대를 맞아 서버를 중심으로 한 데이터 센터는 주요 제조업체 간의 군비 경쟁의 장이 되었습니다. 이러한 데이터센터를 구축하려면 대규모 컴퓨팅 파워, 높은 투자 비용, 에너지 소비 및 열처리라는 네 가지 주요 과제를 해결해야 합니다. 열처리 관련하여 기존의 공랭식 냉각 기술은 고객의 요구를 해결할 수 없으며 3D VC(증기 챔버)가 도입한 공랭식 냉각 시스템이 새로운 선택지입니다. 향후 수냉식 냉각 및 침수 냉각 기술이 서버 냉각에 대한 해결책이 될 수 있습니다.

각종 컴퓨팅 파워의 출현은 새로운 비즈니스 모델과 기회로 이어질 수 있으며, 이는 물론 제조업체에 더 큰 도전 과제를 제시할 수 있습니다. 글로벌 관점에서 볼 때 단기간에 대만과 경쟁할 수 있는 서버 산업 생태계를 구축하는 것은 매우 어려운 일입니다. 따라서 대만의 장점은 TSMC가 제조하는 하이엔드 칩에만 국한되지 않으며 그 배후에 있는 복제하기 어려운 ICT 산업 생태계에도 있습니다.

● 하이엔드 AI 서버의 주요 고객군 출하량 변화 (2023~2025년)

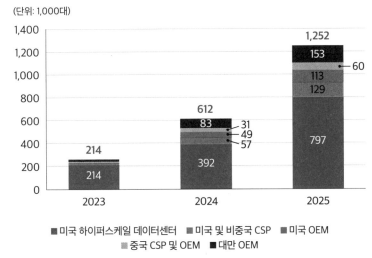

(단위: 1,000대)

■미국 하이퍼스케일 데이터센터 ■미국 및 비중국 CSP ■미국 OEM
■중국 CSP 및 OEM ■대만 OEM

출처: 디지타임즈, 2024.09

● 하이엔드 AI 서버의 주요 고객군 출하량 출하량 비중 변화 (2023~2025년)

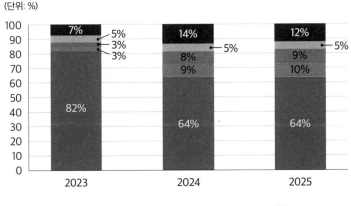

(단위: %)

■미국 하이퍼스케일 데이터센터 ■미국 및 비중국 CSP ■미국 OEM
■중국 CSP 및 OEM ■대만 OEM

출처: 디지타임즈, 2024.09

기업용 서버의 사업 전망

LLM에 영향을 미치는 핵심 요소는 AI 가속기 칩의 연산 성능입니다. 현재 AI 가속기 칩은 범용 GPU*와 비범용 GPU로 분류할 수 있습니다. 현재 GPGPU 시장의 주요 업체는 엔비디아, 인텔, AMD입니다. 그러나 중소기업은 높은 설치 비용 문제에 직면하는 경우가 많기 때문에 일부 기업은 AI 연산을 가속화하기 위해 설계된 특수 프로세서인 신경망 처리 장치NPU**를 포함한 비범용 그래픽 칩을 사용하는 방향으로 전환하고 있습니다.

NPU는 다양한 알고리즘의 요구 사항을 충족하도록 설계된 특수 칩으로, 계산 효율을 높이거나 전력 손실을 줄이는 것을 목표로 합니다. 예를 들어, 인식이 가장 중요한 애플리케이션 영역에서는 기능이 고도로 전문화된 AI 가속기 칩을 활용할 수 있습니다. 사용자는 다양한 연산 능력 요구 사항에 따라 추가 칩을 구매할 수 있습니다.

사용자 요구사항은 하드웨어 외에도 소프트웨어로 모델링할 수 있습니다. 기업은 사전 학습을 통해 기본 모델을 구축한 다음 나중에 미세 조정할 수 있습니다. 맞춤형 LLM의 경우 모델 미세 조정 쪽이 훨씬 더 중요한데 어느 쪽이든 모두 하드웨어 장비가 필요합니다. 따라서 일부 기업에서는 이미 '사전 학습'의 필요성을 충족하기 위해 클라우

---

*　　General purpose computing on GPU ; GPGPU
**　　Neural-network Processing Unit ; NPU

드 컴퓨팅 파워나 모델 학습 전용 IPC 하드웨어를 임대하는 등 장비를 대여해 주고 있습니다. 일부 기업은 사이버 보안 문제로 인해 IPC 또는 스타트업으로부터 서버를 임대하는 방법을 선택하기도 합니다. 장비 임대 업체는 특정 분야에 맞게 기능과 사용법을 강화할 수도 있습니다. 우리는 차별화된 애플리케이션들이 제조업체에 더 많은 비즈니스 기회를 가져다줄 것을 기대할 수 있습니다.

유비쿼터스 엣지 컴퓨팅

앞으로 AI의 부상으로 인해 애플리케이션이 더욱 차별화되고 다양화될 것으로 예상됩니다. 사용자가 클라우드에 데이터를 업로드하는 것에 대해 많은 보안 우려를 가지고 있기 때문에 단말에서 정보를 직접 처리하려는 수요는 AI PC와 AI 스마트폰 관련한 엄청난 비즈니스 기회를 가져올 것입니다. NPU를 PC의 마이크로프로세서나 휴대폰의 애플리케이션 프로세서와 결합해 전반적인 연산 효율을 높이고, 모델 학습 및 추론 기술을 최적화함으로써 고객에게 더 나은 생성 경험을 제공할 수 있습니다.

PC 부문에서는 2024년 하반기에 AMD의 서버 프로세서 판매량이 처음으로 인텔을 추월하는 등 마이크로소프트와 두 주요 CPU 기업이 선점을 노리고 있으며, 2025년 코파일럿이 내장된 마이크로소프트의 새 버전 OS에 대한 시장의 관심은 AI가 적용된 단말기 엣지 컴퓨팅의 새로운 시대를 열어줄 것으로 기대하게 만듭니다. 휴대폰의 경우, AI 휴대폰에는 최적화된 LLM을 오프라인에서 실행할 수 있는 NPU 가속기가 내장되어 있어 사용자가 생성형 AI 기능을 수행할 수 있습니다. 2022년 11월 ChatGPT의 등장 이후, 휴대폰 제조업체는 NPU의 컴퓨팅 성능을 적극적으로 개선하고 LLM의 오프라인 실행 요구 사항을 충족할 수 있는 사양을 출시하고 있습니다. 업스트림의 퀄컴과 미디어텍은 물론이고, 애플, 구글과 삼성도 주목하고 있습니다. 여기에 중국의 하이스海思가 화웨이의 신제품 출시에 맞춰 AI를 제공할 수 있을지 여부도 주목받고 있습니다.

미래에는 휴대폰과 노트북이 사진 앨범 편집, 통화 즉시 번역 등 기본적인 생성 애플리케이션을 수행할 수 있고, 휴대폰과 노트북이 모든 종류의 일정을 지원하고, 객실 예약 등이 일상생활의 일부가 될 것입니다. 여기에 압력 감지, 온도 및 속도 진동 감지, 스마트 제조용 거울 등 사물 인터넷 시스템의 다양한 장치를 추가하면 AI의 비즈니스 기회에 대한 기대가 더 커질 것으로 예상됩니다. AI 애플리케이션이 빠르게 대중화되면 클라우드와 엣지 수요가 구분되고 다양한 애플리케이션과 비즈니스 모델이 등장할 수 있습니다. 사용자는 인터넷을 통해 구독, 결제 및 기타 수단을 통해 컴퓨팅 파워, 메모리, 소프트웨어 및 하드웨어 프로그램을 이용할 수 있습니다. 클라우드 애플리케이션 외에도 다른 모든 애플리케이션이 엣지 컴퓨팅화 할 수 있습니다. 이러한 엣지 컴퓨팅은 데이터 센터 운영의 부담을 덜어줄 수 있으며 최종 사용자와 가장 가깝고 응답 시간이 가장 빠릅니다. 개인 정보 보호 또는 보안 고려 사항과 인터넷 액세스가 불가능한 환경(예: 유정, 광산)과 함께 위성 통신을 사용하여 엣지 컴퓨팅의 요구 사항을 해결하는 기능이 시급히 개발되어야 할 필요성이 있습니다.

요컨대, 두 개의 주요 CPU 진영은 자기 전략을 가지고 있으며, 운영 플랫폼을 소유한 마이크로소프트와 구글은 운영 체제에 비밀 무기를 숨기고 있고, 뜨거운 시장 경쟁은 너 죽고 나 살자는 싸움의 장입니다. 마이크로소프트 대만지사의 최고 운영 책임자인 천후이롱陳慧蓉은 마이크로소프트가 기존 고객들을 비즈니스 파트너로 전환하고 있다고 강조했습니다. 예를 들어 델타와 미디어텍은 잠재 고객에게 더 많은 애플리케이션 중심 서비스를 제공하기 위해 애저Azure 플랫폼을 사용하고 있습니다. 내부 최적화를 위해 마이크로소프트의 플랫폼을 사용하던 기업들은 혁신적인 AI 관련 애플리케이션을 위해 마이크로소프트와 새로운 파트너십을 맺을 것입니다. 이러한 산업 생태계의 진화를 통해 기술 분야의 초기 진입자인 대만의 공급망은 다른 신흥 국가와 쉽게 차별화할 수 있는 유리한 고지를 선점할 수 있을 것입니다.

실리콘밸리에서 누가 승리하든 태평양 건너편에 있는 대만은 모두의 공통된 수요로 인해 생태계에 없어서는 안 될 존재가 될 것입니다. 잘 알려진 최첨단 반도체, 마더보드, 서버부터 센서와 마이크로컨트롤러MCU에 이르기까지 최종 장치와 관련된 모든 제품은 대만의 경쟁 우위 제품입니다.

노트북과 휴대폰에서 클라우드 서비스에 이르기까지 고속 컴퓨팅 칩은 반도체 제조업체의 하이엔드 시장을 주도하고 있습니다. 2019년

EUV 장비와 7nm 공정을 출시한 TSMC는 과감한 투자와 첨단 공정 기술로 반도체 업계에서 독보적인 리더가 되었습니다. 매년 매출의 40% 이상을 자본 지출로 사용하면서 TSMC의 글로벌 파운드리 시장 점유율은 60%에 달하며 경쟁업체들을 견제하고 있습니다. 대만은 완벽한 ICT 공급망, 반도체 생산 능력, 공정 우위를 바탕으로 이 단계에서 가장 성공적인 국가가 되었으며, 향후 10년은 대만의 황금기가 될 것으로 예측하고 있습니다.

세상을 바꾸는 기술 혁명과
새로운 우주의 탄생

2024년까지 TSMC는 13개의 12인치 웨이퍼 팹, 9개의 6인치 및 8인치 팹을 보유하게 됩니다. 이에 더하여 OSAT 기능을 갖출 공장 5개를 보유하고 있으며, 2025년까지 전 세계에 최소 10개의 신규 공장을 설립할 계획입니다.

이 공장들은 다양한 공정 요구 사항을 가진 528개 고객사에 서비스를 제공할 것입니다. "모든 이들을 위한 파운드리가 되겠습니다"가 TSMC의 모토입니다. 7만 6,000명의 TSMC 직원들은 고객과 경쟁하지 않는다는 원칙을 지킴으로써 업계에 무해한 파트너임을 알리기 위해 최선을 다하고 있습니다.*

  TSMC는 약 1만 명의 R&D 직원을 보유하고 있으며, 일반적으로 매출의 8%를 R&D 비용으로 지출하고 있습니다. TSMC의 2024년 매출 비중에서 컴퓨터, 통신, 자동차 관련 매출은 대부분 제자리 걸음을 할 것으로 추정되지만, AIoT는 7~9% 성장하고 첨단 제조 공정을 사용하는 AI 가속기는 최대 2.5배 성장할 것으로 예상됩니다.

  2024년 9월, 네덜란드의 10개 반도체 장비 및 재료 회사가 유통업체 및 R&D 파트너를 만나기 위해 대만을 직접 방문하여 세미콘 타이완 2024에 참가했습니다. 이돔 테크놀로지$^{Edom\ Technology}$를 중심으로 하는 대만의 현지 반도체 장비 공장들은 TSMC를 둘러싼 거대한 비즈니스 기회를 주시하며, 일본 구마모토에서 협력할 서비스 메커니즘을 조직했습니다. 2024년 10월 베를린에서 열린 품질 혁신 서밋에서는 약 100명에 달하는 대만해협 양안의 하이테크 전문가들이 TSMC의 최대 해외 대표단으로서 참가했습니다. 중국 시장이 여전히 중요 거점이지만 유럽 하이테크 대기업들도 대만의 중요성을 인식하고 있는 것은 분명합니다.

  2023년 TSMC의 매출은 693억 달러였으며, 2024년에 900억 달러가 될 것으로 추정되고 있습니다. TSMC의 매출 총이익률은 53%에 달하고 순이익률은 40%에 가까운 수준을 유지하고 있습니다. TSMC

---

* 대만의 반도체 관련 인사들을 만나보면 모두 하나같이 이 모토를 들어 전 세계 고객들이 삼성보다 TSMC를 선택하는 중요 원인으로 이야기하고 있다.

의 요구를 충족하는 장비, 소프트웨어 또는 지식 서비스 하청업체가 되는 것은 회사의 벤치마크가 될 뿐만 아니라 새로운 비즈니스 기회로 이어질 수도 있습니다. 이러한 TSMC의 대외 영향력은 TSMC의 선도적 입지를 가속화하고 확장하는 데 중요한 요소입니다.

미-중 무역 전쟁 속에서 대만은 발언할 여지가 많지 않은 채로 다방면의 위협을 받으며 생존해 가고 있습니다. 미국이 화웨이의 TSMC 칩 사용을 제한했을 때, 미디어텍은 중국 시장에 진출할 수 있을 것처럼 보였지만 그러지 못했습니다. 화웨이는 특허 소송을 통해 미디어텍을 견제하고 있으며, 글로벌 AP 판매량 1위를 차지하고 있는 미디어텍으로서는 중국 시장뿐만 아니라 신규 시장을 확장해 나가야만 하며 한국 시장도 예외일 수 없습니다. 도전은 항상 존재하며 그저 기업가가 이에 어떻게 대응하느냐의 문제일 뿐입니다.

컴퓨텍스 타이베이 2024에서 젠슨황은 지구의 여러 지역의 날씨에 몰입하고 지형의 변화를 깊이 있게 이해할 수 있도록 지구 전체를 가상세계, 즉 디지털 트윈Digital Twin으로 구현한 '어스2Earth-2'에 대해 발표했습니다.

지난 10월에 열린 자이스 연례 회의에서 폭스콘의 CTO인 스저史喆는 'AI 솔루션에서 AI 공장으로'라는 연설을 통해 스마트 제조 분야에 디지털 트윈 개념을 도입하여, 향후 공장을 여러 곳에 복제할 때 데이터를 연동하거나 모방하는 방식으로 오류를 최소화하여 균일한 품질 요구 사항을 달성할 것이라 말했습니다. 디지털 생태계에서 일하는 사람으로서 우리는 세상이 우리가 상상했던 것보다 훨씬 더 많이 변했으며, 새로운 기술이 새로운 상상력을 자극하여 다음 세대의 삶을 도전, 기대, 그리고 가능성으로 가득 채우고 있음을 알 수 있습니다.

미디어텍의 CEO 차이리싱蔡力行은 미디어텍을 '디자인' 회사로만 정의하는 것은 적절하지 않으며, 미디어텍은 단말기 제조업체의 제품과 연결되어야 하므로 '시스템' 회사에 가깝다고 했습니다. 또한 그는 고객의 요구에 민첩하게 반응하는 것이 대만 제조업체의 산업 문화라고 말했습니다. 다양한 전문 및 틈새 분야의 비즈니스 기회를 고려할 때, LLM의 반감기는 반년에 불과하므로 기업이 모든 측면에서 시장 기회를 파악하고 고객의 요구를 보다 잘 이해하는 방법이 앞으로 더욱 중요해질 것입니다.

2000년 닷컴 버블 이후 4가지 단계

2000년대 초 닷컴 버블 이후의 세상은 네트워크 통신, 모바일 통신, 빅 데이터, AI의 네 단계로 진화하여 왔습니다. 첫 번째 네트워크 통신 단계에서 가장 큰 이익을 얻은 기업은 노키아Nokia, 에릭슨Ericsson, 그리고 시스코Cisco 등이었습니다. 두 번째 모바일 통신 단계에서는 애플이 휴대폰과 사람들의 행동을 변화시켰고, 발 빠르게 보조를 맞춘 삼성과 중국의 붉은 공급망이 큰 수혜를 보았습니다. 세 번째 빅 데이터 단계에서는 방대한 데이터 통신량으로 인해 클라우드 서비스가 주목받기 시작했습니다. AWS, 마이크로소프트, 구글이 차례로 수조 달러 규모의 기술 대기업이 되었지만, 보안 또한 중요한 변수가 되었고, 대만의 공급망 시스템에서 트렌드 마이크로^{Trend Micro Inc.}가 활약하고 있음을 쉽게 알 수 있습니다. 이제 AI의 새로운 시대가 도래하면서 엔비디아가 선두를 달리고 있고, AMD가 이를 가까이에서 추격하고 있으며, 인텔은 불만스럽게 침묵을 유지하고 있습니다. 이 와중에 중국, 일본, 한국, 그리고 대만은 변화를 파악하며 다음 세대 비즈니스 기회에 대비하고 있습니다.

대만의 ICT 공급망은 2024년까지 다시 성장 궤도에 오를 것이며, TSMC의 매출 성장률은 30%에 달할 것이고, 전체 대만 파운드리 매출은 1,000억 달러를 돌파할 것입니다.

예상을 넘어서는 TSMC 성장의 비결은 최첨단 5nm 및 3nm 기술을 활용하여 하이엔드 OSAT 용량을 확장하고 최첨단 고성능 컴퓨팅

● **닷컴에서 AI까지의 모델 진화 및 선도기업**

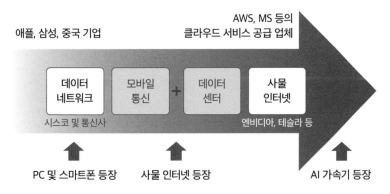

출처: 디지타임즈, 2024.07

HPC 웨이퍼를 일정에 맞춰 출하할 수 있게 된 것에 있습니다. 만일 전통적으로 파운드리 산업의 주축이었던 휴대폰과 노트북 PC, 그리고 자동차칩 시장이 고전하지 않았다면, 파운드리 산업의 성장은 더욱 두드러졌을 것입니다.

국제 시장의 수요 구조가 크게 변하지 않았다고 가정하면, 대만의 파운드리 확장 계획에서 업계의 미래 수요를 관찰할 수 있는 단서를 찾을 수 있습니다. 시장 수요의 불확실성과 미-중 무역 전쟁의 그림자에도 불구하고, 많은 수의 선주문을 확보한 파운드리는 AI와 같은 새로운 비즈니스 기회에 힘입어 대만의 반도체 투자 진행 상황을 안정적으로 이끌고 있는 선행 지표입니다.

TSMC의 해외 투자 계획에 관심을 가지는 국제 사회의 시각과는 달리, 우리는 거대 인터넷 기업들이 리더십 격차를 확대하고 소프트웨어-하드웨어 통합 생태계를 적극적으로 구축하는 방식에 대해서 우려하고 있습니다. 이들과 대만의 공급망 기업 간의 상호작용은 생성형 AI와 LLM 모델링의 물결이 전 세계에 어떤 영향을 미칠지를 결정하는 열쇠입니다. 우리는 글로벌 기술 산업의 주요 지표가 실리콘밸리와 대만에 있다는 것을 분명히 알 수 있습니다.

중국은 빅 펀드의 3단계에 따라 반도체 개발에 막대한 투자를 계속하고 있으며, 표면적으로는 SMIC의 매출이 연간 100억 달러를 넘을 것으로 예상됩니다. 그러나 이 매출은 현지 시장에 크게 의존하고 있습니다. 중국 하이테크의 번성 이면에는 유명 반도체 설계 회사가 잇따라 도산하고 있다는 소문이 돌고 있습니다. 중국은 반도체 분야에서 컴퓨팅 속도, 저장 에너지, 패키징, 테스트, 방열 기술이 한계에 직면하고 있습니다. 중국이 부족한 생태계 지원과 엔비디아의 신제품 하이엔드 칩 없이 AI 강국에 도전하는 길은 더욱 어려워질 것이 분명합니다.

2000년 닷컴 버블과 스마트폰의 부상, 중국의 붉은 공급망의 여파로 타이베이는 세계적인 업계 리더들이 아시아를 방문할 때 항상 들르는 곳입니다. 전 세계 주요 기업의 고위 관리자들이 몰려들고, 대만 산업단지의 유휴 부지가 TSMC, 마이크론, AMD의 신규 투자 계획으로 가득 차면서, 대만은 다시 한번 세계의 주목을 받고 있습니다. 비록 시대가 달라지기는 했지만, 대만도 걱정거리가 없는 것은 아닙니다. 고양된 관심에 비해 대만에는 주요 네트워크 및 소프트웨어 기업이 부족한 상황이기 때문입니다.

AI 기술을 지배하는 하드웨어

만물의 상생상극은 불변의 진리입니다. 그러면 실리콘밸리의 사람들이 AI 기술이 소프트웨어를 지배하고 소프트웨어가 하드웨어를 지배할 것이라고 전파할 때, 대만은 'AI 기술을 지배하는 하드웨어' 상황을 상상해 볼 수 있지 않을까요? 미래는 디지털 기술이 주도하는 사회 변화가 될 것이지만, 어떤 국가도 하드웨어 제조업에 중점을 둘 수 없습니다. 제조업의 배후에 있는 서비스업을 발전시키고, 서비스업의 급여 수준과 사회적 지위를 높이는 것이 경제와 사회의 균형을 위한 관건이기 때문입니다.

● 상생 상극: 무엇이 가장 중요한가?

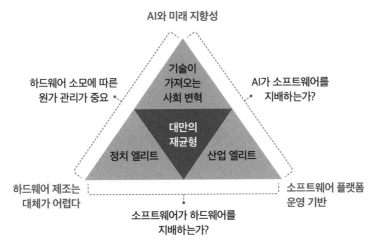

출처: 디지타임즈, 2023.07

지금은 PC와 휴대폰과 같은 표준 상품이 지배하는 시대이고 폭스콘, 콴타, 페가트론, 컴팔, 위스트론, 인벤텍 등이 같은 선상에서 애플, HP, 델을 수주하기 위한 경쟁을 벌이고 있습니다.

고급화되고 다각화된 비즈니스 기회에 직면한 AI 시대에 첨단 반도체 제조 기술과 용량 측면에서 TSMC는 대체 불가한 존재입니다. 경쟁사들은 이를 대체하고자 하지만 3nm 공장의 비용이 200억 달러라는 막대한 비용이 소요된다는 현실적 장벽에 직면하게 되므로 피하는 것이 올바른 상책입니다. 이러한 상황에서 삼성은 HBM 4의 차세대 메모리에 대해 파운드리와 협력하겠다는 발표를 했습니다. 이는 TSMC와의 협력 가능성을 암시하며, 이것이 사실이라면 대만과 한국의 두 주요 반도체 회사가 처음으로 적을 친구로 바꾼 것이 될 것입니다. 진정한 친구까지는 아니더라도, 하이테크의 진화가 가져온 새로운 얼굴, 경쟁력 있는 고객이 될 수 있습니다.

대만의 산업 구조는 엔비디아 및 AMD와 같은 상위 제조업체와의 수평적 경쟁에서 수직적 분업이라는 새로운 구조로 진화했습니다. 노트북과 휴대폰 분야에서 경쟁하던 벤더들은 이제 다양한 서버와 자동차 분야에서 새로운 비즈니스 기회를 찾고 있으며, 더 이상 브랜드 기업의 날개 아래 있지 않습니다. 이 업체들은 현재 규모가 커졌을 뿐만 아니라 다양한 종류의 제품에 대한 수익률도 증가하고 있습니다. 이와 동시에 대만의 주요 고객 또한 노트북과 휴대폰 기업에서 아마존, 마이크로소프트, 구글, 테슬라의 자체 개발 칩과 파생 상품으로 확대되었습니다.

특별한 시대의 혁신적 사고

대만은 세계에서 가장 중요한 전자제품 생산기지입니다. 대만 사람들은 대만 하드웨어 제조 산업의 중요성과 세계 공급망에 기여해야 한다는 개념을 깊이 이해하고 있습니다. 대만 전자 산업의 경험을 통해 우리는 독자적 관점에서 접근해야 성공할 수 있다는 것을 배웠습니다. 하이테크 전쟁의 정글에서 눈에 띄는 좋은 방법은 아마도 자신의 전문성을 활용하여 도메인 간, 산업 간 비즈니스 기회를 파악하는 것으로 보입니다.

TSMC의 성공 비결의 관건은 2009년 이후의 과감한 투자에 있었습니다. 위기일 때 시장에 진입하는 것이야말로 투자의 최적 시기이며, 관건은 보다 많이 분석하여 보다 많이 이겨내고 자신 능력의 한계를 잘 이해하는 데 있습니다. 2015년 이후 TSMC의 자본 지출은 거의 항상 매출의 40%를 초과했으며, 이 핵심 전략의 배후에는 500개가 넘는 고객과 광범위한 생태계의 장기간에 걸친 상호 작용이 있습니다. 대상이 된 어느 하나의 장비 업체, 재료 업체 및 주변 서비스 제공업체도 TSMC가 제공하는 다양한 비즈니스 기회를 포기할 수 없었습니다.

대만의 전체 산업 시스템을 지탱하고 있는 것은 그저 TSMC나 반도체 산업뿐만이 아닙니다. 방대한 ICT 공급망이 대만의 수천 개가 넘는 상장 전자 기업들의 수조 달러의 매출에 업스트림과 다운스트림의 산업 연구 개발 센터들을 대동하고 다른 중견 국가들은 따라오기 어려운 경쟁 우위와 중국, 미국, 독일보다 더한 유연성을 이 비상한 시국의 대만에 부여하고 있습니다.

고객과 경쟁하지 않는다는 개념과 브랜드를 운영하지 않는다는 전략을 기반으로 한 이러한 강력한 산업 체제는 고유한 산업 발전 방식을 의미합니다. 한국 언론은 시장에서 브랜드 경쟁할 필요가 없어 막대한 비용과 위험을 감수하지 않아도 되는 대만을 부러워합니다.

새로운 시대의 패러다임 전환

2000년대 초반의 닷컴 시대에는 시스코, 노키아, 에릭슨, 노던 텔레콤Northern Telecom과 같은 통신 및 네트워크 기업들이 시장을 주도했습니다. 그리고 2007년 아이폰의 출시는 인터넷 세계를 모바일 중심의 다중 애플리케이션 시대로 전환시켰는데, 이 과정에서 애플은 양방향 데이터 통신 분야를 개척하며 막대한 부를 축적했고, 이는 동시에 중국이 빈곤에서 벗어나는 데 결정적 요인이 되었습니다.

2009년부터 2019년까지의 10년을 저는 종종 '모바일 스테이지'로 부릅니다. 이 시기는 중국의 황금기와 맞물려 있었으며, 14억 명에 달하는 중국의 인구가 '세계의 공장'이라는 위상과 결합하여 중국을 글로벌 경제의 핵심 축으로 부상시켰습니다. 이는 결과적으로 '붉은 공급망'의 글로벌 영향력 확대로 이어졌습니다.

현재 우리가 경험하고 있는 시대는 '빅데이터'의 시대라고 할 수 있는데, 다양한 디지털 도구의 발전과 대역폭의 급격한 증가, 그리고 진화된 서비스 메커니즘으로 인해 모든 종류의 데이터가 클라우드 환경에 집중되고 있습니다. 구글, AWS, 마이크로소프트와 같은 기업들은 CSP(클라우드 서비스 공급자)로서 클라우드 기반의 모든 애플리케이션을 원격으로 제어하고 체계화하는 새로운 비즈니스 모델을 구축하고 있습니다. 예를 들어, AWS와 마이크로소프트는 시놉시스와 케이던스와 같은 EDA 디자인 툴을 전문으로 하는 기업들과 협력하여 TSMC와 미디어텍이 클라우드 환경에서 설계 도구를 효율적으로 활용할 수 있는 플랫폼을 제공하고 있습니다.

이러한 발전은 사업 효율성을 증가시키는 일환으로 보이지만, 잘 생각해 보면 독립적인 운영체제로 운영되던 것들이 실제로는 반도체 산업 생태계의 네트워크를 형성하고 있음을 알 수 있습니다. 이는 국가 안보 문제로까지 확장될 수 있습니다.

챗GPT가 AI의 새로운 물결을 일으키면서 코어 및 엣지 컴퓨팅을 AI로 처리하는 솔루션이 다시 한번 모두의 관심을 끌었습니다. 기업들은 데이터센터의 분업화와 고속 컴퓨팅을 기반으로 여러 엣지 컴퓨팅 기능들을 처리하는 방법에 대해 고민하기 시작했고, 그래픽 칩으로 시작한 엔비디아는 구글, 메타, 테슬라를 제치고 애플과 마이크로소프트에 이어 시장 가치 3조 달러가 넘는 세 번째 거대 기업으로 성장하게 되었습니다.

AI라는 큰 화두 아래, 사람들은 정보 폭증의 시대에 어떻게 하면 더 많은 데이터를 지속적으로 채굴하고 추출할 수 있을지에 대해 고민하기 시작했습니다. 지금 우리에게 필요한 것은 생명력 없는 '데이터'가 아니라 다양한 현상을 설명하고 의사결정으로 이어질 수 있는 '통찰'입니다. AI에 질문과 답변을 취합하는 메커니즘을 맡기려 할 때 가장 큰 요점은 과연 우리가 올바른 질문을 하고 있는지 여부에 있습니다. 일정 수준 이상의 지식적 기반이 없는 사람들은 어떻게 하면 옳은 질문을 할 수 있을까요?

이러한 상황에서 수요와 공급의 관계는 질문과 답변의 차이처럼 매우 다른 질적 변화를 겪고 있습니다. 과거에는 오리지널 브랜드 제조업체가 사양을 제시하고 OEM에 일정에 따라 필요한 제품을 생산해 달라고 요청했습니다. 이제 OEM 업체는 고객의 요구를 이해하기 위해 스스로 '자문자답'해야 하며, 이는 신흥국이 ICT 산업에 진입하는 데 있어 고난도의 장벽이 될 것입니다. 미래의 디지털 세계에서는 답은 찾는 것이 어려운 것이 아니라, 올바른 질문을 할 수 있는 적절한 자료들을 찾는 것이 어려울 것입니다. 시노베이션 벤처스^{Sinovation Ventures}의 창립자인 리카이푸^{李開復}는 "AI가 단기간에 정확하고 전문적인 정보 서비스를 제공할 수는 없을 것"이라면서도 "진실에 가장 가까운 답을 제공할 수 있다면 현 단계에서는 우리가 가장 큰 승자가 될 수 있을 것"이라고 말했습니다.

질문과 답변 사이의 메커니즘과 관계가 바뀌었으니, ICT 산업 공급망에 유료 컨설팅 서비스를 위한 결제 시스템을 제공함으로써 적절한 비즈니스 모델을 만들 수 있을 것입니다. 아마도 전문적인 소규모 언어 모델링 서비스를 통해 중국어 번체 문화권에서 실행 가능한 솔루션을 찾을 수 있을 것입니다. AI의 세계에서는 애플리케이션 중심의 비즈니스 기회는 어디에나 존재하며, 중요한 것은 서비스 제공업체의 비전과 실행에 있습니다.

선을 넘어야 보이는
무궁한 기회

전 행정원장 린천중林全曾이 저에게 "AI의 물결이 거품으로 변할 수 있을까요?"라고 질문한 적이 있는데, 현재까지 거품의 징후는 보이지 않습니다. 과거 초창기 인터넷이 발명되었을 때 사람들은 인터넷을 거품이라고 생각했습니다. 그러나 2000년 봄 인터넷 주가가 폭락하고 많은 스타트업이 문을 닫았음에도 불구하고 인터넷 붐은 사라지지 않았으며, 2007년 아이폰이 판매된 후 더 많은 기회가 왔습니다. 오늘날의 AI 열풍은 빅데이터와 클라우드 서비스의 다양한 연결에 따른 새로운 기회가 나타날 징후일 뿐이며, 이는 기술 발전의 자연스러운 진화 과정으로 볼 수 있습니다.

AI가 거품일 가능성은 보이지 않지만, 진화하는 비즈니스 가능성과 새로운 과점 구조는 확인되고 있습니다. 대만은 제조업에 특화된 작은 나라이지만, 대체할 수 없는 강점을 지니고 있습니다. 이는 수십 년간 축적된 제조 노하우와 견고한 산업 생태계에 기인합니다. 대만의 생산 시스템은 제조에만 국한되지는 않을 것입니다. 모든 사용자는 단말기 장비가 필요하고, 모든 클라우드 서비스 제공업체와 데이터센터 운영자는 클러스터 컴퓨팅을 수행하기 위한 마더보드와 서버 세트가 필요합니다. 즉 소프트웨어는 대체할 수 있지만 하드웨어는 필수불가결합니다.

대만 기업인들은 불안정한 국제 환경 속에서 항상 불안해하지만, 지나 라이몬도^{Gina Raimondo} 미국 상무부 장관은 "대만이 안정적이어야 세계 경제가 보호된다"라고 말했습니다. 또한 대만은 서태평양에 던져진 민주주의 닻이며, 대만은 세계 경제가 보호될 수 있도록 하는 큰 책임을 자각해야 한다고 말했습니다.

1980년대에 저는 국가 산업 발전 전략을 수립하는 훈련을 시작했습니다. 당시 경제부 차관이었던 쉬궈완^{徐國安}, 공업국 국장 양스젠^{楊世緘}, 그리고 공연원^{ITRI} 원장 팡셴치^{方賢齊} 및 정책자문위원회 CEO 허이츠^{何宜慈} 등은 모두 정보산업 10년 발전 계획을 이끈 관료들이었습니다. 저는 맨 뒷줄에 앉아 이 선배들이 미래로 가는 길을 제시하는 모습을 조용히 지켜보면서 감탄이 절로 나왔습니다. 한 사람의 상상력과 지식 수준이 어느 정도의 경지에 다다라야 국가 계획의 토론에 참여할 수 있을까

요? 우리가 세상이 공인하는 방법을 찾아낼 수 있을까요? 시대와 산업
은 끊임없이 변화하는데 우리는 여하히 과거의 역사적 관점을 현재의
국제관에 통합하여 장구한 국가 발전 전략을 연마해 낼 수 있을까요?

저는 제가 알고 있는 세계를 과거, 현재, 미래 세 시대로 나누어, 산
업 시대의 '전통적 국력', 정보화 시대의 '디지털 국력', IoT 시대의 '선
도 국력'을 바탕으로 국제사회가 각 시대에 직면할 수 있는 상황과 대
응 방안을 모색해 보겠습니다.

국력은 어디에서 오는가?

산업 시대에는 GDP 외에도 국토 면적, 인력, 심지어 뉴스 노출과 국제
기구 참여도에서도 한 국가의 국력을 확인할 수 있었습니다. 1950년
이래 지금까지 대만은 수교국이 점점 줄어들고, 번영을 누렸던 PC 산
업은 밀레니엄에 접어든 후 해외로 빠져나갔으며, 중국의 생산 시스템
에 대한 투자는 중국이 공급하는 자재를 가공하던 것에서 완전한 철수
로 바뀌었습니다. '대만의 내일'은 권력자들에게 금기시되는 주제가 되
어 버렸으며, 남은 주요 산업은 정부에 의하여 할 수 없이 잔류한 웨이
퍼 제조 산업, 패널 산업, 그리고 일부 법을 지키는 반도체 설계 산업뿐
입니다.

대만의 국토는 늘어나지 않을 것이고, 저출산 추세는 되돌리기 어
렵고, 아무도 대만의 내일을 감히 상상하지 못하며, 대만의 산업 및 경

제 전략을 탐구하는 것 자체가 암담해 자조적인 회의에 빠지기 쉽습니다.

2019년 트럼프가 세계의 경쟁 환경을 일변시켜 G2 경쟁에 직면하고, 대만이 다시 한번 쟁투의 대상이 될 때까지, 아무도 향후 5년, 10년 동안 대만이 어떻게 될지 예상할 수 없었습니다. 그리고 대만은 다시 한번 미-중의 장기판 속의 말이 되었습니다.

미-중 경쟁에 더해 2020년 초부터 3년 이상 지속된 코로나19 사태로 인한 글로벌 공급망 붕괴로 인해, 반도체 및 ICT 산업 공급망에서 대만의 독보적인 강점이 부각되었고 과거에 비해 글로벌 경쟁 구도에서 대만의 국제적 위상이 급등하고 있습니다.

특히 자동차 사업을 비롯한 주요 제조업 분야에서 독일, 일본, 한국과 같은 기술 선진국들이 모두 대만에 협력을 요청했습니다. 이때 대만 사람들은 전통적인 국력 외에 하이테크 산업이 가져온 디지털 파워가 대만의 재도약을 위한 새로운 원동력이 되었다는 사실에 놀랐습니다. 소프트웨어와 하드웨어의 통합은 확실히 모두가 강조하는 중점 포인트이지만, 업계의 모든 사람들이 소프트웨어 비즈니스 모델은 따라 하기는 어렵지만 모방 비용이 매우 낮은 반면, 하드웨어 비즈니스 모델은 하드웨어 생산 부가가치가 낮은 데 비해 거대한 생산 시스템이 필요하므로 따라 하기는 쉽지만 단기간에 모방하기는 어렵다는 것을 알고 있습니다. 즉 대만의 하드웨어 제조 능력은 대체 불가합니다.

3nm 팹을 건설하는 데 적어도 2년의 시간이 걸리며, 비용은 200억 달러까지 소요됩니다. 2nm 팹을 건설하는 경우 280억 달러까지 필요

할 수 있습니다. 충분한 기술 역량과 잠재 고객이 없는 상황이라면 무모한 투자는 되돌릴 수 없는 장기적인 위험이 될 수 있습니다. 인텔은 반전을 꾀하고 있지만, 2022년과 2023년에 100억 달러의 손실이 발생한 것으로 추정되며, 2024년 한 해에만 100억 달러의 손실이 발생할 것으로 추정됩니다. 인텔은 비용을 절감하기 위해서 A20 칩 프로그램을 TSMC에 아웃소싱하는 방안도 고려해야 했습니다. 퀄컴과 ARM이 인텔을 합병할 가능성이 있다는 소문이 돌았을 때만 해도 시장에서는 부정적인 뉴스가 많이 나왔습니다. 실추된 인텔의 시가총액이 2024년까지 1,000억 달러 이하로 떨어지고 심지어 다우존스의 구성 종목에서 쫓겨나 엔비디아로 대체될 것이라고는 누구도 예상하지 못했습니다.

2024년 말, 성황리에 개최된 일본 반도체 엑스포에서 IBM과 IMEC의 기술을 결합한 일본의 2nm 개발 계획이 각광을 받았습니다. 일본 반도체 산업의 시장 점유율은 세계에서 10% 미만이지만, TSMC 구마모토와 홋카이도 라피더스의 2nm 프로젝트는 일본인들에게 반도체 산업에 대한 열정을 다시 불러일으켰습니다.

저는 라피더스 부스에 들러 그들이 하는 이야기에 귀를 기울였습니다. 그들이 생각하는 것은 '설계', '전공정', '후공정 및 OSAT'를 통합하여 고객에게 가장 빠른 원스톱 서비스를 제공하는 것입니다. 그렇기 때문에 고위 경영진은 자신들의 비즈니스 모델이 TSMC의 파운드리 비즈니스 모델과는 다르며, 누구도 감히 TSMC의 비즈니스 모델에 정면으로 도전할 수 없다고 거듭 강조했습니다.

성공적인 비즈니스 모델이 없는 기업은 가치가 없습니다. 신흥국이 반도체 사업에 뛰어들 때 직면할 수 있는 가장 큰 위험은 반도체 전체 산업 생태계와 연결된 운영체제입니다. 반도체 산업 외에도 대만의 ICT 공급망은 보호막 역할을 합니다. 대만의 노트북, 서버, 그리고 여전히 강력한 테스트, 디자인, 패널, 인쇄 회로 기판 및 전자 회로 분야는 모두 세계 최고 수준의 선두 주자입니다. 대만을 잃으면 글로벌 산업이 필연적으로 재편되고 10년도 정상적으로 운영되지 못할 것입니다. 미국, 일본, 한국, 유럽은 대만과 우호적인 관계를 잃을 경우 발생하는 어려움을 감당하지 못할 것이며, 전자 산업에 관련된 기업들이 생각하는 것보다 상황이 훨씬 더 심각할 수 있습니다.

2023년 한국 반도체 수출의 50%를 홍콩을 포함하여 중국이 차지했으며, 20%는 대만과 베트남이 차지했습니다. 이 70% 중 절반 이상이 대만 기업에 판매된 것으로 보입니다. 경기침체기인 2023년에도 한국의 반도체 산업은 여전히 250억 달러의 흑자를 기록했는데, 대만의 ICT 공급망이 붕괴될 경우 한국이 가장 먼저 피해를 입을 수 있다는 사실을 알게 된다면 한국은 대만의 디지털 파워를 재평가할 수밖에 없습니다.

한편, 오늘날 국제 정세를 판단하고 미래 경쟁에 필요한 핵심 요소를 파악할 때는 천연자원 보유, 기후 변화에 대한 대응 능력, 사회적 균형의 유지, 심지어 미-중 관계 변화에 따른 주요 운송 경로의 지리적 조건 등 '선도 국력'으로 보이는 것을 면밀하게 관찰해야 합니다. 천연자원이 풍부한 호주와 캐나다 같은 국가는 생태 균형의 핵심 주체가 될 수 있으며, 서태평양과 중국 동해안의 중간에 위치한 지리적 이점으로 대만 또한 대체할 수 없는 영향력을 발휘할 것입니다.

　이러한 맥락에서 차세대 기술 경쟁이 시작되던 시기에 주요 선진국들이 여전히 관망적 자세를 취하고 있을 때, 대만은 제한된 자원에도 불구하고 특유의 지리적, 인구통계학적 조건을 활용하여 과감한 전략적 선택을 통해 현재의 경쟁력을 구축할 수 있었습니다. 1980년대와 1990년대의 상대적으로 완만한 산업 성장기에 대만과 한국이 구축한 ICT 산업 공급망은 현재 새로운 AIoT 시대를 맞아 급변하는 시장 환경 속에서 더욱 값진 교훈을 제공하고 있습니다. 초창기 대만과 한국이 경험한 유사한 산업 상황이 반복될 가능성은 없습니다. 따라서 신흥국들은 앞으로 직면할 비즈니스 기회와 그에 따른 막대한 투자 수요에 대한 대응 전략을 수립하는 것이 어려운 과제가 될 수밖에 없습니다.

　차세대 기술 경쟁이 시작되던 시기에 주요 선진국은 여전히 관찰만 하고 있었고, 대만은 특유의 지리적, 인구통계학적 조건을 활용하여 다소 느리지만 과감한 선택으로 현재의 경쟁력을 구축할 수 있었습니다. 비교적 완만한 성장기였던 1980년대와 1990년대에는 대만과 한국이 PC의 보급에 맞춰 ICT 산업 공급망을 구축했습니다. 이제 AIoT 시대를 맞이해 새로운 경쟁에 뛰어들려고 하는 국가들은 요동치며 변화하는 시장 상황에 직면하고 있으며, 충분한 경험 없이는 이러한 환경에 적응하기 어렵습니다. 초창기 대만과 한국이 겪었던 산업 환경과 유사한 상황이 반복될 가능성은 거의 없습니다. 따라서 기하급수적으로 증가하는 비즈니스 기회와 막대한 투자 수요에 어떻게 대처할 것인지가 신흥국에는 더욱 어려운 과제가 될 것입니다.

제한된 자원과 무한한 애플리케이션

1980년대 대만의 산업은 호황을 누렸고, GDP는 빠르게 성장했으며, 사회적 자본에 대한 수요가 크게 증가했습니다. 이에 따라 기업들은 설비 및 운전 자본에 대한 투자 수요를 충족하기 위해 자본 시장에 진입해 상장을 통해 자본을 조달하기 시작했습니다. 대만의 저렴한 자본은 부동산 시장뿐만 아니라 주식 시장에도 투자되어 다양한 기회를 창출했습니다.

상장 기업은 자본 시장에서 조달한 자금을 우리 사주의 형태로 직원들에게 이전하여 부의 재분배라는 이상을 성공적으로 달성했습니다. 또한 스타트업이나 대기업이 새로운 회사에 투자하면서 신생 회사들이 생겨났으며, 많은 경영자들은 큰 위험을 감수하지 않고도 막대한 보상을 얻을 수 있었습니다. 산업 발전의 모든 상상 가능한 혜택이 대만에서 실현되었고, 이러한 혜택은 2000년까지 직원 보너스를 통해 구조적으로 최적의 분배 메커니즘을 달성하는 데 기여했습니다.

하지만 현재 TSMC와 미디어텍과 같은 성공적인 기업들이 엄청난 양의 인력 자원을 흡수하면서, 일부에서는 최고의 인재조차 남용되고 있다고 말합니다. 이러한 비판은 '최적화' 관점에서 보면 일리가 있을 수 있으나, 동일한 반도체 및 ICT 분야의 선두에서 기염을 토하고 있는 한국의 상황을 보면 우리는 각국이 인재를 확보함에 있어 처한 상황을 알 수 있습니다.

2024년 초봄, 벚꽃 시즌이 끝날 무렵 저는 서울 강남에 있는 AM

OLED 전문 시장조사 회사를 방문했습니다. 그곳에서 만난 담당자는 도쿄대 화학공학 박사로 삼성 디스플레이 장치 R&D 부서에서 근무한 경력을 가진 분이었습니다. 그는 자신의 연구원 몇 명을 초대해 토론을 진행했는데, 한국의 명문대를 졸업한 박사급 전문가들이 모두 50대에 삼성을 떠나 하이센스Hisense, 콩카Konka 등 중국 기업에 입사했다는 사실에 놀라움을 감추지 못했습니다.

1993년 삼성의 '신사업 전략'이 시작된 이래, 삼성은 세계 1위의 기술, 브랜드, 경제 규모를 그룹 발전의 3대 핵심 요소로 삼았습니다. 어떤 기업도 자원의 제약에서 자유로울 수는 없으며, 연 매출 2,000억 달러를 기록하는 삼성전자 역시 예외는 아니었습니다. 하지만 전략적 선택에 있어 삼성의 결단력은 대만 기업들에 모범이 되고 있습니다.

저는 삼성 스마트 포럼에 여러 차례 초청받아 연설한 적이 있었는데, 포럼에서 만난 삼성 부사장급 직원들의 대화 기술과 전문 지식은 거의 흠 잡을 데가 없을 정도였습니다. 그러나 모든 것은 동전의 양면과 같습니다. 삼성은 세계 최고의 기업 중 하나로, 1990년대부터 최우수 엘리트를 채용할 수 있는 충분한 자원을 보유하고 있으며, 고위 경영진의 대부분이 명문대 박사 출신입니다. 하지만 삼성의 모든 제품 프로젝트가 완벽하게 진행된 것은 아니었습니다. 2009년, 한국 정부의 정책적 지침에 따라 삼성과 LG가 레거시 패널을 포기하기 시작하면서 많은 전문가들이 중국으로 떠났습니다. 또한, 삼성의 단기 계약 제도는 고위 임원들을 마치 살얼음판 위에 올려놓은 듯한 상황을 만들었습니다. 이는 효율성을 높이는 데 기여했지만, 동시에 인재를 소모적으로 활용한다는 비판을 피할 수 없었습니다.

한편, 대만에서는 TSMC가 매년 6,000~8,000명을 채용하고 있으며, 미디어텍과 같은 반도체 설계 회사는 유명 공학 대학에서 대규모로 신입 사원을 뽑고 있습니다. 그러나 많은 젊은이들이 자신의 관심사에 대한 충분한 이해 없이 유명 기업에 입사하는 경우가 많아, TSMC 신입 사원의 높은 이직률이 대만 사회에서 우려의 대상이 되고 있습니다. 총 8만 명의 직원을 보유한 TSMC는 분명 인재를 끌어들이는 블랙홀과 같습니다. 하지만 적재적소에 인재가 배치되고 있는지에 대해서는 TSMC 고위 경영진도 깊이 고민하고 있을 것이라고 생각합니다.

TSMC는 미디어 도구를 적극 활용하여 최고의 인재에게 정확한 채용 정보를 전달해야 합니다. 또한, 미디어 사업자들은 단순히 TSMC의 광고를 수주하기 위해 경쟁하는 대신, TSMC가 필요로 하는 인재를 정의하고 기업 이념을 효과적으로 알리는 데 도움이 되는 비즈니스 기회를 모색해야 합니다.

에이서의 창업자 스젠룽은 언제나 "미투Me-too는 내 스타일이 아니다"라고 말하곤 했습니다. 1986년, 에이서는 영문 사명을 멀티텍에서 에이서로 바꾸고 나서야 1980년대에 글로벌 브랜드를 목표로 하고자 했습니다. 2002년, 에이서는 3개사로 분할되었고, 창업자 스젠룽은 은퇴했는데, 은퇴 역시 내려놓기 위해서는 엄청난 용기가 필요했습니다.

모리스 창은 자신이 '학습 곡선의 신봉자'라고 말하는데, 이는 쉽게 말해 '일단 선두가 확실해지면, 더 많은 투자를 해서 경쟁자들이 우리의 후미등조차 볼 수 없게 만든다'라는 뜻입니다. 디지타임즈를 설립할 당시 디지타임즈의 이사였던 모리스 창은 "당신이 새로운 것을 할 수 없다면 한 푼도 줄 이유가 없다!"라고 말하기도 했습니다. 핵심을 제대로 찌르지 못하면 이 구두쇠는 한 푼도 투자할 생각이 없었던 것입니다.

대만 최초의 컴퓨터 회사인 MiTAC神通의 동사장 먀오펑창苗豐強은 반세기 동안 동사장직을 맡아왔는데, 이는 대만 최장 기록일뿐만 아니라 전 세계 어느 컴퓨터 회사도 보유하지 못한 기록입니다. 그러나 그룹의 핵심 사업은 MiTAC 패밀리가 장악하고 있습니다. TD 시넥스Synnex, 지텍Getac, 린데롄화聯華氣體 외에도 미국의 SNX新聚思까지 소유하고 있습니다. 이들 가문의 공식적인 발표가 없다면, 누구도 그들의 정확한 기업 규모를 알 수가 없고, 창립 50주년을 맞이한 먀오펑창은 여전히 이에 대해 침묵하고 있습니다.

언젠가 제가 RCA 프로그램 책임자인 후딩화胡定華에게 '황무지였던 대만 반도체 산업의 진정한 개척자'라고 칭찬하자, 그는 겸손하게 "우리 산업은 과거가 아니라 미래를 봐야 하는 산업입니다"라고 대답했습니다. 후딩화의 말이 맞습니다. 그렇지 않았다면 그가 33세의 나이에 자오퉁交通대학교 전자시스템 학과장이라는 안정된 자리를 버리고 공업연구원ITRI으로 뛰어들었겠습니까?

이상 네 사람은 디지타임즈의 창립 이사회 멤버로, 저는 이들과 같은 테이블에 앉아 발표하고 의견을 나누며 여러 번 함께 일해 왔는데, 그들은 제가 어리다는 이유로 봐주지 않았고, 저 또한 그들의 성공을 질투한 적이 없습니다. 저는 제 분야에서 도전에 직면하는 것을 두려워하지 않았으며, 가능한 비즈니스 기회를 포기하지 않았습니다.

스탠퍼드 학생들을 대상으로 한 연설에서 젠슨 황은 커리어 성공의 비결을 나누었습니다. 그는 스탠퍼드는 세계 최고의 대학 중 하나이며, 이곳에서 공부할 수 있는 사람들은 사회에서 최고 중의 최고이며 미래에 대한 높은 기대를 가질 수 있다고 말했습니다. 하지만 비즈니스에서 성공의 열쇠는 지능이 아니라 인성인 경우가 많습니다. 똑똑한 사람들은 실패를 감내하지 못하는 경우가 많으며, '인내'는 눈에 보이지 않지만 창업에 있어 매우 중요한 자질입니다.

그래픽 카드 업계에서 1985년에 설립된 엔비디아와 ATI는 모두 그래픽 칩의 선도적인 제조업체였습니다. 2006년 ATI가 AMD에 합병되기 전까지, 엔비디아는 두각을 나타내지 못했습니다. 하지만 PC 시장에 능숙한 리더조차도 수익을 창출하기는 힘들었으며, 엔비디아 또한 예외는 아니었습니다.

AI 붐이 일기 전인 2016년과 2019년의 채굴 붐이 엔비디아에 가장 큰 기회였고, 경기 침체기에 엔비디아의 대규모 칩 비축분을 흡수한 사람들은 대만의 그래픽 카드 제조업체였습니다. 대만계인 젠슨 황은 대만 공급망의 가치를 누구보다 잘 알고 있었으며, 이는 저렴한 가격으로만 대만 기업을 묶어두려는 PC 및 모바일 브랜드 기업들과의 차별점이었습니다. 대만 기업인들은 "이번에 도와주면 다음에는 내가 도와주겠다"라고 종종 말합니다.

AI의 폭발적인 성장 이후, 엔비디아의 그래픽 칩은 오랜 역사를 자랑하는 CUDA 소프트웨어와 결합하여 AI 기능을 수행하는 그래픽 칩 분야에 독점적인 위치를 차지했습니다. 젠슨 황은 엔비디아의 소프트웨어 투자를 통해 경쟁사가 단기간에 따라잡기 어렵게 만들었습니다. 이로 인해 1,000억 달러의 재산을 보유하게 된 젠슨 황은 업계의 선지자로 불리기도 합니다.

또한 폭스콘, 위스트론, 콴타, 인벤텍 등 대만의 주요 5개 제조업체도 AI 서버를 통해 새로운 시대를 맞이하게 되었습니다. 뿐만 아니라 휴대폰과 태블릿 시장에서 치열한 경쟁자였던 미디어텍도 엔비디아의 동맹이 되었으며, 2025년 초에 두 회사는 국제전자제품박람회^{CES}에서 자율주행차 분야에서 협력할 것이라고 발표했습니다.

AI의 물결 속에서 12월 엔비디아의 시가총액은 3조 6,000억 달러에 달하며 애플의 이정표를 넘어섰습니다. 대만의 파운드리형 산업 발전 모델은 사회 전반에 걸쳐 부를 보다 고르게 분배합니다. 2만 명의 직원을 둔 미디어텍은 엔비디아와 삼성 휴대폰의 최대 칩 공급업체가 되었고(금액 기준으로는 여전히 퀄컴이 1위), 애플의 공급망에도 진입했습니다. 이러한 비즈니스 협력은 3~4년이 걸릴 수 있으며 신흥국이 쉽게 대체할 수 있는 종류의 생태계가 아닙니다.

저는 제 능력에 한계가 있다는 것을 알고 있고, 경력상의 작은 성취가 열심히 일할 수 있는 동기가 될 수 있다는 것을 알고 있으며, 여러 가지 어려움에 직면할 때마다 그것을 당연한 것으로 받아들입니다.

일본 최고 갑부인 야나이마 사요시^{富柳井正}는 "사업가에게 가장 위험한 것은 상식이다"라고 말했습니다. 일반적으로 우리는 양자 기술, 실리콘 포토닉스, 첨단 OSAT 기술을 자세히 알 필요는 없지만, 대만이 가장 약한 위치에서 시작했음을 알고 있습니다. 당시 우리는 공급망에 대한 가장 완벽한 지식을 보유하고 있었고, OEM 산업의 가치가 무엇인지 알고 있었습니다.

컴퓨텍스 타이베이 2024는 역대 가장 강력한 연사 라인업을 선보였습니다. 일찍 도착한 젠슨 황은 타이베이의 음식 문화를 경험하며 대만을 전례 없는 최고점으로 이끌었습니다.

젠슨 황은 "대만은 세계 AI 산업의 중심지이며, 엔비디아는 항상 대만에 투자할 것"이라고 말했습니다. 기적을 만들어낸 그는 30년 동안 CEO를 맡아왔으며, 엔비디아 창립 이래 유일한 CEO입니다. 속도가 성공의 열쇠라고 강조하는 중국 스타트업들은 대만의 CEO들이 왜 20~30년 이상 임기를 유지하는지 이해하기 어려울 것입니다. 중국의 닷컴 붐에서 경력을 시작한 마윈은 이해하지 못할 수도 있지만, 장기간 집권하고 있는 BYD의 왕촨푸王傳福, 화웨이의 런정페이任正非, 심지어 레노버의 양위안칭楊元慶은 누구보다 잘 이해하고 있을 것입니다.

특별한 시대의 미래지향적 마음가짐

사람의 시각적 인식 오류율이 5% 이상이라면, 고양이를 강아지로 착각하거나 페키니즈를 자이언트 팬더로 착각할 수 있습니다. 오류율이 5% 미만으로 떨어져야 비즈니스 기회가 생기기 때문에, 제조 업계는 인화점을 기다리고 있습니다. 2011년 제록스Xerox가 26%의 그래픽 인식 오류율로 스타트를 끊었고, 이듬해 알렉스넷이 16%의 인식률로 돌파구를 열었습니다. 그리고 2015년 레즈넷^{ResNet}, 2016년 구글넷-V4^{GoogLeNet-V4}가 각각 3.6%와 3.1%로 5%의 벽을 깨면서, AI가 인간을 대체하거나 적어도 일부 기능을 대체할 때가 도래했음이 자명해졌습니다.

이러한 혁신은 빅데이터의 반복적인 축적과 식별을 통해 가능했으며, 무엇보다도 반도체 기술의 혁신이 더욱 중요한 역할을 했습니다. 3nm로 제한될 것으로 여겨졌던 반도체 공정은 현재 2nm까지 순조롭게 진행되고 있습니다. 2025년에 양산될 2nm 기술을 앞두고 1nm 수준이 반도체 공정의 한계라고 말하는 사람은 아무도 없으며, 인간은 무한한 창의력으로 한계에 도전할 것입니다. 고속 로직 칩이 탑재된 광대역 메모리는 5세대에 접어들었고, 각종 적층 웨이퍼^{Wafer on wafer}와 실리콘 포토닉스로 데이터 속도를 가속하는 첨단 기술이 전통적인 기술적 난제와 계속 충돌하고 있습니다. 앞으로 민용 소비품, 산업 어플리케이션, 자율주행, 심지어 군사 기술 분야에서도 더 많은 애플리케이션이 등장할 것으로 예상합니다.

2024년 5월 초, 프랭크 켄달^{Frank Kendall} 미 공군참모총장은 AI 기술이 전투에서 인간을 대체할 수 있는 가능성을 확인해 보기 위해 AI가 조종하는 F-16 전투기에 탑승했습니다. 그리고 켄달은 기술의 발전에 경탄했습니다. AI가 조종하는 전투기는 인간보다 인식률과 반사신경이 뛰어났고, 중력의 제한을 받지 않아 비행기의 성능도 극대화할 수 있습니다. 군사 전술, 전략, 심지어 전투원들의 조합과 훈련에 이르는 거대한 프로젝트가 기다리는 세상을 맞이할 수밖에 없음을 깨달은 발견이었습니다. 그렇다면, 누가 무기 체제를 공급하게 될까요? 무기 공급 기업은 현재 록히드 마틴Lockheed Martin, 다쏘 항공Dassault Aviation과 같은 전통적인 무기 딜러에서 클라우드 서비스, 자동화 설계, 최첨단 로직 칩을 생산할 수 있는 TSMC, 삼성, 인텔 등으로 확장될 것입니다. 이는 첨단 기술이 국가 안보와 군사력의 핵심 요소로 부상하면서, 전통적인 군수산업의 경계가 허물어지고 첨단 기술 기업들이 새로운 형태의 안보 공급자로 떠오르고 있음을 의미합니다.

이제 웨이퍼 제조에 적극적이지 않다는 비판을 받아온 영국 정부도 중국 투자자들에게 영국 웨이퍼 제조업체인 넥스페리아Nexperia의 지분을 매각하라고 요구하고 있습니다. 영국 정부는 이와 동시에 영국 최초의 12인치 웨이퍼 팹을 건설하여 국방 및 기타 애플리케이션을 위한 특수 목적 웨이퍼를 생산할 기회를 확보할 것을 요청하고 있습니다.

켄달 공군 장관이 AI 전투기를 시험 비행한 지 불과 3일 만에, 지나 라이몬도 미국 상무부 장관은 최첨단 칩의 92%가 TSMC에서 생산되기 때문에 중국이 대만을 무력으로 침공하면 미국 경제가 엄청난 재앙에 직면할 것이라고 덧붙였습니다. 이는 대만해협에 파도가 일면 미국과 세계 경제가 큰 타격을 입을 것이며, 미국은 전략적 위치로서 대만을 포기하지 않을 것이기에, TSMC의 선도적 위치는 미국, 대만 및 자유 세계가 매우 소중히 여겨야 하는 가치라는 것을 의미합니다. 이는 반도체가 단순한 산업 제품이 아니라 국가 안보와 경제 안정의 핵심 요소로 인식되는 새로운 지정학적 현실을 반영하고 있습니다.

2024년 5월 중화항공China Airlines, CAL의 이사회가 전반적인 경제 상황에 대해 분석했는데, 대부분의 자료가 새로운 AI 시대의 일반적인 추세와 상충된 결과를 보였습니다. 예를 들어 미국 정부의 공식 자료에 따르면 비농업 고용이 증가하고 있지만, 실리콘밸리에서는 이미 26만 명의 근로자들이 해고당했으며, 많은 유명 기업이 생존을 위해 고군분투하고 있었습니다. 반면에 대만의 전자 산업은 AI와 스마트 제조의 주도하에 번창하고 있었습니다. 이러한 불일치는 기술 산업 내에서 급격한 구조 변화가 일어나고 있으며, 전통적인 경제 지표만으로는 이러한 변화의 복잡한 역학을 완전히 포착할 수 없음을 시사합니다.

그렇다면 우리는 대만 수출 가치의 60%에 기여하는 이 전자 산업을 어떻게 해석해야 할까요? AI 기술로 대만은 엄청난 수요를 이끌어 낼 수 있을까요? 그리고 이 기세는 강력하고 지속 가능할까요? 수요 상품은 이전과 어떻게 달라질까요? 수익 구조는 어떻게 될까요? 이러한 질문들은 단순한 호기심을 넘어, 미래 경제 전략과 산업 정책을 수립하는 데 있어 핵심적인 고려 사항들입니다.

우선, AI가 새로운 산업 혁명을 가져올 수 있을까요? 만일 몇 가지 보고서를 읽고 AI의 중요성을 인정한 상태라면, 당신의 이해력은 100점 만점에서 40점일 것입니다. 한편, 각자 사업의 관점에서 AI의 중요성의 다양한 면을 면밀하게 관찰하고 이해한 전문가들은 80점에 도달할 수 있을 것입니다. 하지만 상상력을 발휘하여 AI의 가치를 판단해 본다면 전통적인 사고에서 벗어난 이 새로운 시대는 기하급수적으로 증가하는 AI의 비즈니스 기회라는 것을 이해할 수 있을 것입니다.

일단 고정관념에서 벗어나면 새로운 시대는 전통적인 디지털 시대에서 양자 시대로 중요한 도약을 하는 것임을 알 수 있습니다. 많은 전문가들이 이것이 새로운 산업혁명이라고 거듭하여 강조했습니다. 대만의 전 과학기술부 장관인 천량지陳良基는 심지어 발 빠른 AI의 비즈니스 가능성을 지원하기 위해 개인 돈을 기부하기까지 했습니다.

엔비디아가 TSMC에 최첨단 반도체 기술이 적용된 GPU 생산을 요청했을 때, 우리는 이 칩으로 조립된 서버와 데이터 센터가 TSMC의 차세대 제품 개발에도 도움이 될 것이라는 것을 알고 있었습니다. 2021년에는 수백억 개의 파라메트릭Parametric 알고리즘 모델을 출시한 회사는 단 두 곳뿐이었지만, 2024년에는 수백 곳으로 늘어났습니다. 이제 수백억 개의 파라미터가 모델링되었으므로, TSMC는 앞으로도 엔비디아와 함께 협업하여 차세대 제품을 개발할 확률이 더욱 더 높아졌습니다. 이처럼 방대한 데이터에 의한 급진적인 기술의 진화는 몇 배의 수익을 내면서 이전에는 없었던 속도로 발전하고 있습니다. 영국, 독일, 일본, 중국, 심지어 인도에서도 몇몇 성공적으로 이룩한 스타트업이 있었지만, 국가 경쟁력 측면에서 보면 선두 주자와 경쟁자 간의 격차는 훨씬 더 뚜렷합니다. 산업화 시대의 방식으로 경쟁자를 이기려면 '커브길에서는 추월하기도 쉽지만, 전복되기도 매우 쉽다'라는 사실을 명심해야 합니다.

AI가 모든 곳에 존재할 것이라는 점을 이해한다면, AI에 대한 당신의 상상력은 전통적인 사고방식을 넘어선 160점에 도달합니다. 그러나 시장에서 경쟁할 수 있는 기업은 소수의 상위 기업뿐이며, 이들 기업의 대다수는 미국 기업입니다. 모두 미국 기업이라면 왜 비농업 분야 고용은 증가하고 있는데도 실리콘밸리에서는 직원들을 해고하고 있을까요? 이는 기술 산업 내에서 일어나고 있는 심오한 구조적 변화로서, 전통적인 일자리가 사라지고 새로운 유형의 직업이 창출되는 과정에서 발생하는 일시적인 불일치 현상일 수 있습니다. 소라^{Sora}가 나온 후 할리우드의 영화 및 연극 업계는 많은 대형 프로젝트를 중단했다고 들었습니다. 앞으로는 사람이 처리하던 그래픽 이미지를 대량의 AI 소프트웨어가 처리할 수 있어 효율성이 크게 높아질 뿐만 아니라, 콘텐츠는 물론이고 소비자 행동에도 큰 변화를 가져올 것으로 보입니다.

2장

AI와
소요유

여는 글

장자莊子는 『소요유逍遙遊』에서 다음과 같이 말했습니다. 다음과 같이 말합니다. "북쪽 지하 세계에 물고기가 있는데, 그 이름은 곤鯤이다. 그 물고기는 너무 커서 몇 천 리나 되는지 헤아릴 수 없을 정도였다. 그 물고기는 붕鵬이라는 이름의 새로 변했다. 붕의 등은 몇 천 리나 되는지 알 수가 없을 정도였다."*

2,400년 전에 태어난 장자는 무한한 상상력으로 우리의 시야를 넓혔습니다. 사고, 언어, 그리고 단어들은 우리 상상력의 한계를 그어 놓습니다. 대만이 어느 정도의 영향력을 가질 수 있을지, 얼마나 큰 도전

---

*   北冥有魚, 其名為鯤。鯤之大, 不知其幾千里也。化而為鳥, 其名為鵬。鵬之背, 不知其幾千里也。

을 마주해야 할지는 대만 사람들의 시야와 포부에 달려 있습니다. 『손자병법孫子兵法』에서는 "허와 실로 세력을 조성하고 기회를 기다려 움직인다"라고 했습니다.* 우리는 어떻게 무궁하게 변화하는 다원화된 세상에서 산업 역사와 국제적 관점을 엮어낸 세계관을 구축하고 공격과 방어를 위한 산업 경영의 도리를 발견할 수 있을까요? 더 나아가 어떻게 해야 일과 삶의 기쁨을 누릴 수가 있을까요?

기업가에게 가장 큰 기쁨은 돈이 아니라, 온갖 극한의 압박과 경험에 직면해야 하는 기회에서 옵니다. 기업가들은 기회를 최대한 활용하면서 다양한 방법으로 혁신하며 '모두가 잠들어 있을 때 나 홀로 깨어 있는 기분'을 원동력으로 삼아 차별화된 전략으로 환경 생태를 변화시키는 것입니다.

AI는 산업에 재차 혁명을 가져올 새로운 물결입니다. 미디어는 흥미 위주로 젠슨 황과 리자 수蘇姿丰의 성과를 이야기하며 그들만의 맛집 지도**와 공급망 간의 관계를 추적하여 자본 시장에서 자신의 부를 얻을 지점을 찾고 있습니다.*** 저는 혁신을 강조하는 새로운 AI 시대에

---

* **虛實成勢, 伺機而動。**
** 역주: 젠슨 황이나 리자 수가 추구하는 기술 또는 제품을 음식에 비유하고, 그러한 기술이나 제품을 개발 중이거나 공급하는 기업을 맛집에 비유한 것이다. 지도라고 표현한 것은 지금까지 두 사람이 찾은 맛집들의 궤적을 살펴 다음 맛집(다음 대상 기술이나 제품, 또는 기업)이나 수혜를 입을 공급망상의 기업을 예측하려 한다는 것이다.
*** 역주: 여기서의 맛집 지도란 젠슨 황이나 리자 수가 추구하는 기술 또는 제품을 음식에, 맛집은 그러한 기술이나 제품을 개발 중이거나 공급하는 기업에 비유한 것이다. 지도라고 표현한 것은 지금까지 두 사람이 찾은 맛집들의 궤적을 살펴 다음 맛집(다음 대상 기술이나 제품, 또는 기업)이나 수혜를 입을 공급망 상의 기업을 예측하려 한다는 것이다.

는 효율과 비용보다 전략이 더 중요하고, 가격보다 가치가 더 소중하다고 굳게 믿습니다. 그리고 국제 경쟁 환경에서 후발 국가들이 미-중 패권 구도에서 벗어나려면 새로운 시대에 걸맞은 관련 전략이 나와야 합니다.

모리스 창의 자서전에는 젠슨 황이 TSMC의 CEO 영입 제안을 두 차례나 거절했고, 이후 소프트뱅크 창업자 손정의가 엔비디아 인수를 희망했을 때도 "나는 돈을 위해 일하지 않는다"라고 말했다고 언급되어 있습니다. 진정한 기업가는 사회의 다양한 문제를 해결하기 위해 존재하며, 산업 분석가는 대중에 비해 관점이 우월하다 해도, 다른 이와 차별화되어 있지 않다면 그저 단어와 수치, 차트를 쌓아 올리는 도구에 불과합니다.

시가총액이 3조 6,000억 달러에 달하는 엔비디아나 젠슨 황이 얼마나 더 많은 돈을 벌 수 있을지 예측하는 것은 더 이상 의미가 없습니다. 과도한 자본과 다원화된 제품 수요로 인해 시장이 한정된 인재를 확보하려 하는 상황에서 기업의 이사회가 재무지표와 감사보고서에 집착하면 회사를 혁신할 수 있는 최고의 기회를 놓칠 수 있습니다. 기업의 최고 경영 기관인 이사회와 고위 경영진은 지금이 브랜드 가치를 잃고 하드웨어와 소프트웨어가 통합되는 새로운 시대라는 점을 이해해야 합니다.*

---

*   역주: 최종 제품 비즈니스가 영향력이 줄어들고 있다는 의미이다.

미국 대선 토론에서 후보자들은 매번 "당신은 4년전보다 나은 삶을 살고 있습니까?"라는 질문을 던집니다. 국제적인 관점에서 몇몇 국가들은 4년 전보다 더 나은 상황에 처해 있습니다. 대만은 4년전보다 상황이 나아진 것은 사실이지만, 전반적인 전략이 잘 맞아서라기보다는 국제 환경이 대만에 우호적이기 때문에 상황이 나은 것입니다. 지금은 전례 없는 시기이며, 대만은 태풍의 눈 속에 있습니다. 폭풍이 다가오고 있지만 대만은 이에 대한 준비가 되어 있지 않은 것 같습니다.

세계 최고 제조업체의 분기별 매출이 1년 반 만에 5배로 증가한 것을 보셨을 것입니다. 엔비디아의 2023년 1분기 매출은 72억 달러였으며, 2024년 3분기에는 이미 350억 달러를 넘어섰습니다. 엔비디아는 2024년까지 1,000억 달러를 돌파하여 세계 1위 반도체 기업이 될 것으로 전망하고 있습니다.

엔비디아와 AMD가 칩 제조, 테스트, 모듈, 서브시스템 및 서버를 대만 기업에 아웃소싱한다는 사실을 알게 되었을 때, 대만 기업이 최후의 승자가 될 것이라는 사실을 알았습니다. 저는 아시아-태평양 공급망의 참여자들이 하드웨어 제조로 정의되는 산업 생태계를 모색해야 한다고 수차례 강조해 왔습니다. "하드웨어 중심 생태계"는 단순한 구호가 아니라 실현해야 할 이상이어야 합니다.

1990년대 중반 미국과 일본 제조업체들이 대만 기업에 ICT[Information and Communications Technology] 제품을 아웃소싱하기 시작했을 때만 해도 가격 인하가 공통의 언어였고, 비용만이 신뢰할 수 있는 유일한 비즈니스 규칙이었습니다. 30년의 세월을 연마한 후에야 대만 기업들은 낮은 마진으로 어려움을 겪으면서도 우수성을 유지하여 글로벌 기업가들이 신뢰하는 공급망 파트너가 되었습니다.

잃어버린 것은 다시 되찾을 수 없습니다. 무형과 소프트웨어의 가치가 강조되는 인터넷 시대에 서구에서 제조업을 재건하기란 쉽지 않습니다. 실리콘밸리 사람들은 AI, 빅데이터, 저궤도 위성에 대해 이야기하는 것을 좋아하지만, 공급망과 반도체 공정 기술에 대해서는 거의 이야기하지 않으며, 아시아인과 달리 웨이퍼 공장에서 12시간 교대 근무를 기꺼이 하려 하지 않습니다. 제조업은 사회가 산업의 핵심 기술 변화를 이해할 수 있는 수단일 뿐만 아니라 부를 평균화하고 세대 격차를 줄이는 중요한 수단이기도 합니다.

트럼프 행정부는 중국의 제조업에 무거운 세금을 부과하고, 생산 공장을 미국으로 이전할 것을 요구할 것입니다. 무역 전쟁의 핵심은 트럼프와 시진핑 사이의 개인적인 대립이 아니라, 국제 무역과 산업 전략을 둘러싼 미국과 중국 간의 패권 경쟁입니다.

17세기 이후
다시 온 대분열의 시대

2024년 한 해 동안 디지타임즈는 전 세계 방문객들의 핵심적인 허브로 자리매김했습니다. 더 타임즈, 포브스, KBS, CNA, 알자지라 등 세계적인 미디어 기관들은 물론이고, 삼성, 애브넷, SK하이닉스, 보쉬Bosch 등 글로벌 기업의 고위 경영진들이 저희 기관을 방문했습니다. 대만에 주재하는 캐나다와 한국 외교 대표들도 대만의 산업적 성공 비결을 알고 싶어 했습니다.

미디어가 미디어를 인터뷰하는 일은 거의 없습니다. 이로써 디지타임즈가 전통적인 미디어 기업이 아닌, 아시아-태평양 공급망에 초점을 맞춘 컨설팅과 빅데이터를 결합한 전문 지식 서비스 기업으로 인식되고 있음을 알 수 있습니다.

2024년 마지막 분기는 실로 다양한 활동으로 정신없이 바쁜 시간이었습니다. 저는 우선 하버드대학교와 칭화대학교가 공동 주최한 세미나에서 미-중 무역 전쟁의 맥락에서 반도체와 공급망을 주제로 강연했습니다. 그다음으로 캐나다 글로벌 사업청 부차관인 사라 월쇼를 접견했으며, 베트남을 방문해 호치민 시 인근에서 빈즈엉平陽성 서기에게 베트남에 가능한 산업 전략을 설명했습니다.

그 후 샌프란시스코로 이동하여 실리콘밸리 대만-미국 기술산업협회TAITA와 중미 반도체협회CASPA의 연례 활동에 참여했습니다. 이 기간 동안 ARM, 콜린Colin, 메카트로닉스Mechatronics, 오픈AI, 마이크론 등 실리콘밸리의 선도적 기업들에 방문했고, 이후 미국 본토와 대서양을 횡단하여 독일 베를린으로 이동하여 유럽의 첨단 광학 및 장비 산업과 대만의 과학 기술 산업 간의 유기적 상호작용을 면밀히 관찰할 수 있었습니다.

이번 여행은 지난 2년 동안 실리콘밸리에서 진행한 다섯 번째 전문 강연이기도 합니다. 해외 출장에 앞서 반도체와 AI 서버의 공급망에 관한 포괄적인 전문 보고서 두 권을 심층 분석함으로써 기술 산업의 근본적인 변화를 이해하고자 노력했으며, 이를 통해 '반도체'와 'AI'가 현 시대의 산업적, 경제적 변화를 이해하는 데 있어 가장 중요한 두 가지 핵심 키워드라는 확신을 갖게 되었습니다.

기업의 핵심 역량에 대한 유의미한 질문

미국으로 떠나기 일주일 전, 저는 UMC의 총경리 젠샨지에簡山傑와 대만반도체산업협회TSIA의 회장인 허우융칭侯永淸과 의미 있는 저녁 식사 자리를 가졌습니다. 이 자리에서 우리는 대만과 한국 반도체 산업의 본질적인 차이점을 심도 있게 분석하고, 지정학적으로 민감한 대만해협을 사이에 둔 양국의 산업 경쟁력에 대해 다각도로 논의했습니다.

삼성의 휴대폰과 TV 부문의 글로벌 브랜드 가치는 최근 들어 급격히 하락하는 추세를 보이고 있으며, 반도체 사업 부문에서는 파운드리 시장에서의 경쟁에서 기대했던 성과를 달성하지 못하고 있습니다. 더불어 전통적인 메모리 사업의 주도권은 HBM 기술로 전략적 초점을 성공적으로 전환한 SK하이닉스로 점차 이전되고 있는 상황입니다. 그리고 HP나 델과 같은 전통적인 IT 기업들의 브랜드 가치만으로는 AI 주도의 디지털 전환 시대에 소비자들이 프리미엄 가격을 지불하도록 설득하기에는 역부족인 상황이 되었습니다. 급변하는 시대의 기술적, 산업적 물결에 휩쓸리지 않고 시장에서 우위를 확보하기 위해서는 기업의 활동 범위와 핵심 역량에 대한 근본적인 재검토와 독립적이고 객관적인 관점을 갖출 필요가 있습니다.

2024년 가을, 독일은 대만해협 항행의 자유를 지지하는 명확한 신호로서 군함을 파견하여 순항 작전을 수행했으며 이와 동시에 일본 해상자위대 함정들은 대만해협이 특정 국가의 영해가 아닌 국제해라는 원칙적 입장을 공고히 하기 위해 뉴질랜드 및 호주 군함들과 함께 공동 항해를 실시했습니다. 일본의 최연소 총리 후보로 주목받았던 고이즈미 신지로 전 환경상은 과거 대만을 여러 차례 공식 방문한 반면, 중국 본토에는 단 한 번도 방문한 적이 없다는 사실을 공개적으로 언급하며 친대만적 입장을 암시했습니다. 새로운 총리로 선출된 이시바 시게루는 대만에 대한 지지적 입장을 공개적으로 피력하는 데 주저함이 없었습니다.

이러한 정치적 발언들은 각국의 국가 안보와 경제적 이익에 기반한 전략적 대외 정책의 일환으로 해석할 수 있습니다. 대만해협의 안정과 평화는 이제 단순한 지역적 문제를 넘어 글로벌 공급망의 안전과 직결된 국제 사회의 공동 가치로 자리 잡고 있기 때문입니다. 한편, 테슬라의 최고경영자 일론 머스크는 반중국적 성향의 트럼프 진영 내에서도 특히 친대만적 입장을 일관되게 유지하고 있습니다. 유럽 내에서는 스페인과 헝가리가 중국 전기차 산업의 EU 시장 진출을 위한 교두보로 부상할 가능성을 보이고 있는데, 이는 이념적, 경제적 차이로 인해 분화되는 글로벌 산업 생태계의 복잡한 줄다리기 현상으로 해석할 수 있습니다.

한편, 현재 세계 각국의 산업계는 중국의 기술적, 산업적 돌파구를 선제적으로 파악하기 위해 전방위적인 노력을 기울이고 있습니다. 이 돌파구가 전기차 부문이 될지, 혹은 반도체 산업이 될지에 대한 다양한 전망과 추측이 이루어지고 있습니다. '차이나 플러스 원china plus one' 전략의 우선적 수혜 대상은 지리적 접근성과 상대적으로 저렴한 노동력을 갖춘 아세안ASEAN 국가들로 볼 수 있으며, 미국과 직접적으로 국경을 접하고 있는 멕시코 역시 이러한 글로벌 공급망 재편 과정에서 중요한 사업 기회를 기다리고 있는 상황입니다. 2035년까지 인도의 40세 미만 젊은 인구가 동년배 중국 인구를 양적으로 추월할 것이라는 인구통계학적 예측을 고려할 때, 글로벌 기업가들과 국제 투자 자본은 '종착점을 출발점으로 삼아' 투자 방향을 설정할 것으로 예상됩니다.

인도의 전자제품 시장은 현재 80%가 중국과 홍콩으로부터의 수입에 의존하고 있으며, 이로 인해 심각한 무역적자 상황에 직면해 있습니다. 인도 시장에서 판매되는 주요 전자제품은 대부분 대만 기업들이 생산하고 중국 브랜드로 판매되는 스마트폰, 컴퓨터 등의 제품들로 구성되어 있는 실정입니다. 태국은 전기차 산업의 급성장이 제공하는 비즈니스 기회를 전략적으로 활용하여 자국 내 자동차 시장에서 일본 자동차 업체들이 오랫동안 유지해온 시장 지배력을 견제하고자 하는 움직임을 보이고 있습니다. 그러나 과거 반도체 및 PC 산업의 주도권이 일본에서 한국과 대만으로 이전되었던 것과 같은 역사적 전환은, 현재의 산업 환경과 기술적 복잡성을 고려할 때 쉽게 반복되지 않을 것입니다. 따라서 태국, 필리핀, 말레이시아를 비롯한 아세안 국가들의 첨단 기술 산업 육성 노력은 의미 있는 성과를 거두기 어려울 가능성이 높은 것으로 판단됩니다.

이 책에서 우리는 통시적 산업사에 대한 이해와 국제적 관점을 통해 대만이 동서양 문화의 줄다리기에서 가장 적절한 위치와 가치를 어떻게 찾을 것인가를 모색하고자 합니다. 지난 1,000년에 걸친 역사적 진화 과정에서 중요한 실마리를 찾기 위해, 중국의 송나라 인종仁宗

과 소식*, 그리고 서양의 제1차 십자군 전쟁(1095년)부터 시작하여, 영국 청교도들의 메이플라워호 대항해(1620년)와 정성공鄭成功**의 탄생(1624년)이라는 역사적 사건들을 통해 동서양 문명의 교차점을 고찰하고자 합니다.

중국의 당송팔대가唐宋八大家 중 여섯 사람이 모두 송 인종의 태평성대에 등장했습니다. 제2차 십자군 전쟁 당시 중국의 대문호 소식蘇軾은 하이난海南 단저우儋州에 살고 있었습니다. 당시 유럽은 야만족에 의해 황폐화된 반면 중국은 카이펑開封을 중심으로 한 화북 평야에서 인문학이 크게 발전했고, 중국 문화의 세련미는 당시 유럽과 비교할 수 없을 만큼 앞서 있었습니다.

1453년 오스만 제국이 이스탄불을 점령하면서 육로로 유럽과 아시아를 잇는 실크로드가 단절되었고, 이에 대항해 시대가 열리며 더 많은 유럽 상인들이 동서양의 향신료, 비단, 도자기 무역을 확보하기 위해 동쪽으로 향했습니다.

몇 해 전 스페인 남부 지중해 연안의 역사적 도시들을 여행하던 중, 그라나다를 방문하면서 1492년 이 도시를 수도로 삼았던 스페인의 여왕 이사벨 1세Isabel I와 그녀의 남편 페르난도Fernando 공작이 무어인들을 스페인 영토에서 추방하고, 동시에 '신대륙'을 발견하게 된 크리

---

*   역주: 소동파, 1101년 사망
**   역주: 鄭成功, 명나라 말기 유신으로 청나라에 불복하여 반청복명을 내걸고 청나라에 저항했다. 후에 대만으로 건너가 저항운동을 계속했으며 현재 대만 내성인內省人의 시조라고 할 수 있다.

스토퍼 콜럼버스^{Christopher Columbus}의 원정대를 재정적으로 후원했다는 역사적 사실을 알게 되었습니다. 당시 유럽 사회는 항해술과 인쇄술을 비롯한 혁신적 기술의 발명으로 인해 가톨릭 교회가 오랫동안 독점해 왔던 지식과 문명, 그리고 가치관 체계에 균열이 생기기 시작한 변곡점에 위치해 있었습니다. 이 시기에 고등교육을 받고 문헌을 이해할 수 있는 지식인 계층이 르네상스 운동을 주도적으로 전개하고, 마틴 루터^{Martin Luther}가 종교개혁의 역사적 대장정을 시작하면서, 16세기와 17세기에 걸쳐 중세 유럽의 전통적 사회 구조와는 본질적으로 다른 근대적 문명의 새로운 패러다임이 형성되기 시작했습니다.

저명한 역사학자 황런위^{黃仁宇}의 세계적 명저 『만력* 15년^{萬曆 15 年}』의 영문판 제목은 『대단치 않은 한 해^{A Year of No Significance}』입니다. 만력 15년, 즉 1587년이 과연 역사적으로 의미 없는 해였을까요? 그렇지 않습니다. 16세기 말과 17세기 초는 동아시아 지역에서 냉전과 열전이 복잡하게 교차하던 지정학적으로 중요한 전환기였으며, 동서양의 정치적, 경제적, 기술적 영향력이 역전되는 역사적 분수령이기도 했습니다.

당시 30년 이상 조정에 직접 나서지 않고 궁에 은거했던 만력제는 세계를 고대의 전통적 관점인 '우물 안 개구리'의 시각으로 바라보았으

---

*   역주: 명나라 만력 황제 재위 기간을 말한다. 만력 황제는 자신이 원하던 여인을 아내로 들이지 못하자 세상에 염증을 느끼고 정사를 돌보지 않았다. 이로 인해 환관이 득세하는 권력 구조가 장기간 명나라를 지배했으며 당시 환관들이 소속된 기관인 동창, 서창 등이 무협영화에 등장하는 계기가 되기도 하였다. 우리나라 조선 시대 임진왜란이 일어났을 당시 명나라의 황제가 바로 이 만력제였다

며, 남방 오랑캐(남만)라고 경시했던 포르투갈, 스페인, 네덜란드 등의 서양 국가들이 혁신적인 과학 기술을 바탕으로 대양을 항해하며 세계 무역 체계를 재편하고 있으며, 일본의 나가사키와 사쓰마(현재의 가고시마) 등 전략적 요충지에 도달한 서양인들이 총기를 도입하여 서구 세계와 아시아 국가들 간의 지정학적, 군사적 역학관계를 근본적으로 변화시키고 있다는 사실을 몰랐습니다.

동시대인 1952년 일본을 막 통일한 도요토미 히데요시는 한반도를 넘어 중국을 침략하려 했습니다. 서양식 화기로 무장한 고니시와 가토 기요마사가 이끄는 10만 명이 넘는 병력이 이씨 왕조의 한반도 전역을 휩쓸고 지나갔습니다. 200여 년 동안 전쟁 없이 평화를 유지하던 이씨 왕조는 일본의 공격에 전혀 저항하지 못했고, 명나라가 개입한 후에야 전쟁은 무승부로 끝났지만, 이는 동아시아의 평화 시대가 끝나고 동양과 서양 세력 간의 분수령이 된 사건이기도 합니다.

당년 명나라 장수 이여송이 일본의 고니시와 대치했던 장소가 오늘날의 파주, 군사분계선 바로 앞입니다. 한강 하구 근처에 자리한 파주는 1950년 한국전쟁 발발 당시 남한에서 최초로 북한군의 공격을 받은 최전선 도시였습니다. 오늘날 파주는 여전히 한반도의 지정학적 요충지이자 한국의 첨단 문화, 창조, 기술 산업 발전의 중심지로 자리매김하고 있습니다. 특히 파주 지역에는 LG디스플레이의 최첨단 패널 생산 공장과 대만 썬마이크론의 OSAT 공장이 위치하고 있어, 한반도에서 400년 전 벌어진 전쟁과 평화의 역사적 순환은 마치 장대한 교향곡의 막간 휴지부처럼 느껴집니다.

1616년 영국의 위대한 극작가 윌리엄 셰익스피어^{William Shakespeare}가 사망한 직후, 영국 국교회의 교리와 관행에 반대하며 종교적 개혁을 주장한 영국 청교도들은 메이플라워호^{Mayflower}를 타고 영국 남부 해안에서 출발하여 그들이 꿈꾸던 이상적인 신앙 공동체를 건설하기 위해 미국 동부 해안을 향한 역사적인 항해를 감행했습니다. 다수결이 신의 뜻이라고 굳게 믿었던 이 청교도 이주민들은 매사추세츠^{Massachusetts} 지역에 정착하여 초기 미국 이민자 사회의 문화적, 정치적 기반을 형성한 선구자적 조상이 되었습니다.

불완전함을 포용하고 최대의 합의를 추구하다

다큐멘터리 '메이플라워호의 순례자들'은 영국에서 네덜란드 레이든으로 피신한 청교도들이 네덜란드에서 다시 1620년 메이플라워호를 타고 새로운 삶을 찾아 대서양을 건너 뉴욕으로 향하는 과정을 상세히 다룹니다. 그러나 첫 배에 탄 102명의 이민자들은 폭풍우가 몰아치는 바다에 제대로 대처하지 못했고, 배는 65일 동안 표류한 끝에 뉴잉글랜드에 도착했습니다. 상륙하자마자 생존자들은 서로의 동등한 권리를 인정하고 존중과 관용의 규범에 따라 생활할 것을 약속하는 규약을 작성했습니다.

미국인들이 만든 이 다큐멘터리는 그들이 믿는 핵심 가치를 강조합니다. 반면 전세계에 뿔뿔이 흩어져 있는 중국인 이민자들에 대해 기록된 것을 보면 손발에 못이 박히는 고된 노동과 누더기 옷을 입은 어려운 생활인데 영웅주의는 또 가득하니 재화를 추구하고 성공하면 제왕이요 실패하면 역적이 되는 이 세상에서 우리는 누가 옳고 누가 그른지 알 수 없습니다.

메이플라워호가 대서양을 횡단하던 시기와 시간적으로 크게 멀지 않은 시점에, 대만 역사의 가장 중요한 인물 중 하나로 평가받는 정성공이 태어났습니다. 지금으로부터 약 400년 전인 1624년 일본 규슈 지역 나가사키 앞바다에 위치한 히라도^{Hirado} 섬에서 태어났으며, 흥미롭게도 그의 출생 연도는 네덜란드가 대만을 식민 지배하기 시작한 해이기도 합니다. 이 시기에 이미 정즈롱^{鄭芝龍}과 안스치^{顔思齊}가 대만 지역에 대한 실질적인 통치 기반을 구축하기 시작했으며, 오늘날 우리가 언급하는 '대만 건국 400년'이라는 역사적 시간의 기점은 바로 이 시기부터 계산되어 온 것입니다.

400년 동안 전 세계가 거대한 변화를 겪는 동안 동쪽의 중국과 고립된 대만은 여전히 전통적인 농경 사회에 머물러 있었습니다. 사람들은 평평한 지게를 짊어지거나 쌀 바구니를 들고 다니며 굳은 살이 박힌 손과 발로 노동력을 팔아 음식과 의복으로 교환했습니다. 그러다 1894년 중일전쟁 이후 일본 식민지 제국의 지배가 대만 사회의 정치, 경제, 교육, 문화 등 다양한 측면에 광범위한 영향을 미치면서 대만인들은 점차 근대화와 세계적 변화의 물결을 직접적으로 경험했습니다.

동양과 서양 문명 사이의 근본적인 가치관과 세계관의 균열로 인한 정체성적 고군분투 속에서도 대만인들은 상대적으로 낮은 국제적 위상을 유지하며 조용히 자신들의 삶을 영위해왔습니다. 장웨이수이^{蔣} ^{渭水}*와 같은 일부 정치 지도자들은 서구 문명의 도전과 시련 속에서 자신들의 정치적 정당성을 확보하려 노력했지만, 그들이 이해하고 있던 세계관과 20세기 후반 이후 급변하는 글로벌 현실 사이에는 극복하기 어려운 괴리가 존재했습니다.

저의 증조할아버지는 20세기 초반인 1901년에 태어나 일본 식민 정부의 근대화 교육 정책에 따라 서구식 교육을 받은 최초 세대의 대만인 중 한 사람이었습니다. 당시 일제 식민 당국은 대만 사람들을 '황국신민(일본 황실에 충성하는 국민)'이라고 하며 동화 정책을 펼쳤지만, 매일 집에서 당시와 송사를 공부하던 증조 할아버지께서는 일본식 창씨개명을 끝까지 거부하셨습니다. 심지어 금나라에 항거한 영웅 신기질^{辛棄疾}**에게 독서 계몽을 하는 등영시사^{登瀛詩社}***를 헌정하기도 하였습니다. 1901년은 또한 8개국 연합군이 베이징을 점령하고 서태후와

---

*   역주: 대만의 독립운동가, 사회운동가, 의사. 일제 강점기 대만의 민족운동과 사회개혁 운동을 주도한 인물이다. 당시 대만은 장제스에 의한 장기 계엄 통치하에 있었고 정치권력은 대륙 출신들에게 장악되어 있었기 때문에 많은 대만 지식인들은 주로 의사가 되어 전문인의 길을 걸으며 민중 운동을 하였다. 지금의 민진당이 시작된 배경이기도 하다. 장웨이수이는 대만의 근대화와 민주화를 위해 헌신했으며, 대만 민중의 권리와 자치를 주장한 선구자로 평가받고 있다.

**   신기질(1140-1207)은 남송^{南宋} 시대의 유명한 군인, 정치가, 그리고 시인이다. 그는 중국 역사상 가장 위대한 시인 중 한 명으로 꼽히며, 특히 사^{詞}에서 뛰어난 업적을 남겼다. 그는 당시 금나라 지역이던 산둥에서 태어나 젊은 시절부터 금나라에 대한 저항 운동에 참여했으며, 송나라를 지원하는 군사적 활동을 펼쳤고 후에 남송으로 가서 관직을 맡았으나 많은 음해에 고통을 받았다.

***   역주: 대만 지식인들이 계몽운동을 하던 독서 모임의 이름이다.

광서제가 피난을 위해 서쪽으로 떠난 해이기도 합니다. 20세기 전반, 중국의 국제적 위상은 바닥을 쳤고, 한 세기 동안 고난을 겪었습니다. 과연 우리는 지난 125년간의 격변과 변화 속에서 어떤 역사적 교훈을 얻었을까요?

2024년 애브넷이 주최한 전기차 산업의 미래에 관한 전문 세미나에서 저는 글로벌 ICT(정보통신기술) 공급망의 구조적 변화에 대해 발표하면서 특별히 드론과 전기차 산업의 기술적 융합과 발전 가능성에 대해 중점적으로 논의했습니다. 대만은 전통적인 ICT 하드웨어 산업 분야에서는 글로벌 수준의 경쟁력을 보유하고 있지만, 소비자용 드론 시장에서는 압도적인 시장 점유율을 확보한 중국의 DJI가 자동차 네트워크 시스템 분야로 사업 영역을 확장하며 새로운 기회를 모색하고 있었습니다.

DJI는 자체적으로 핵심 반도체 칩과 고성능 배터리를 설계하고, 완제품을 직접 조립 생산하는 수직 통합형 비즈니스 모델을 구축했습니다. 이에 따라 서방 기업들보다 훨씬 우수한 비용 효율성과 규모의 경제를 바탕으로 드론 산업에서 독보적인 경쟁 우위를 확립할 수 있었습니다. 최근 중국은 20개 이상의 주요 도시에서 무인 자율주행차 실증 실험 프로그램을 대규모로 시작했습니다. 이러한 규모의 경제와 과감한 위험 감수를 특징으로 하는 중국의 전기차 시장은 우리로 하여금 기존의 기술적, 산업적 한계를 재정의하고, 흔히 '차이나 스피드China Speed'라고 불리는 중국 특유의 급속한 기술 개발 및 시장 확장 능력에 대해 심층적으로 고찰하게 만드는 계기가 되었습니다.

불과 10년 전만 해도 중국의 전기차 시장 점유율이 글로벌 시장의 절반을 넘어설 것이라고 아무도 생각하지 못했지만, 이제는 중국이 자국 내에서 성공적으로 구축한 전기차 산업 생태계 전체를 유럽 시장으로 확장하려는 움직임을 보이고 있어 전 세계 자동차 산업 관계자들이 전략적 대응책을 모색하고 있는 상황입니다. 전 세계적으로 판매되는 수천만 대의 폭스바겐 자동차 중 약 3분의 1이 중국 시장에서 판매되고 있는 한편, 중국산 고품질 저가격 전기차가 유럽 시장에 급속히 진출하면서 폭스바겐은 비용 절감과 구조조정을 위해 일부 독일 국내 공장의 폐쇄를 결정하는 등 전통적인 자동차 제조 기술에 자부심을 가져온 독일 자동차 산업 종사자들이 두려움에 떨고 있습니다. 심지어 폭스바겐의 최고 재무 책임자CFO는 향후 2년이 기업의 장기적 생존과 경쟁력 확보에 있어 중요한 전환기가 될 것이라는 점을 공개적으로 인정한 바 있습니다.

한편, 헝가리와 다른 유럽 국가에 중국 배터리 공장과 자동차 공장이 등장하고 있습니다. EU는 높은 관세를 통해 중국산 자동차를 제재하려고 하지만 정작 생산 라인과 공급망을 관리하기 위해 자동차 공장에 들어가기를 원하는 유럽 엘리트는 극소수입니다. 헝가리와 스페인은 독일과 이탈리아와 달리 좋은 자동차를 저렴한 가격에 구입하고 일자리를 얻기를 원합니다. 정치인들은 단기적인 이득에 초점을 두고, 장기적인 과제를 다음 세대에게 떠넘기고 있습니다.

대만 ICT 산업의 전망이 밝은 이유는 게임의 룰을 좌지우지하는 미국은 비용 개념으로 공급망을 관리할 뿐이고, 중국의 약탈적인 비즈니스 모델은 앞으로 난관에 부딪힐 수밖에 없기 때문입니다. 반면 소비자의 인정을 최우위로 여기는 대만은 높은 신뢰를 구축하고 있습니다. 테슬라처럼 서양에서 자사 제품을 '소프트웨어를 통해 구현되고 제어되는 자동차^{Software defined vehicles}'라고 외칠 때, 대만의 '하드웨어로 정의되는 생태계'가 분명 하나의 새로운 이론을 형성할 것이라고 믿습니다.

새로운 룰,
새로운 경쟁자

최고들의 결전에서 집중력은 생존의 핵심입니다. 2024년 대만 건국기념일 직후인 다음 날, 하버드대학교와 칭화대학교가 타이베이에서 공동 주최한 '아시아의 비전과 목소리: 미-중 긴장의 지정학적 결과Asian Visions and Voices Conference: Geopolitical Consequences of US-China Tensions' 세미나에서 '미-중 무역 전쟁 이후 글로벌 ICT 공급망 재편Restructuring of Global ICT Supply Chains after the US-China Trade War'이라는 주제로 강연을 했습니다.

　이 중요한 국제 회의에는 대만의 저명한 학계 인사들 외에도 미-중 간 전략적 대립과 양안 관계의 복잡한 역학 관계에 깊은 관심을 가

106

진 일본, 한국, 싱가포르, 인도 출신의 다양한 전문가와 학자들이 적극적으로 참여했습니다. 이들의 심도 있는 대화와 토론을 통해 미-중 관계의 악화 속에서 아시아 각국이 직면한 전략적 선택의 딜레마와 '기술 주권Technological Sovereignty'이라는, 21세기 국가 안보와 경제 발전의 핵심 요소로 부상한 중대한 문제에 관한 다양한 관점을 청취할 수 있었습니다.

첨단 기술의 급속한 발전과 확산은 필연적으로 세대 간, 인종 간, 그리고 더 나아가 국가 간 기술적, 경제적 격차를 더욱 심화시킬 것으로 예상됩니다. 인류의 장구한 역사는 전쟁이 부와 자원을 재분배하는 가장 효율적인, 그러나 동시에 가장 파괴적인 수단이라는 냉혹한 진실을 반복적으로 증명해왔습니다. 그러나 우리 모두는 현재의 글로벌 갈등이 인명 피해를 동반하는 열전Hot War이 아닌, 기술과 경제를 중심으로 한 냉전Cold War 양상으로 전개되기를 간절히 희망하고 있습니다.

우리 세대는 이미 20세기 후반 미-소 냉전의 긴장과 대립을 직접 경험했으며 이제는 미국과 중국을 중심축으로 하는 '냉전 2.0'에 직면해 있습니다. 미국과 중국이라는 두 초강대국 사이의 좁은 지정학적, 경제적 틈새에서 다른 국가들은 자국의 생존을 위해 부단히 노력하면서 이 거대한 세력 대결을 예의주시할 수밖에 없는 상황입니다. 이와 유사하게 글로벌 기술 산업 생태계에서도 구글, 애플, 메타, 마이크로소프트, 아마존, 엔비디아, 테슬라, 오픈AI 등 주요 8대 기술 대기업에 속하지 않는 대부분의 기업들은 제한된 경쟁 공간 내에서 생존을 모색할 수밖에 없는 현실에 처해 있습니다.

몬테 제이드 과학기술협회 2024^{MJSTA}의 이사회 만찬 행사에 참여한 저는 대만의 주요 전자부품 제조업체인 라이트온^{Lite-On Technology Corporation}의 총경리 치우산린^{邱森彬} 옆자리에 앉게 되었습니다. 이 자리에서 우리는 2025년에 창립 50주년을 맞이하게 되는 라이트온이 과거와는 근본적으로 다른 글로벌 경쟁 환경에 직면해 있다는 대화를 나누었습니다.

과거 라이트온의 창업자인 성공위엔^{宋恭源} 회장은 새롭게 탄생하는 제조 기업이 생존하고 성장하기 위해서는 일정 기간 내에 반드시 해당 산업 분야에서 세계 3위 안에 진입해야 한다는 원칙을 항상 강조했습니다. 그러나 현재 라이트온은 최상위 고객사들이 시장을 주도하며 영향력을 행사하는 상황에 놓여 있습니다. 이러한 환경에서 라이트온은 특정 분야에서 대체 불가능한 입지를 확보해야만 합니다.

예를 들어, 공냉식 서버에서 수냉식 서버로의 변화는 고객들이 '라이트온 없이는 해결할 방법이 없다'라고 느끼게 만들었습니다. 이런 전략이야말로 미래 경쟁력을 확보하는 가장 확실한 길입니다. 특정 분야에서 핵심적인 위치를 차지하면, 그와 연관된 다른 사업에서도 더 많은 비즈니스 기회를 얻을 수 있습니다.

라이트온 사례와 마찬가지로 패권 국가들과 글로벌 테크 기업들이 AI와 같은 첨단 블랙박스 기술을 활용하여 더욱 강력한 경쟁력을 구축해 나가고 있는 상황에서 2선 국가들과 중소 규모의 기업들은 급변하는 산업 생태계 속에서 자신들의 위치와 역할을 근본적으로 재조정해야 합니다. 현지 거대 기업들, 유니콘 기업들, 그리고 상당한 산업적 역량을 보유한 국가들조차도 현재의 상황에 안주할 수 없는 치열한 경쟁 환경이 조성되고 있습니다. 최근 국가 주권 AI 개발이 글로벌 기술 패권 경쟁의 새로운 핵심 화두로 부상하고 있으며, 이러한 맥락에서 기본적인 반도체 설계 및 제조 능력을 자체적으로 확보하는 것이 국가 기술 경쟁력의 중요한 지표로 간주되고 있습니다.

인도의 최고 부호인 고탐 아다니$^{\text{Gautam Adani}}$가 향후 10년간 친환경 에너지 및 첨단 산업 분야에 무려 1,000억 달러 규모의 대규모 투자를 단행할 것이라고 공개적으로 선언한 상황에서, 인도의 타타 그룹$^{\text{Tata Group}}$ 또는 아다니 그룹$^{\text{Adani Group}}$과 같은 글로벌 산업 거물들의 잠재적 영향력과 성장 가능성을 과소평가할 수 있는 전문가는 없을 것입니다. 향후 몇 년 내에 우리는 일본, 독일, 그리고 인도와 같은 기술적 잠재력을 갖춘 국가들이 반도체 산업에서 새로운 주도권을 확보하기 위한 적극적이고 전략적인 노력과 투자를 본격화하는 움직임을 목격하게 될 것으로 예상됩니다.

저는 항상 인도가 단순히 가난한 나라가 아니라, 가난한 사람들이 많이 살고 있는 복잡한 경제 구조를 가진 나라라는 점을 강조해 왔습니다. 그러나 주목할 만한 사실은 지난 20년 동안 인도의 극빈층 인구가 정부의 포용적 경제 정책과 디지털 혁신을 통해 크게 감소했다는 점입니다. 특히 지난 10년 동안 인도에서는 5억 개 이상의 새로운 은행 계좌가 개설되었고, 더 많은 인도 국민들이 모바일 기기를 활용한 디지털 금융 거래를 시작하면서 자본 흐름과 경제 활동에 획기적인 변화와 기회가 창출되었습니다. 이러한 경제적 발전의 결과로 인도의 외환 보유고는 대만을 제치고 세계 4위 규모로 성장하는 괄목할 만한 성과를 이루었습니다. 따라서 20년 전과 같은 개념으로 인도 시장의 미래 가치를 인식하는 것은 시대에 뒤떨어지는 판단입니다.

첨단 반도체 기술은 오늘날 많은 개발도상국들에 있어 기술 주권과 산업 경쟁력 확보를 위한 '라스트 마일Last Mile'로 인식되고 있습니다. TSMC의 수석 부사장인 장샤오창張曉強은 2030년 전 세계 반도체 시장 규모가 1조 달러를 돌파할 시점에 2,500억 달러 규모의 파운드리 산업이 핵심 동력이 될 것이라고 말했습니다. 글로벌 반도체 산업의 역사적 발전 과정을 깊이 이해한 후에는 국제적인 관점에서 글로벌 기술 공급망의 핵심 허브로서 대만의 위상과 동시에 대만 자체가 가진 자원적, 지정학적 한계에 대해서 통찰할 수 있어야 합니다. 향후 수십 년간 대만이 일본, 한국, 독일과 같은 기술 선진국들뿐 아니라 멕시코, 베트남, 인도, 호주와 같은 신흥 산업국들과 어떤 방식으로 전략적 협력 관계를 구축하고 발전시켜 나갈 것인지 주목해야 합니다. 미래 글로벌 반도체 산업 구조와 기술 패권의 향방에 결정적인 영향을 미칠 변수로 작용할 것이기 때문입니다.

주요 플레이어들의 움직임

2023년과 2024년에 전자 산업은 대만 전체 수출액의 60%라는 압도적인 비중을 차지했으며, 이는 대만 경제의 전통적인 근간으로 여겨져

온 석유 화학 산업 규모의 10배가 넘는 놀라운 수치로, 대만 경제의 구조적 변화와 기술 산업 의존도의 심화를 명확하게 보여주고 있습니다. 그러나 주목할 만한 사실은 대만의 국제 무역 구조가 지난 몇 년 동안 지정학적 긴장과 글로벌 공급망 재편에 따라 근본적인 구조적 변화를 경험하기 시작했다는 점입니다. 미-중 무역 전쟁의 장기화와 중국 내수 경제의 침체로 인해 대만의 주요 부품 유통업체들이 중국 고객에게 판매하는 비율이 지속적으로 감소하고 있으며, 과거 대만 기업들의 최대 시장이었던 중국 시장은 이전보다 현저히 침체된 상황에 놓여 있음을 여러 경제 지표를 통해 확인할 수 있습니다.

다음으로, 미국으로 수입되는 반도체 웨이퍼의 국가별 공급 비중을 분석함으로써 글로벌 반도체 산업 구조를 새롭게 재해석할 수 있습니다. 일반적인 통념과는 달리, 미국의 최대 웨이퍼 수입국은 말레이시아로 전체의 20%를 차지하고 있으며, 대만이 15%의 점유율로 그 뒤를 잇고 있습니다. 말레이시아가 이처럼 높은 비중을 차지하는 현상은 페낭 공항에서 도심으로 이어지는 주요 산업 지대에 집중적으로 위치한 OSAT 산업의 발달과 밀접한 연관성을 갖고 있습니다. 대만의 OSAT 산업은 세계 시장 점유율의 절반 이상을 차지하는 압도적인 경쟁력을 보유하고 있으며, 이러한 성과는 부분적으로는 말레이시아에 위치한 대만 기업들의 현지 공장들의 생산 기여에 기인한 것으로 분석됩니다.

2024년 7월, 앤서니 블링컨Anthony Blinken 미국 국무장관은 '서반구 반도체 이니셔티브CHIPS'의 공식 출범을 선언하며 미국 중심의 반도체

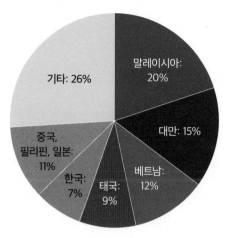

출처: 파이낸셜타임즈, 2024.05

공급망 구축을 가속화하겠다는 의지를 천명했습니다. 특히 주목할 만한 점은 지난 5월 윌리엄 루토^{William Ruto} 케냐 대통령이 미국을 국빈 방문했을 당시, 미국 정부가 케냐를 중심으로 한 아프리카 대륙의 반도체 산업 발전을 전략적으로 지원하겠다는 획기적인 입장을 공식화했다는 사실입니다.

단기적인 관점에서는 아프리카 대륙이 첨단 반도체 제조의 거대한 생산 허브로 성장하기에는 여러 기술적, 인프라적 제약이 존재하는 것이 사실이지만, 산업용 OSAT 분야에서의 점진적인 발전은 글로벌 반도체 산업에 새로운 참가자가 등장하는 의미 있는 변화로 해석될 수 있습니다.

지정학적 불확실성의 증가로 인해 글로벌 반도체 업계는 리스크 분산을 위해 '모든 계란을 한 바구니에 담지 않는' 전략을 적극적으로 추진하고 있습니다. 과거에는 비용 효율성과 시장 접근성을 고려하여 대다수의 기업들이 중국에 생산 기지를 집중적으로 구축했지만, 현재는 지정학적 리스크, 공급망 안정성, 기술 보안 등 다양한 요소를 고려한 다변화된 선택지를 모색하고 있습니다. 장강 메모리의 이사이자 중국 반도체 협회 회장인 천난샹陳南翔은 미국의 기술 제재와 글로벌 경쟁이라는 사면초가의 압력에 직면한 상황에서 OSAT 산업이 중국 반도체 산업의 전략적 돌파구가 될 수 있다는 중요한 관점을 제시한 바 있습니다.

또한 아세안 지역의 반도체 조립 및 테스트 산업은 전 세계 전체 생산량의 27%라는 상당한 비중을 차지하고 있으며, 특히 말레이시아 한 국가만으로도 전 세계 반도체 조립 및 테스트 생산량의 13%가 생산되고 있다는 사실은 이 지역의 중요성을 명확히 보여줍니다. 이러한 생산 구조를 글로벌 반도체 운송 시스템과 연계하여 분석해 보면 항공 화물 노선과 부품 유통업체 간의 유기적 관계를 이해해야 할 필요성이 더욱 분명해집니다.

예를 들어, 동아시아의 주요 공항에서 말레이시아 페낭을 전략적 경유지로 활용하여 인도 첸나이까지 효율적인 반도체 물류 네트워크를 구축하는 것이 현실적으로 가능한지에 대한 검토가 필요합니다. 또한, 대만의 북미 직항편이 애리조나주 피닉스로의 직항 없이 샌프란시스코에만 취항한다면, TSMC와 다른 주요 반도체 기업들은 항공 운송 경로를 추가로 경유해야 할 뿐만 아니라, 향후 피닉스에서 중남미 지역으로 확장되는 공급망 경로도 재고해야 할 것입니다. 지난 몇 년 동안 중국, 미국, 독일이 SMT* 생산 장비의 최대 구매자였다는 사실을 고려한다면 멕시코, 인도 및 아세안 시장의 전략적 중요성과 성장 잠재력을 더 이상 과소평가해서는 안 될 것입니다.

누가 중국의 공장을 대체할 것인가?

미-중 무역 전쟁의 본질적 측면에서 볼 때, 트럼프 행정부의 진정한 경쟁 상대는 시진핑 개인이 아니라 '중국 전체의 산업 생태계'라는 점을 인식할 필요가 있습니다. 시진핑이 아니더라도 글로벌 인구 분포를 살펴보면 인구가 1억 명이 넘는 국가는 전 세계적으로 16개국이 있습니다. 하지만 그 중에서도 미국, 일본, 러시아, 이집트, 에티오피아, 나이지리아, 파키스탄, 브라질 등의 국가들은 각기 다른 사회적 메커니즘, 인구의 평균 연령 구조 등으로 대량 생산에 적합하지 않은 여러 조건들로 인해 중국을 완전히 대체하기 어려운 상황입니다.

실질적으로 '중국의 제조업 노동력'을 효과적으로 대체할 수 있는 잠재력을 갖춘 국가는 멕시코, 인도네시아, 인도, 베트남, 필리핀과 같은 소수의 국가들로 제한됩니다. 그러나 트럼프 행정부가 강력한 보호

---

*   역주: 표면 실장 기술Surface Mount Technology의 약자로, 대규모 전자회로 제품 생산라인을 말한다.

무역주의 정책을 지속적으로 추진하는 상황에서, 과연 어떤 글로벌 기업들이 이러한 정치적 불확실성 속에서 대규모 생산 기지 이전과 투자를 적극적으로 추진하고자 할까요?

현실적인 관점에서 미국은 자국 내 인공적인 반도체 생산 허브를 지속적으로 확대하는 것이 최선의 수일 것입니다. 이에 따라 일부 글로벌 기업들은 트럼프 행정부의 4년 임기를 인내하며 기다리는 방어적 전략을 취할 가능성도 있습니다. 주목할 점은 트럼프가 평균 연령 50세 정도의 강경한 대중 정책을 지지하는 인사들을 주요 정부 요직에 대거 임명했다는 사실입니다. 만약 대만의 민주진보당처럼 미국 공화당이 향후 20년 동안 장기 집권하는 시나리오가 현실화된다면, 글로벌 제조업체들은 이러한 정치적 현실에 대응할 수밖에 없을 것이며, 이는 글로벌 ICT 공급망의 미래 방향성에 대해 보다 넓은 시각과 장기적인 전략을 요구하게 될 것입니다.

신흥 경제권의 미래를 낙관적으로 전망하는 전략가들에게 동남아시아의 아세안 국가들과 아프리카의 신흥 시장은 엄청난 성장 잠재력을 지닌 중요한 비즈니스 기회입니다. 과거에는 세계적 수준의 제조업체들이 인도 시장을 부수적인 시장으로 여기는 소극적 접근법을 취했습니다. 그러나 현재는 일본의 르네사스 일렉트로닉스^{Renesas Electronics} 와 같은 글로벌 반도체 기업이 인도 시장을 전략적 핵심 시장으로 본격적으로 개척하겠다는 진취적인 비전을 공개적으로 선언하고 있습니다.

대만의 대표적인 컴퓨터 제조업체인 에이서는 연간 1,000만 대를 넘는 개인용 컴퓨터 수요를 보유한 인도 시장에 성공적으로 진출하여 시장 점유율 3위라는 인상적인 성과를 달성했을 뿐만 아니라, 인도가 에이서의 글로벌 매출 측면에서 두 번째로 큰 시장으로 부상했습니다. 더 나아가 현지 사업자에게 에이서 브랜드의 휴대폰 판매 라이선스를 제공함으로써 비즈니스 모델을 다각화하고 있습니다.

대만, 미국, 그리고 한국의 삼각 협력 관계

AI라는 새로운 기술 경쟁의 전쟁터에서 실리콘밸리의 업계 선두 기업들은 정교한 AI 칩을 설계한 다음 첨단 반도체 제조를 위한 파운드리 작업을 TSMC에 위탁하는 분업 체계를 구축하고 있습니다. 이러한 설계와 제조의 연속은 AI 시대에 꼭 필요한 성능인 강력한 컴퓨팅을 제공하지만, 중요한 점은 이러한 고성능 컴퓨팅 칩이 효과적으로 작동하기 위해서는 반드시 광대역 메모리인 HBM과도 긴밀하게 연결되어야 한다는 사실입니다.

HBM과 이미징 프로세서를 결합한 AI 가속기 시장에서는 엔비디아가 압도적인 시장 점유율을 차지하고 있으며, 엔비디아의 HBM 주요 파트너로 부상한 SK하이닉스도 시장 점유율이 상승하고 있습니다. 이러한 시장 환경 변화에 따라 엔비디아, TSMC, SK하이닉스는 AI 시대의 '철의 삼각 협력 관계Iron Triangle Partnership'를 형성하고 있으며, 특히 엔비디아와 TSMC의 긴밀한 협력 관계 외에도 TSMC는 SK하이닉스와 함께 차세대 광대역 메모리HBM4 기술을 공동으로 개발하는 전략적 파트너십을 강화하고 있습니다.

로직 칩 생산에 특화된 TSMC의 세계적인 기술력과 메모리 분야에 특화된 SK하이닉스의 고유한 전문 역량은 AI 칩 설계 및 CUDA 소프트웨어 플랫폼에 특화된 엔비디아의 핵심 경쟁력과 직접적으로 경쟁하지 않기 때문에 상호 보완적인 가치 사슬을 형성하며 시너지를 극대화합니다. 이러한 견고한 협력 생태계를 변화시키고 시장 판도를 바꾸기 위해서는 후발 주자들이 이 거대한 기술적, 산업적 생태계를 근본적으로 재편할 수 있는 협력 방식을 모색해야 할 것입니다.

전통적으로 메모리 반도체 분야의 지배적인 글로벌 플레이어였던 삼성은 차세대 고대역폭 메모리 개발 전략에서 판단 실수를 범함으로써 SK하이닉스에 시장 선두 위치를 양보하게 되었습니다. 현재 삼성이 이러한 불리한 상황을 극복하고 경쟁 우위를 되찾기 위한 가장 유력한 방법은 인텔 및 국내 인터넷 서비스 대기업인 네이버와 전략적 삼각 동맹을 구축하여 AI 핵심 소프트웨어 개발, 대규모 언어 모델 교육 등의 분야에서 시너지를 창출하는 것입니다. 간단히 말해, 인텔과 삼성이 효과적인 전략적 협력 관계를 구축하기 위해 지불해야 할 상당한 비용과 노력 외에도, 시장을 효과적으로 주도하고 경쟁 우위를 확보할 수 있는 전략을 세워야 할 것인데, 이는 정말 어려울 것입니다.

인텔이 최근 연이은 실적 부진으로 심각한 재정적 손실을 경험하고 있는 상황이고, 삼성 역시 미국 시장에 대한 대응책을 근본적으로 재조정하고 있다는 점은, 세계 최고 수준의 파운드리 산업에 진입하기 위한 기술적, 자본적 진입장벽 외에도 보이지 않는 수많은 장애물이 있다는 사실을 내포하고 있습니다. 최근 업계 소식에 따르면 삼성은 이미 주베이竹北 타이위안 과학 단지에서 멀지 않은 신주Hsinchu 과학 단지에 수천 평에 달하는 대규모 사무 공간을 전략적으로 임대했으며, AMD, HP, 델, 레노버와 같은 글로벌 기술 기업들이 이전에 보여준 전략적 움직임과 유사하게, 삼성 역시 대만에서 R&D 기능을 적극적으로 확장할 것으로 예상됩니다. 일부 전문 컨설턴트들은 이미 전 세계 파운드리 시장의 60% 이상의 압도적인 시장 점유율을 확보하고 있는 TSMC가 현재의 기술적, 규모적 우위를 바탕으로 2027년까지 전 세계 시장 점유율의 70%라는 전례 없는 수준에 도달할 것이라는 놀라운 전망을 제시하고 있습니다.

회복의 길에 선 일본 반도체 산업

1988년 일본의 반도체 산업 시장 점유율은 한때 세계 시장의 절반을 상회하는 압도적인 수준에 도달했지만, 일본 경제산업성에 따르면 2023년까지 일본의 시장 점유율이 10% 미만이 될 것이며, 디지타임즈는 7%에도 미치지 못할 것으로 예측했습니다. 일본은 역사적으로나 지정학적으로 국가 안보에 대한 민감도가 매우 높은 국가로, 특히 중국이 일본을 제치고 세계 2위의 경제 대국으로 급부상하면서, 일본 정부는 점점 더 경제적, 군사적으로 강력해지는 이웃 국가의 부상에 주목하고 새로운 시대의 국가 전략 수립에 대한 고민을 지속해 왔습니다.

대만이 글로벌 반도체 산업에서 현재 선두를 달리고 있다는 사실은 그 산업적 성과가 완전히 자체적인 역량만으로 달성된 것이 아닙니다. 특히 대만은 고도의 첨단 반도체 생산을 위해 일본으로부터 더 많은 핵심 소재와 정밀 장비를 수입해야 합니다.

더 넓은 거시경제적 관점에서 볼 때, 대만의 전체적인 경제력은 일본에 비해 여전히 열등하며, 특히 대만의 대일 무역 적자는 연간 약 200억 달러에 이르는 상당한 규모에 달할 것입니다. 대만의 기술적 강점과 산업적 경쟁력을 활용하여 일본이 세계적 수준의 경제 성장 궤도에 재진입하는 것 외에도, 대만의 존재가 중국의 지역적 압력과 영향력을 효과적으로 견제하는 데 기여할 것이라는 기대는 일본 정부와 국민 모두가 공유하고 있는 암묵적이면서도 중요한 이해관계입니다.

현재 일부 일본 금융 전문가들이 대만의 지정학적 리스크를 과도하게 강조하며 대만 소재 공장들을 일본으로 이전해야 한다고 주장하고 있지만, 이는 명백히 근시안적이고 장기적 관점에서 현명하지 못한 판단이라고 할 수 있습니다. 트럼프 행정부의 재집권 가능성과 격화되는 미-중 무역 전쟁이 가져올 새로운 글로벌 경쟁 시대에서, 일본, 한국, 대만과 같은 소위 '2선 국가들'의 전략적 상호 연대가 각국의 경제적 번영을 위한 생존의 열쇠라는 사실을 대만 국민은 알고 있을 것입니다. 이는 특히 일본, 독일, 인도, 한국과 같은 전통적인 경제 강국들을 중심으로 형성되었던 기존의 다극체제가 이미 오래전에 그 의미를 상실했으며, 새롭게 형성되는 국제 질서 속에서는 미국과 중국이 주도하는 양극 체제만이 핵심적인 글로벌 영향력을 행사하고 있기 때문입니다.

　오랜 기간 동안 첨단 반도체 제조 공정 개발에서 글로벌 선도적 위치를 유지하지 못했던 일본은 최근 TSMC의 구마모토 공장 건설 프로젝트가 본격화되는 과정에서 정밀 제조와 품질 관리의 전통적 강국답게 최고 수준의 기술적 협력과 효율적인 프로젝트 실행 능력을 보여주었으며, 이를 통해 홋카이도 지역을 첨단 반도체 제조 공정 개발의 새로운 전략적 거점으로 발전시키고자 하는 일본 정부의 야심찬 비전과 의지를 엿볼 수 있었습니다. 많은 일본 산업계 관계자들은 TSMC의 구마모토 공장 설립이 소니와 같은 일본 기업들의 기술적 발전을 위한 중요한 촉매제가 될 것으로 기대하고 있지만, 홋카이도에 설립 예정인 라피더스 공장은 일본 현지 반도체 산업계의 우려와 불만을 달래기 위한 정치적 움직임의 성격이 강하다는 분석도 존재합니다.

　그러나 대만 반도체 업계의 영향력 있는 고위 인사인 루차오쿤盧超群은 장기적인 관점에서 볼 때 일본은 현재 대만의 지배적 위치에 도전할 수 있는 잠재력을 가지고 있으며, 기초 과학 기술력과 첨단 소재 및 장비 산업이 일본의 핵심 도구라고 말했습니다. 그의 통찰력 있는 전망에 따르면, 앞으로 TSMC를 근본적으로 위협할 수 있는 요소는 현재의 주류 기술과 비즈니스 모델의 점진적 개선이 아니라, 혁신적인 신소재와 첨단 장비 기술이 가져올 패러다임 전환적 기회가 될 것이며, 이는 현시점에서 우리의 상상력과 예측 범위를 훨씬 뛰어넘는 혁신적 발전이 될 것이 분명합니다. 대만은 현재의 사업 기회와 경쟁 우위에 집중하는 과정에서 장기적인 기술 발전 로드맵을 상대적으로 소홀히 할 가능성이 있는 반면, 일본은 장기적 기술 혁신 측면에서 독보적인 이점과 역량을 보유한 국가라는 점에서 미래 반도체 산업의 판도를 바꿀 잠재력을 갖고 있습니다.

반도체 웨이퍼 제조 역량 강화의 관점에서 일본 정부는 두 가지 병행적인 접근 방식을 동시에 채택함으로써 첨단 반도체 산업에서의 재도약을 위한 적극적인 움직임을 보이고 있습니다. 한편으로는 TSMC가 구마모토 지역에 첨단 반도체 공장을 설립하도록 세금 감면, 보조금 지원 등 다양한 유리한 조건과 인센티브를 제시했으며, 다른 한편으로는 도쿄에 본사를 둔 라피더스가 홋카이도 지역에 최첨단 2nm 공정 기술을 갖춘 반도체 제조 공장을 건설하도록 지원하고 있습니다.

이러한 첨단 반도체 제조 시설에 수백억 달러 규모의 막대한 자금을 투입하는 것은 단순히 현재의 산업 경쟁력 확보를 넘어 미래 일본 산업 발전을 위한 장기적 기반을 구축하는 전략적 선제 투자에 해당합니다. 일본과 같은 전통적 산업 강국에 있어 이러한 대규모 첨단 기술 투자는 전례 없는 기술적, 재정적 도전임과 동시에 여러 세대를 아우르는 국가적 차원의 중요한 이니셔티브로 인식되고 있습니다. 현실적인 관점에서 볼 때, 현재까지 일본의 가장 진보된 반도체 제조 공정은 28nm보다 뛰어난 첨단 기술을 보유하지 못하고 있는 상황에서, 중간 단계를 건너뛰고 곧바로 2nm 공정이라는 최첨단 기술로 진입을 시도하는 과감한 기술적 도약을 추진하고 있습니다.

2027년에 대량 생산 체제 구축을 목표로 하는 라피더스 프로젝트의 성공 가능성은 아직 불확실성이 존재하며, 특히 실제 공장 착공이

2023년 3분기에야 시작된다는 점을 고려할 때 더욱 그러합니다. 반도체 공장 건설에 풍부한 경험과 노하우를 축적한 TSMC에 비해, 상대적으로 경험이 부족한 라피더스가 20개월이라는 매우 제한된 시간 내에 첨단 설비를 완공하고 가동해야 하는 상황에서, 현실적으로 2025년 4월에야 초기 시범 생산이 가능하고 2027년에 이르러서야 본격적인 대량 생산 단계로 진입할 수 있을 것으로 예상됩니다. TSMC와 같은 글로벌 반도체 제조 선도 기업에 있어 최첨단 공장 건설은 이미 축적된 경험과 효율적인 프로세스를 바탕으로 한 일상적인 경영 활동입니다. 그러나 오랜 기간 첨단 반도체 제조에서 글로벌 리더십을 상실했던 일본에게 재도약을 위한 어려운 도전인 것입니다.

최근 전문가 세미나에 참석하기 위해 대만을 방문한 도쿄 국립정책연구대학원의 하루카타 타케나카[竹中春方] 교수는 일본의 차세대 반도체 개발 프로젝트가 여전히 기술적, 재정적 불확실성이 상존하고 있지만, 주목할 만한 점은 일본 정부가 최근 몇 년간 일본 행정 역사상 보기 드물게 대규모의 자금 지원 프로그램을 적극적으로 시행하고 있다는 사실입니다. 특히 일본 주요 8개 제조업체가 공동으로 투자하고 후원하는 라피더스 프로젝트에 대한 정부 지원금을 지속적으로 확대할 의향이 있다고 강조했습니다. 이러한 정부의 적극적 개입은 반도체 산업이 더 이상 지방 정부나 2선 국가가 제한된 자원으로 쉽게 경쟁할 수 있는 일반적인 제조업이 아니라, 국가적 차원에서 집중적인 자원 투입이 요구되는 국가 핵심 프로젝트로 진화했음을 명확히 보여주는 증거입니다.

라피더스가 개발 중인 첨단 반도체 제조 기술은 IBM과 벨기에 마이크로일렉트로닉스 연구소와의 국제적 기술 협력을 통해 개발되는 중입니다. 이러한 협력 영역은 첨단 패키징 및 테스트 기술 분야로까지 지속적으로 확장되고 있습니다. 인텔 역시 글로벌 반도체 시장에서 삼성과 TSMC에 이어 새로운 경쟁력을 확보하기 위해 일본 내 14개 주요 기업들과의 전략적 제휴를 통해 반도체 백엔드(후공정) 기술을 위한 혁신적인 기술 플랫폼을 구축하기 위한 노력을 들이고 있습니다. TSMC가 최근 강조하고 있는 파운드리 2.0 전략과 일본의 니치콘 Nichicon 이 반복적으로 강조해 온 백엔드 제조 공정의 전략적 중요성에 대한 산업적 인식과도 일맥상통하는 부분이라고 할 수 있습니다.

그러나 이러한 야심찬 첨단 반도체 개발 계획은 현실적인 시장 수요와 경쟁력 측면에서 어려운 시험대에 직면해 있습니다. 가령, 라피더스가 계획대로 2027년에 첨단 공정의 대량 생산 체제를 성공적으로 구축한다고 가정하더라도, 실질적인 주문과 수요는 어디에서 창출될 것인가라는 근본적인 시장 문제가 여전히 남아 있습니다. 라피더스는 일본 국내 기업들의 단기적인 맞춤형 주문에 대해 언급하고 있지만, 현실적으로 일본은 첨단 반도체 제조 역량에서 뒤처져 있을 뿐만 아니라, 글로벌 경쟁력을 갖춘 반도체 설계 산업 생태계 역시 장기적인 침체기에 빠져 있는 상황입니다.

전력 반도체 분야에서 도시바 Toshiba 와 로옴 ROHM 이 전략적으로 협력할 가능성이 있지만, 실리콘 카바이드 SiC 와 갈륨 비소 GaAs 기반의 틈새 제품만으로는 일본의 반도체 산업 전체를 지속 가능하게 유지하기에 충분하지 않습니다. 또한 글로벌 최고 수준의 경쟁사들이 여전히 시장을 주도하고 있는 상황에서, 도시바는 경영 효율화를 위해 2023년 말까지 5,000여 명의 직원을 정리 해고할 계획까지 검토했습니다.

일본 정부는 2021년 '반도체 및 디지털 산업 전략Semiconductor and Digital Industry Strategy'을 공식적으로 발표한 이후, 이를 체계적으로 시행하기 위한 다양한 정책적, 재정적 지원을 지속적으로 확대해 왔습니다. 그 결과 반도체 산업 투자 촉진을 위한 보조금으로 약 300억 달러 이상의 대규모 예산이 전략적으로 배정되었습니다.

천연자원이 상대적으로 부족하고 에너지와 원자재 수입 등 외부 의존도가 높은 일본이라는 국가적 특성을 고려할 때, 첨단 기술 산업을 통해 글로벌 가치 사슬에서 고지를 선점할 수 있다는 기대감이 정부와 산업계 전반에 높게 형성되어 있습니다. 특히 일본 정부는 2030년까지 자국 반도체 산업의 연간 매출 목표를 15조 엔(약 1,000억 달러) 규모로 설정했는데, 이는 현재 일본 반도체 업계의 매출 규모(미국 달러 기준)의 약 3배에 달하는 목표입니다.

이시바 시게루 내각의 새로운 경제산업성 장관으로 임명된 무토 유지는 국가 안보 관련 우려가 적절히 해소될 수 있는 한도 내에서 반도체 산업에 대한 공격적인 투자 결정을 적극적으로 추진할 것이라는 의지를 명확히 표명했습니다. 그는 특히 일본의 AI 인프라 구축을 위한 대규모 에너지 수요에 대응하기 위해 원자력을 발전해야 한다고 주장하면서, "첨단 반도체는 자동차 산업을 비롯한 모든 핵심 산업 분야에 필수적인 기반 기술이며, 국가 경제 안보와 일본의 중장기적 탈탄소화 및 디지털 전환 노력에 전략적으로 중요한 기술 자산"이라고 강조했습니다.

세계 주요 선진국들이 모두 반도체 생산과 AI 애플리케이션 개발을 지원하기 위한 대규모 인프라 투자를 진행하고 있는 상황입니다. 대만은 AI 데이터센터와 첨단 반도체 생산에 필요한 막대한 전력 수요 문제로 상당한 어려움을 겪고 있습니다. 이러한 맥락에서, 대만해협을 건너 일본(특히 오키나와) 및 필리핀과 같은 인접 국가들과 연결하여 해저 케이블 네트워크 등을 통해 해상 원자력 발전 시설에서 생산된 전기를 효율적으로 송전하는 지역 협력 모델이 실현 가능한 대안이 될 수 있을까요?

이러한 에너지 협력에 대한 보답으로 반도체 제조, 데이터센터 구축, 그리고 과학 기술 단지 개발 등에 대한 대규모 다국적 협업 프로젝트가 진행될 가능성이 있습니다. 궁극적으로 모든 기술적, 정치적 문제에 대한 해결책은 존재하지만, 핵심은 이러한 복잡한 협력 모델을 실현하기 위해 각국이 얼마만큼의 정치적, 경제적 비용을 지불할 의사가 있느냐의 현실적인 문제로 귀결됩니다.

현재 글로벌 상황은 명백히 첨단 반도체 기술을 둘러싼 국가 간 치열한 기술 군비 경쟁의 양상을 보이고 있습니다. 특히 주목할 점은 일본이 더 이상 단순히 미국이나 중국과 같은 전통적인 기술 강대국과만 경쟁하고 있는 것이 아니라는 사실입니다. 한국은 이미 국가적 차원에서 반도체 산업 발전 패턴을 근본적으로 재편하기 위해 AI 기술이 핵심적인 촉매제가 될 것이라고 공식적으로 선언했으며, 윤석열 대통령이 직접 관련 고위급 회의를 주재하며 국가적 역량을 집중하고 있습니다. 인도는 타타 그룹을 중심으로 포괄적인 전자제품 개발 프로그램에 대만의 기술적 노하우와 산업적 경험을 적극적으로 활용하고 있으며, 첨단 반도체 제조 역량 확보부터 위스트론과 페가트론의 휴대전화 제조 공장 인수에 이르기까지, 전후방 산업 통합에 대한 강력한 의지를 명확하게 보여주고 있습니다. 인도의 가장 큰 경쟁 우위는 제조 설비나 인프라가 아니라 풍부한 반도체 설계 인력과 다양한 국내 시장 수요라는 독특한 구조적 강점에 있습니다. 향후 인도는 이러한 자국의 강점을 극대화하기 위해 B2B 전자상거래 기회를 적극적으로 개발하고 인도 내수 시장의 거대한 잠재력을 적극적으로 활용할 것입니다.

상호 보완적 구조로 상생을 도모해야 하는 한국

삼성전자 경계현 사장이 대만을 공식 방문했을 당시, 저는 한국 산업 전문가로서 타이베이의 만다린 호텔에서 그와 의미 있는 조찬 회동을 할 수 있는 기회를 가졌습니다. 1985년 한국 전담 산업 연구원으로서 대만에 부임한 이후 40년에 걸쳐 저는 한국 전자 산업의 발전 과정을 지속적으로 관찰하고 분석해 왔습니다. 이 기간 동안 오명, 배순훈, 진대제 등 세 명의 한국 과학기술부 장관들과 여러 차례 만났으며, 삼성의 고위 임원진인 이준우, 진대제, 영손, 그리고 경계현 사장이 대만을 방문할 때마다 비공식적인 교류 자리를 유지했습니다.

대만과 한국의 산업 발전 경험은 서로에게 벤치마킹의 기회를 제공해 왔습니다. 특히 1993년 삼성이 추진한 '신경영' 계획을 중심축으로, 글로벌 브랜드 구축과 핵심 기술 역량 확보에 집중하는 시차적^{時差的} 발전 전략을 체계적으로 추진함으로써 한국 전자 산업은 지난 30년 동안 경제적으로 번영해 왔습니다. 이러한 발전 과정은 오늘날 대만-한국 간 경제 및 무역 관계에 새로운 협력 기회를 창출하는 기반이 되었습니다.

2024년 대만의 대외 무역 구조에서 주목할 만한 중요한 변화는 한국이 처음으로 대만의 무역 흑자 국가로 전환될 것이라는 예측입니다. 이러한 무역 구조의 변화는 대만이 SK하이닉스와 삼성과 같은 한국 기업들로부터 고성능 메모리 반도체를 대량으로 수입하여 이를 서버, AI 가속기 등의 고부가가치 제품으로 조립한 후 미국, 유럽 등 제3국 시장으로 수출하는 복잡한 가치사슬 구조에 기인하고 있습니다. 이는 전통적 산업과 첨단 정보 전자 산업의 본질적 차이를 명확히 보여주는 사례입니다. 전통 산업이 대체로 제로섬 게임의 성격을 띠며 구매자와 판매자 간의 관계가 단순한 상하 선형 구조를 형성하는 반면, 정보 전자 산업은 교차 매트릭스 관계를 바탕으로 한 복잡한 생태계를 형성합니다. 따라서 이러한 생태계의 상호의존성과 시너지를 효과적으로 활용할 수 있는 기업과 국가가 궁극적인 승자가 될 수 있습니다.

이러한 맥락에서 대만이 글로벌 서버 산업에서의 경쟁력을 유지하기 위해 한국산 고성능 메모리 반도체에 관세를 부과하는 보호무역 정책을 시행하는 것은 자국 산업에 오히려 해가 될 수 있습니다. 마찬가지로, 미국에 기반을 둔 글로벌 클라우드 서비스 기업과 네트워크 대기업들이 대만에서 생산되는 시장 규격에 최적화된 서버 시스템이나 TSMC의 첨단 반도체 칩을 적시에 원활하게 수입하지 못하는 상황이 발생한다면, 업스트림 반도체 및 서버 제조 기업들뿐만 아니라 미국의 주요 기술 대기업들과 수많은 최종 소비자들이 가장 큰 경제적 타격을 입게 되는 상호의존적 산업 구조가 형성되어 있습니다.

한편, 대만은 현재 한국의 세 번째로 큰 반도체 수출 시장인 동시에, 한국에 디스플레이 패널, 전원 관리 집적회로[PMIC], 각종 커넥터, 그리고 스마트폰 애플리케이션 프로세서에 이르기까지 다양한 핵심 전자 부품의 주요 공급국이기도 합니다. 새롭게 도래한 AI 기술 혁명 시대에서 글로벌 반도체 산업은 로직 칩과 메모리 기술의 보다 긴밀한 통합을 요구하고 있으며, 이러한 환경에서 한국산 고성능 메모리는 대만의 서버 산업에 필수적인 핵심 부품으로 자리 잡았습니다. TSMC는 파운드리 산업의 확고한 글로벌 선두 주자로서 SK하이닉스뿐만 아니라 삼성까지도 주요 고객으로 확보하는 상호 보완적 구조가 형성되고 있습니다. 이러한 첨단 기술 산업에서의 대규모 주문은 기존의 전통적인 산업 시대에서 볼 수 있었던 단순한 업스트림과 다운스트림의 수직적 분업 구조를 넘어서, 더 이상 단순한 국가 간 경쟁이나 무역 적자라는 전통적 개념으로 설명할 수 없는 복잡하고 다층적으로 얽힌 수평적 파트너십을 보여줍니다.

5nm 및 3nm 세대의 첨단 공정 기술 경쟁에서 삼성의 고성능 로직 칩 제조 기술이 글로벌 시장에서 기대했던 만큼의 호응을 얻지 못

한 반면, TSMC의 첨단 공정 기술은 애플, 엔비디아, AMD, 퀄컴및 미디어텍과 같은 세계적인 반도체 설계 기업들로부터 전폭적인 신뢰와 지지를 받으며 압도적인 시장 점유율을 확보했습니다. 반도체 기술이 점차 이종집적화Heterogeneous Integration을 향해 발전함에 따라, 과거에는 치열한 경쟁 관계에 있었던 대만과 한국의 반도체 기업들도 이제는 각자의 강점을 활용한 비대칭적 협력 관계를 통해 더 많은 상호 호혜적인 사업 기회를 모색하고 있습니다. 최근 업계 정보에 따르면 SK하이닉스는 로직 다이Logic Die, 실리콘 천공Silicon Through 기술 및 기타 핵심 부품의 OEM 생산을 TSMC에 위탁한 것으로 알려졌습니다. 메모리 반도체 분야의 전문 기업인 SK하이닉스는 특히 고성능 컴퓨팅에 필수적인 HBM의 후공정 테스트와 어셈블리 적층 베어 웨이퍼KGSD, Known Good Stacked Die 테스트 분야에서 독보적인 전문성을 발휘하고 있습니다. 이러한 양사 간의 기술적 협력 관계에 대해 엔비디아와 AMD는 상호 보완적인 산업적 이점을 기대하며 긍정적인 관심을 보이고 있지만, 메모리와 로직 반도체 기술을 모두 자체적으로 보유하고 있다고 주장하는 삼성과 인텔은 이러한 협력 모델에 대해 다소 불신과 경계의 시선을 보내고 있는 것으로 알려져 있습니다.

대만과 한국 간의 전통적인 경쟁 관계가 보다 협력적인 방향으로 변화함에 따라, 개별 기업의 제품 출시 시기와 특정 핵심 기술의 확보 여부가 경쟁력의 결정적 요소로 부상하고 있습니다. 현재 반도체 산업 생태계는 한국에서 생산된 고성능 메모리 제품을 대만으로 수입하여 자사의 제품에 탑재한 후, 이를 다시 글로벌 고객사에 재수출하는 복잡한 가치 사슬을 형성하고 있습니다. 삼성의 최근 재무 데이터를 분석해 보면, 메모리 반도체를 중심으로 하는 DS$^{Device Solutions}$ 사업부는 전체 매출의 약 3분의 1을 차지하고 있으며, 스마트폰 및 기타 브랜드 제품을 담당하는 DX$^{Device eXperience}$ 사업부가 나머지 3분의 2의 매출 기여도를 보이고 있습니다. 대만에는 마이크론의 대만 공장을 제외하고는 삼성과 직접 경쟁할 수 있는 자체 메모리 제품 생산 역량이 없기 때문에 이 분야에서는 양국 간 실질적인 경쟁 관계가 형성되지 않습니다.

반면, 삼성은 다양한 전자 부품, 디스플레이 패널 및 산업 제어 제품에 있어서 대만 기업들의 공급망 지원에 상당 부분 의존하고 있는 상황입니다. 특히 AUO와 미디어텍은 삼성의 중요한 전략적 부품 공급업체로 자리매김하고 있습니다. 삼성의 메모리 반도체 사업 역시 대만 기업들에 대한 매출 비중이 높게 유지되고 있으며, 현재는 주로 웨이퍼 파운드리 산업 분야에서만 제한적인 경쟁 관계가 남아 있습니다. 그러나 이러한 경쟁 관계마저도 삼성이 UMC 파운드리에 CIS 제품 생산을 위탁하는 등의 협력 사례가 증가하면서 양국 기업 간 관계가 경쟁에서 협력으로 점진적으로 변화하고 있음이 분명해지고 있습니다.

2000년대 초반까지만 해도 대만은 일본에 대해 막대한 규모의 무역 적자를 지속적으로 기록했지만, 현재는 상황이 완전히 역전되어 일본 반도체 산업의 첨단 제조 공정 역량 부족을 개선하기 위한 협력의 일환으로 TSMC의 구마모토 프로젝트에 크게 기대를 걸고 있는 상황입니다. 대만 소비자들은 여전히 일본의 프리미엄 가전 브랜드에 대한 높은 선호도를 유지하고 있지만, 1980년대에 글로벌 전자 산업을 주도했던 막강한 영향력을 지녔던 소니조차도 이제는 CIS^{CMOS Image Sensor} OEM 생산을 TSMC에 위탁하는 구조로 변화하고 있습니다.

한편, 멕시코와 인도는 대만 기업가들의 현지 제조 공장 설립을 적극적으로 유치하기 위한 다양한 인센티브를 제공하고 있습니다. 또한 아세안 지역의 베트남, 태국, 말레이시아는 모두 대만 기업들의 주요 생산 기지가 밀집한 중요한 산업 허브로 발전하고 있습니다. 이러한 글로벌 생산 네트워크의 확장은 대만 기업들이 직접 투자하는 방식과 대만 기업가들이 중국 내 생산 기지를 통해 아세안 지역 기업들에 간접적으로 투자하는 방식으로 동시에 이루어지고 있으며, 이 과정에서 대만은 핵심 기술과 글로벌 생산 네트워크의 중심 허브로서 국제 분업 체계에서 높은 위상을 확보해가고 있습니다.

전기차 시장의 경우, 한국의 대표적인 자동차 부품 제조사인 현대모비스^{Hyundai Mobis}는 초기 중국 진출 단계인 2019년에는 중국 시장에서 5조 원(약 36억 6,600만 달러)의 매출을 기록했지만, 2023년에는 그 절반에도 미치지 못하는 실적을 기록하며 심각한 사업 축소 상황을 직면했었습니다. 이로 인해 현대모비스는 중국 시장에서의 사업 전략을 근본적으로 재조정해야 하는 상황에 이르렀습니다. 또한 한동안 업계의 주요 관심사였던 LG디스플레이의 광저우^{Guangzhou} 소재 8.5세대 LCD 패널 공장 매각 건이 2024년 마지막 분기에 최종 확정되어, LG디스플레이는 이 공장을 중국의 TCL CSOT에 15억 달러에 매각하는 대규모 거래를 성사시켰으며, 이로 인해 중국의 글로벌 LCD 패널 공급량은 전 세계 전체 생산량의 70%를 상회하는 압도적인 시장 지배력을 갖게 될 것으로 전망됩니다.

삼성의 스마트폰, 현대자동차의 자동차, LG전자의 TV 등 한때 중국 시장에 높은 의존도를 보였던 한국 대표 기업들의 주력 제품들은 현재 모두 중국 시장에서 상당한 어려움을 겪고 있습니다. 중국 내 민족주의와 애국주의적 소비 문화가 강화되는 사회적 분위기 속에서, 중국 소비자들은 전통적인 가전제품인 TV부터 스마트폰, 각종 생활가전에 이르기까지 외국 브랜드보다 자국 브랜드를 뚜렷하게 선호하는 소비 패턴을 보이고 있습니다. 우리는 최근 중국 현지 브랜드들이 컴퓨터 시장뿐만 아니라 심지어 전기차 분야에서도 자국 내수 시장을 압도적으로 장악하는 괄목할 만한 성과를 목격하고 있습니다. 따라서 한국은 이에 맞추어 중국 시장에서 어떤 전략을 펼칠지 계속해서 고민해야 할 것입니다.

광학 기술 분야에서 독보적인 독일

『보이지 않는 챔피언Hidden Champions』의 저자로 널리 알려진 헤르만 사이먼Hermann Simon은 자신의 광범위한 연구를 통해 아시아 지역에서 이러한 틈새 시장의 글로벌 리더 기업, 즉 '보이지 않는 챔피언'이 가장 많이 분포한 국가는 대만이며, 전 세계적으로는 독일어권 국가들이 이러한 특화된 글로벌 리더 기업을 가장 많이 보유하고 있다는 주목할 만한 분석 결과를 제시했습니다. 그는 또한 일반적인 기업 CEO의 평균 재직 기간이 약 6년에 불과한 반면, 이러한 '보이지 않는 챔피언' 기업들의 최고 경영자들은 자신들이 서비스하는 고객보다도 해당 시장의 기술적, 산업적 특성을 더 깊이 이해해야 하는 특수성 때문에 20년 이상의 장기적인 경력을 축적한 경우가 매우 흔하다는 중요한 통찰력을 공유했습니다.

저는 지금까지 독일을 총 6차례 방문했는데, 그 중 5번은 하노버 Hanover에서 개최되는 세계적인 정보통신 전시회인 세빗CeBit에 참가하여 전시 활동이나 전문 강연을 진행하기 위한 목적이었습니다. 따라서 저의 독일 경험은 주로 프랑크푸르트 공항과 하노버 전시장이라는 제한된 공간에 국한되어 있었습니다. 2024년 연말에는 실리콘밸리에 위치한 중화계 미국 반도체협회와 실리콘밸리 대만-미국 기술산업협회의 연례 컨퍼런스에 참가하여 전문적인 발제를 진행했습니다. 이 방문 기간 중 실리콘밸리의 주요 첨단 기술 기업들을 방문한 후, 샌프란시스코에서 베를린으로 이동하여 자이스 혁신 서밋에서 '글로벌 ICT 공급망 재편Restructuring of Global ICT Supply Chains'이라는 시의성 높은 주제로 1시간 동안 심층적인 강연을 진행했습니다.

자이스 타이완의 총경리인 장핑다章平達는 제 프레젠테이션이 시작되기 전에 자이스 그룹의 사장인 안드레아스 페처Andreas Pecher, IQSIndustrial Quality Solutions 사업부 사장인 마크 와울라Mark Waupel, 그리고 다른 한 명의 최고 의사결정권자들과의 중요한 만남을 주선해 주었습니다. 페처 사장은 특별히 세계 최고 수준의 반도체 EUV광학 시설의 최고 기술 책임자인 토마스 스테블러Thomas Stammler와도 연결해 주었는데, 이를 통해 최첨단 슈퍼리소그래피$^{Super-lithography}$ 렌즈 생산 현장을 직접 방문하고 독일 정밀 기술 장인 정신의 최고급 전당을 상세히 둘러볼 수 있는 귀중한 기회를 얻게 되었습니다. 자이스는 핵심 고객들과의 관계를 심층적으로 육성하고 강화하기 위해 대규모 일반 전시회 참가에 배정되었던 마케팅 자금을 전략적으로 조정하여 자사의 혁신 서밋$^{Innovation Summit}$을 개최하는 차별화된 접근법을 채택했습니다.

자이스의 고위 경영진은 현재의 글로벌 산업 환경에 지정학적 요인으로 인한 수많은 불확실성과 변수가 존재하며, 새로운 시장을 적극적으로 개척하는 것 외에도 주요 고객 및 전략적 대리점과의 깊은 신뢰 관계를 지속적으로 유지하는 것이 장기적 성공의 핵심이라고 확신하고 있습니다. 자이스 고위 경영진이 추구하는 마케팅 철학은 단순히 업스트림 및 다운스트림 파트너 관계의 선형적 사고방식에 머무르는 것이 아니라, 지정학적 리스크와 시장 기회를 동시에 고려하는 민감하고 효과적인 이중 트랙 전략의 실행에 초점을 맞추고 있습니다.

전 세계적으로 4만 3,000명 이상의 직원을 고용하고 있는 자이스는 연간 매출이 100억 유로를 상회하는 글로벌 정밀 광학 기술의 거대 기업입니다. 장기적인 비즈니스 품질과 기술적 우위를 지속적으로 유지하기 위해 첨단 기술 연구개발에 지속적으로 투자하는 이 기업은 조직적으로 소비자 시장에 특화된 비전^{Vision} 사업부, 반도체 및 SMT$^{Surface Mount Technology}$(표면실장기술) 장비를 다루는 반도체 사업부, 산업용 품질 솔루션을 제공하는 IQS 사업부, 그리고 의료 장비를 전문으로 하는 의료 사업부 등 4개의 전문화된 사업 부문으로 구분되어 있습니다. 이 네

개의 주요 사업부 중에서 비전 사업부는 매출 규모 면에서는 가장 작지만 일반 소비자 시장에서 가장 친숙하고 높은 인지도를 보유한 자이스 브랜드의 대표적인 얼굴이라고 할 수 있습니다.

정밀 광학 렌즈 분야의 전문 기업으로 널리 알려진 자이스가 첨단 광학 기술 분야에서 ASML의 가장 중요한 전략적 파트너이자 산업용 정밀 측정 제어 장비 및 첨단 의료 장비 분야의 세계적인 리더 기업이라는 사실을 정확히 인식하고 있는 사람은 많지 않습니다. 전 세계 시장을 광범위하게 아우르는 다국적 대기업으로서 자이스는 지정학적 리스크 관리와 글로벌 분산형 생산 시스템 구축의 필요성에 매우 민감하게 대응하고 있습니다. 현재 자이스는 급변하는 아시아 산업 생태계와 시장 환경에 효과적으로 대응하기 위해 동아시아 전자제품 생산 시스템과 자이스의 미래 관계를 체계적으로 재정립하고 있습니다. 자유롭고 개방적인 세계화 시대는 이미 점진적으로 쇠퇴하는 추세를 보이고 있으며, 이러한 새로운 글로벌 환경 속에서 전략적 위치와 경쟁력을 찾아나가는 방법은 더 이상 이론적인 문제가 아니라 기업의 생존과 지속적 성장을 위해 해결해야 하는 긴급한 임무가 되었습니다.

자이스의 페처 회장은 저희 디지타임스의 관점에서 자이스의 현재 위치와 미래 방향성을 어떻게 평가하는지에 대해 깊은 관심을 표명했습니다. 이에 대해 저는 자이스가 전통적인 R&D 중심 기업에서 보다 응용 시장 중심으로 점진적인 전략적 이동을 추진해야 한다는 견해를 제시했습니다. 특히 정밀 측정과 품질 검사라는 두 가지 핵심 응용 기술 영역 사이에서 적절한 균형을 유지하고, 대만과 중국의 제조업체들을 대상으로 한 차별화된 서비스 모델을 개발하며, 마케팅 전략을 단순히 대리점 확보에 집중하는 것에서 벗어나 고객과의 심층적인 관계 구축과 통합적인 솔루션 제공에 초점을 맞추는 운영 방식으로 전환할 필요가 있다고 강조했습니다.

기술적 관점에서 정밀 측정은 주로 R&D 단계에 집중되는 반면, 품질 검사는 실제 생산 공정의 핵심적인 과정으로 자리 잡고 있습니다. 전체 시장에서 만난 다수의 기계 감독 전문가들이 디지털 전환 시대에 '데이터'의 전략적 중요성을 설명하는 데 상당한 노력을 기울이는 것을 관찰할 수 있었습니다. 자이스가 AI 기술 혁명과 산업 통합이라는 도전에 대응하기 위해 다양한 데이터 소스를 유기적으로 연결하고 '광학 기술을 기반으로 한 데이터 및 통합 서비스 회사'로 발전해 나가겠다는 의지는 분명합니다.

정밀 광학 산업의 역사적 선구자로서 자이스는 첨단 기술 혁신으로 기존의 한계를 뛰어넘으며 빛과 전기의 기술적 통합에 특별한 공헌을 지속적으로 해왔습니다. 특히 ASML과의 전략적 협력을 통해 개발된 EUV 장비는 5nm 및 3nm와 같은 초미세 공정의 고성능 컴퓨팅 칩의 생산 공정에서 큰 가치를 창출한 장기적인 R&D 및 기술 투입의 획기적인 성과입니다.

그러나 현재의 기술 시장 환경에서는 구글, 테슬라, AWS, 심지어 마이크로소프트와 ARM과 같은 글로벌 기술 기업들이 자체적인 맞춤형 AI 반도체 칩을 적극적으로 개발하는 새로운 경쟁 구도가 형성되고 있습니다. 미래의 엣지 컴퓨팅^{Edge Computing} 사업은 기존의 CPU와 GPU

중심에서 다양한 NPU(신경망처리장치) 기반의 특화된 사업 기회로 급속히 확장되어, 응용 프로그램과 실제 사용 사례 중심의 완전히 새로운 기술 시대를 선도할 것으로 예상됩니다. 자이스와 같은 기업의 경우, 이러한 시장 변화에 효과적으로 대응하기 위해 기존의 하향식$^{Top-down}$ 연구개발 접근 방식에서 '연구개발과 응용 중심의 제조'를 동시에 추구하는 이중 트랙 전략으로의 방향 전환이 필요한 시점입니다.

저는 중화권 시장에서의 자이스 자동화 정밀 측정 장비 판매 현황에 대해 구체적으로 문의했습니다. 지난 2년 동안의 시장 데이터를 분석해보면, 중국의 주요 제조업체들이 자이스 자동화 장비 총판매량의 절반 이상을 차지했으며, 대만 기업들이 약 40%의 비중을 차지했고, 나머지 10% 정도는 홍콩, 싱가포르 등 여타 세분화된 시장에서 구매한 것으로 추정됩니다. 이러한 시장 점유율 분포는 자이스에 중국 시장이 갖는 전략적 중요성을 명확히 보여주고 있지만, 동시에 2023년에 이미 연간 1,000만 대에 가까운 전기차를 생산하는 규모로 성장한 중국 자동차 산업이 미국, 유럽 등 서방 국가들의 보복성 관세 인상 조치로 인해 심각한 수출 장벽에 직면하고 있는 상황에서, 자이스 역시 자사의 제품과 서비스가 중국 생산 시스템에 지나치게 의존할 경우 발생할 수 있는 각종 지정학적, 경제적 리스크에 노출되어 있습니다.

중국의 전기차 및 첨단 제조 분야에서의 과잉 생산 능력은 필연적으로 유럽, 특히 독일의 전통적인 자동차 제조업체들에 심각한 경쟁 압력을 가하고 있으며, 최근 폭스바겐이 2030년까지 독일 국내 공장 일부를 단계적으로 폐쇄하고 상당수의 직원을 정리해고할 계획이라는 충격적인 발표는 독일 산업계 전체에 깊은 우려와 불안감을 야기하고 있습니다. 폭스바겐은 중국 내수 시장에서의 점유율을 지키기 위해 중국 현지 공장의 규모를 유지하고 있지만, 향후 지정학적 긴장이 고조될 경우 중국 내 생산 시설 축소라는 정치적, 경제적 압력에 직면할 가능성이 높습니다.

글로벌 관점에서 기업의 전략적 방향성을 고려할 때, 이제는 '자유롭고 개방적인 세계화 시대가 점차 저물고 있다'는 현실적인 결론을 내릴 수밖에 없습니다. 현재 글로벌 생산 및 제조 우위를 놓고 치열하게 경쟁할 수 있는 잠재력을 보유한 독일, 일본, 인도, 멕시코와 같은 국가들은 모두 자국을 중심으로 한 지역 내 핵심 산업 생태계를 통합하고 강화하려는 전략적 움직임을 보이고 있습니다. 이러한 변화하는 글로벌 환경 속에서도, 정밀 광학 분야의 독보적인 핵심 기술력을 보유한 자이스와 같은 기업은 바이에른^{Bavaria} 지방의 작은 산악 마을에 위치하고 있음에도 불구하고 글로벌 기술 혁신의 중심에서 결코 소외되거나 잊혀지지 않을 것이라는 명확한 결론을 도출할 수 있습니다.

세계 최대 잠재시장인 인도

인도 북부에 위치한 우타르 프라데시^{Uttar Pradesh} 주, 일반적으로 UP라고 불리는 이 지역은 2억 4,000만 명이라는 압도적인 인구를 보유하고 있어 인도 내에서 가장 인구가 많은 주로 자리매김하고 있지만, 경제적 측면에서는 1인당 소득이 미화 1,000달러에 불과한 심각한 빈곤 상태에 놓여 있습니다. 우타르 프라데시 주와 빈곤의 이러한 뿌리 깊은 공생 관계는 인도 중앙정부에게 지속적인 정책적 도전과 악몽 같은 과제를 안겨주고 있습니다. 나렌드라 모디Narendra Modi 총리가 3번째 임기를 시작하면서 인도 정부는 이러한 경제적 불균형을 해소하기 위해 적극적인 성장 정책을 추진하며, 주 경제가 평균 9.2%의 높은 성장률을 달성할 것이라는 낙관적인 전망을 제시하고 있습니다. 지난 10년간 모디 정부가 추진해 온 금융 시스템 개혁은 실질적인 성과를 거두었으며, 오랫동안 인도 경제 발전의 걸림돌로 작용했던 낙후된 인프라 역시 지난 10년 동안 공공 도로의 수가 60% 증가하는 등 괄목할 만한 진전을 이루었습니다.

모디 총리가 취임하기 1년 전인 2013년, 글로벌 투자은행인 모건스탠리는 세계 경제의 취약성을 분석하면서 인도, 인도네시아, 터키, 브라질, 남아프리카공화국을 '취약 5개국Fragile Five'으로 지정했습니다. 당시 인도가 이러한 취약 국가군으로 분류된 주된 원인은 비효율적이고 낙후된 금융 시스템, 일반 국민들의 금융 지식과 저축 방법에 대한 인식 부족, 그리고 이로 인한 높은 사업 자본 비용이 경제 발전을 심각하게 저해하고 있다는 구조적 문제점 때문이었습니다.

그로부터 10년이 지난 현재, 인도는 글로벌 경제에서 가장 큰 외환 보유고를 자랑하는 국가 중 하나로 부상했으며, 정부는 포용적 금융Financial Inclusion을 적극 추진하여 빈곤층의 은행 계좌 개설을 지원하는 획기적인 정책을 시행하고 있습니다. 이러한 노력의 결과로, 인도 금융 기관에는 놀랍게도 5억 2,000만 개의 새로운 계좌가 추가되었으며, 이는 인도의 저축률을 크게 증가시키고 주식 시장과 연계된 자본 비용을 감소시키는 긍정적인 효과를 가져왔습니다. 또한 인도 정부는 2017년부터 2019년까지 금융 부문의 효율성을 높이기 위해 27개의 국영 은행을 12개로 대폭 통폐합하고, 1,060억 달러에 달하는 부실 대출을 과감하게 상각하는 결단력 있는 구조조정을 단행했습니다.

2019년까지 인도 정부는 기업 활동을 장려하고 비즈니스 환경을 획기적으로 개선하기 위해 영리 기업에 대한 소득세율을 35%에서 25%로 대폭 인하하는 세제 개혁을 단행했습니다. 그러나 이러한 정책적 변화와 함께 주목해야 할 더욱 놀라운 사실은 2000년 이후 시가총액 10억 달러 이상의 대기업 수가 무려 20배나 증가했으며, 상위 1% 인구가 보유한 국가 전체 부의 비율이 2000년 33%에서 2022년 41%로 급격히 증가했다는 점입니다. 이러한 현상은 한편으로는 비즈니스 환경의 최적화와 경제 성장의 결과로 해석할 수 있지만, 다른 한편으로는 소득 불평등과 빈부 격차의 심화라는 심각한 사회적 부작용을 초래하고 있습니다. 현재 인도는 브라질에 이어 세계에서 두 번째로 큰 빈부 격차를 보이고 있으며, 이러한 지역 간 경제적 불균형은 앞으로 인도가 해결해야 할 가장 핵심적인 사회경제적 과제로 부상할 것입니다.

권위 있는 경제 매체인 이코노미스트는 인도 남부 반자르 지역이 남유럽 국가들과 비슷한 수준의 부를 누리고 있는 반면, 갠지스 삼각주에 위치한 UP와 비하르 주는 사하라 사막 이남의 아프리카 지역과 유사한 극심한 빈곤 상태에 처해 있다고 보도했습니다. 이처럼 심각한 지역 간 경제적 격차로 인해 빈곤한 가족들은 생계를 유지하기 위해 먼 지역으로 이주할 수밖에 없으며, 인도 정부는 최소 1억 명에 달하는 대규모 인구의 단기적 이주 문제로 인해 심각한 정책적 도전에 직면해 있습니다.

전체 인구의 20%에 불과한 이 남부 주는 소프트웨어 아웃소싱 사업의 66%를 차지하고 있으며, 외국인 투자의 30% 이상을 유치하고 있습니다. 타타, 아다니, 릴라이언스 등 인도의 전통적인 대기업들이 여전히 공항, 시멘트, 은행 등 다양한 핵심 산업을 장악하고 있습니다. 그렇지만 인도의 빈곤율이 2000년 40%에서 현재 13%로 낮아진 것은 부인할 수 없는 사실입니다. 전반적으로 인도는 개혁과 상향 이동의 길을 걷고 있지만 경제 성장에 수반되는 부작용에 직면해야 합니다.

인도의 불완전한 고용 시스템은 불충분한 인프라로 인해 계속해서 걸림돌이 되고 있습니다. 인도의 젊은 인구 구조로 인해 매년 1,000만 명의 취업자가 증가하고 있지만, 이들 대부분은 저숙련 노동자입니다. 내수 부진과 맞물려 수출과 내수를 동시에 촉진할 동력이 부족하고, 여성 고용률이 낮은 편이며, 일부 지역에서는 여성의 야간 근무를 금지하는 곳도 있습니다. 고임금 근로자의 대부분은 소프트웨어 파운드리 및 금융 서비스 부문에 종사하고 있습니다. 인도는 저숙련 노동자에게 적극적으로 일자리를 제공하고 있지만, 외국 기업은 항상 이를 주저하고 있습니다. '차이나 플러스 원'이 가져온 새로운 기회에도 불구하고 인도의 고용 조건과 제조 환경은 중국과 거의 비교할 수 없습니다.

인도 정부는 인프라 개선에 있어 재생 에너지에 베팅하고 있습니다. 인도의 재벌 아다니는 인도-파키스탄 국경에 730km² 규모의 풍력 발전소와 태양광 발전소를 소유하고 있으며, 이 발전소는 하루에 최대 30GW의 전력을 생산하고 인도 전력 수요의 4%를 공급하는 재생 에너지 기지입니다. 아다니는 향후 10년간 1,500억 달러를 투자해 2030년까지 발전 용량을 500GW로 확대하겠다고 약속했으며, 인도는 전기차와 같은 신흥 부문에서 더 많은 전력 수요가 발생함에 따라 화력 발전원에 대한 의존도를 줄이기를 희망하고 있습니다. 그러나 태양광 패널에 대한 수입 장벽과 중국의 배터리 및 패널 덤핑은 여전히 인도에 큰 위협으로 남아 있습니다.

인도는 민주주의 국가로서 공감대 형성이 관건인 곳입니다. 모디의 하향식 또는 대기업 위주의 운영은 한국처럼 빠른 효과를 낼 수 있지만, 대만 경제와 같은 회복력을 획득하기는 어려울 수 있습니다. 인도는 한국 모델의 함정에 빠지지 말고 대만 모델에서 배울 필요가 있습니다. 인도 정부는 건국 100주년이 되는 2047년까지 1인당 국민소득 1만 4,000달러를 달성하겠다고 선언했으며, 과학기술의 종합적인 발전은 전체 계획의 핵심 요소입니다.

타타 그룹이 차 생산지인 아삼^Assam 주에 반도체 공장 설립에 30억 달러를 투자한다고 발표했습니다. 인도인들은 종종 인구가 많고 다양한 나라에서 한 가지 크기로 모든 사람을 만족시키는 것은 불가능하다고 말합니다.

인도와 중국은 과거 전 세계 경제의 중심축이었습니다. 20세기 이전까지만 해도 이 두 거대 국가의 GDP 합산액은 전 세계 GDP

의 60%에 달했습니다. 인도는 1947년 영국 독립 국가 연합^{BCIS, British} Commonwealth of Independent States 으로부터 독립을 쟁취했을 당시에도 전 세계 GDP의 약 3%를 차지했으나, 경제 개혁과 개방이 본격화된 1991년에 는 그 비중이 1.1%까지 하락하는 역사적 저점을 경험했습니다. 그러 나 이후 30여 년에 걸친 꾸준한 경제 발전 노력을 통해 인도는 2024년 현재 전 세계 GDP의 3.6%를 차지하는 경제 대국으로 재도약하는 과 정에 있습니다. 더 나아가 인도 정부는 세기말까지 전 세계 GDP의 10%라는 야심 찬 목표를 설정했는데, 이는 전 세계 인구의 18%를 차 지하고 있는 국가의 잠재력을 고려할 때 결코 비현실적인 비전이라고 볼 수 없습니다.

모디 총리 집권 이후 지난 10년간 인도의 연평균 GDP 성장률은 5.6%로, 이는 세계 평균 성장률의 2배에 해당하는 인상적인 수치입니 다. 그러나 아세안 국가들과 중국의 고속 성장과 비교하면 인도 경제는 여전히 개선해야 할 여지가 상당히 남아있는 상황입니다. 특히 인도의 GDP 대비 세금 비율은 18%에 불과하며, 더욱 심각한 문제는 납세 인 구의 단 0.3%만이 전체 세수의 76%를 부담하고 있다는 구조적 불균 형입니다. 이러한 편중된 조세 기반을 어떻게 확대할 것인가는 인도 정 부가 수십 년간 해결하지 못한 난제로 남아있습니다.

한국의 삼성전자 한 기업이 투자하는 R&D 비용이 인도 전체 국 가의 연구개발 투자액보다 많다는 사실은 인도 경제의 또 다른 약점 을 여실히 보여줍니다. 인도의 GDP 대비 R&D 투자 비율은 0.7%에 불과해 중국의 2.4%에 비해 현저히 낮은 수준에 머물러 있습니다. 한편, 2022년 중국 자본은 말레이시아, 인도네시아, 베트남 등 아세안 국가들에 대규모로 유입되어 이들 국가의 해외직접투자[FDI]의 핵심 구성 요소로 자리 잡았습니다. 베트남 하노이의 경우 현지 공장의 40% 이상이 중국인 투자자들에 의해 운영되고 있는 것으로 알려져 있습니다. 그러나 지정학적 긴장 관계를 고려할 때, 중국 투자자들의 해외 투자 포트폴리오에서 인도가 우선순위 대상국이 되기는 어려울 것이며, 미국-중국, 중국-인도 간의 복잡한 관계가 경제 협력에 미치는 영향을 간과할 수 없습니다.

인도는 현재 세계에서 다섯 번째로 큰 경제 대국이며, 현재의 성장세가 지속된다면 2027년경에는 독일과 일본을 추월하여 세계 3위의 경제 강국으로 부상할 것으로 전망되고 있습니다. 인도가 세계에서 두 번째로 큰 휴대폰 시장이라는 사실은 널리 알려져 있지만, 세계에서 세 번째로 규모가 큰 항공기 시장이라는 점은 상대적으로 덜 알려진 사실입니다. 또한 미국계 기업들이 인도에서 고용하고 있는 인력이 150만 명에 달하며, 인도가 세계에서 네 번째로 큰 주식 시장을 보유하고 있다는 점은 인도 경제의 잠재력과 성장 가능성을 보여주는 중요한 지표입니다.

2035년에 이르면 인도의 40세 미만 인구는 중국보다 3억 8,000만 명이나 많아질 것으로 예상되는데, 이러한 인구학적 우위를 어떻게 효과적으로 활용할 것인가가 인도 경제의 미래를 좌우할 핵심 과제입니다. 실리콘밸리에서 성공한 인도 출신 기술자들의 비중을 고려하면 인도 인재의 잠재력은 분명히 존재합니다. 그러나 이들 엔지니어들이 미국으로 이주했을 때 경험하는 자유로운 환경과 14억 인구의 다양하고 복잡한 사회 구조를 가진 인도 내에서의 환경은 매우 다릅니다. 대만 반도체 공장에서 근무 경험을 쌓은 인도 엔지니어들 역시 본국으로 돌아갈 확률이 상당히 낮은 것으로 나타나고 있어, 인재 유출 문제 해결이 중요한 과제로 대두되고 있습니다.

아세안 국가에 집중된 반도체 OSAT 산업

아세안 국가에 집중된 반도체 OSAT 산업은 글로벌 반도체 공급망의 중요한 축을 형성하고 있습니다. 인텔은 말레이시아와 베트남에 백엔드 OSAT 작업을 전략적으로 배치했으며, 마이크론 등 주요 반도체 기업들이 미국 시장에 공급하는 많은 제품들도 아세안 지역 공장에서 생산되고 있습니다. 과거에는 OSAT 산업이 반도체 산업의 주변부로 인식되었으나, CoWoS$^{Chip on Wafer on Substrate}$와 같은 첨단 패키징 기술이 발전하면서 그 중요성이 크게 부각되고 있습니다. 일반인들은 웨이퍼 제조 공장과 OSAT 공장의 차이를 구분하기 어려울 수 있으나, 반도체 산업의 모든 단계가 상호 의존적이며 필수 불가결하다는 사실은 업계 전문가들 사이에서 폭넓게 인정받고 있습니다.

백엔드 테스트 장비 시장에서는 테라다인과 일본의 어드밴테스트^{Advantest}만이 선두를 달리고 있으며 혼합 신호 및 디지털 테스트 분야에서 거의 독점적인 위치를 차지하고 있기 때문에 한 곳의 이탈이 전체 공급망의 이탈로 이어질 위험이 있다고 테라다인의 부사장 씨에순푸^謝^{順富}는 말합니다. TSMC뿐만 아니라 썬마이크론, SPIL, 파워칩, 심지어 반도체 테스트 회사조차도 무시해서는 안 됩니다.

삼성이 TSMC를 추월하기 위해서는 NXP^{NXP Semiconductors}, 인피니언, 또는 자동차 반도체 분야에서 두각을 나타내고 있는 SMT^{STMicroelectronics}와 같은 기업들을 인수하는 전략이 고려될 수 있습니다. 유사한 맥락에서 인텔은 UMC를 인수함으로써 TSMC에 대항하는 전략을 구사할 가능성이 있습니다. 그러나 이러한 대규모 인수합병 시도는 각국 정부의 산업 정책적 제약, 복잡한 인수 절차, 그리고 높아진 지정학적 리스크 등으로 인해 과거보다 훨씬 더 어려운 과제가 되었습니다.

디지타임즈 영문 웹사이트는 월 100만~120만 명의 방문자 수를 꾸준히 유지하고 있으며, 국가별 방문자 분포를 분석하면 글로벌 ICT 공급망에 대한 각국의 관심도를 간접적으로 파악할 수 있습니다. 전체 방문자의 35%를 차지하는 미국을 필두로 일본, 한국, 중국이 주요 독자층을 형성하고 있으며, 최근 몇 년 사이에는 말레이시아와 인도에서의 방문자 수가 급증하는 추세를 보이고 있습니다. 흥미로운 점은 디지타임즈 중국어판 전자신문의 경우, 방문자의 88%가 타이베이와 신주 지역에 집중되어 있어 대만 내 반도체 산업의 지리적 집중도를 여실히 보여준다는 사실입니다. 모디 총리가 '메이드 인 인디아' 전략의 핵심 요소로 반도체 산업 육성을 강조함에 따라, 최근 2년간 인도 내에서 영문판 디지타임즈의 독자가 크게 증가한 것으로 나타났습니다.

2024년 5월, 리셴룽^{李顯龍} 총리에 이어 싱가포르의 새로운 총리로 취임한 로렌스 웡黃循財은 리셴룽 가문의 반세기에 걸친 정치적 영향력 시대에 종지부를 찍는 상징적 인물로 평가받고 있습니다. 리셴룽은 20년간의 총리 재임 기간 동안 싱가포르의 경제적 번영을 이끌었을 뿐만 아니라 아세안 지역에서 싱가포르의 전략적 위상을 강화하는 데 크게 기여했습니다.

그러나 싱가포르는 국토가 좁고 인구 밀도가 높은 도시국가로서 높은 인건비와 생활비 부담이라는 구조적 한계에 직면해 있습니다. '차이나 플러스 원' 전략에 따른 새로운 비즈니스 기회를 활용하기 위해 싱가포르는 말레이시아의 배후지를 활용하는 방안을 적극 모색하고 있는데, 이는 과거 '선전Shenzhen-홍콩' 모델과 유사한 접근법입니다. 그러나 싱가포르와 지리적으로 인접한 말레이시아 조호르Johor주의 개발 계획은 여러 복합적인 이유로 인해 기대만큼 빠르게 진행되지 못하고 있는 실정입니다.

웡Wong 총리가 'SG+' 전략을 적극적으로 추진하려는 의지를 보이고 있지만, 실제 이행 과정에서는 상당한 어려움에 봉착할 것으로 예상됩니다. 인도네시아의 바탐Batam과 말레이시아의 조호르는 모두 업스트림 및 다운스트림 파트너들과의 효과적인 연계가 필요한 배후지역으로, 이들 지역의 성공적인 개발은 복잡한 국제 협력과 산업 연계를 요구합니다.

싱가포르의 산업 시스템은 대만과는 근본적으로 다른 고유한 특성을 지니고 있습니다. 싱가포르 정부 관료들의 혁신적이고 미래지향적인 비전과 적극적인 태도는 항상 높이 평가받아 왔습니다. 2024년 싱가포르 경제개발청^{EDB} 라우 친 윙^{Jermaine Loy} 사무총장은 제게 반도체 산업 분석하기 위해 싱가포르에 오라고 권하는 것을 잊지 않았습니다. 현지 반도체 산업 기반이 상대적으로 약한 싱가포르는 '아웃사이드 인 outside-in' 전략을, 반면 강력한 현지 산업 생태계를 갖춘 대만은 '인사이드 아웃inside-out' 전략을 채택하고 있으며, 이는 두 국가의 정부 관료들이 산업 전략과 산학 협력 관계를 서로 다른 관점에서 접근하고 있음을 보여줍니다.

민주화의 '스윗 스팟'에 있는 필리핀

2012년 이후 필리핀은 현재까지 연평균 6%의 인상적인 경제 성장률을 꾸준히 유지하며 동남아시아의 주목할 만한 경제성장 사례로 부상하고 있습니다. 과거에는 필리핀을 방문하는 외국인 관광객들이 공항에서 발이 묶이거나 공항에서 도심으로 이동하는 과정에서 심각한 교통 체증을 경험하는 일이 비일비재했습니다.

마닐라의 경우, 교외 지역에 거주하는 시민들이 도심의 비즈니스 지구로 출근하는 데 평균 2시간이 소요되는 극심한 교통 문제를 안고 있었습니다. 이러한 인프라적 한계를 극복하기 위해 필리핀 정부는 2029년까지 마닐라에 첫 지하철 시스템을 완공할 예정이며, 이는 도시 교통 인프라의 획기적인 전환점이 될 것으로 기대되고 있습니다. 젊은 인구 구조를 가진 필리핀은 저출산·고령화 문제에 직면한 한국, 일본, 대만과 같은 동북아시아 국가들에 풍부한 노동력을 제공하는 인력 공급원으로서의 역할도 담당하고 있습니다. 이러한 경제적 진전을 인정하여 세계은행World Bank은 필리핀이 가까운 미래에 중상위 소득 국가 대열에 합류할 것이라고 전망하기도 했습니다.

2022년에 취임한 페르디난드 마르코스 주니어Ferdinand Marcos Jr. 대통령의 경제팀은 실용적이고 성장 지향적인 경제 정책으로 국내외에서 호평을 받고 있습니다. 필리핀의 인터넷 연결 품질은 아직 인도의 수준에 미치지 못하는 것이 사실이지만, 7,600개가 넘는 섬으로 구성된 지리적 제약에도 불구하고 디지털 인프라의 격차를 상당히 좁혀가고 있다는 점은 주목할 만한 성과입니다. 필리핀의 친미적인 정치적 성향은 각종 하드웨어 및 소프트웨어 프로젝트에 대한 투자 수익률이 주변 국가들보다 상대적으로 높게 형성될 가능성을 제공함으로써 해외 투자자들에게 추가적인 매력 요소로 작용하고 있습니다.

해외에서 가사 도우미 또는 외국인 근로자로 일하는 필리핀인은 약 200만 명에 달하며, 이는 필리핀 전체 노동력의 약 4%를 차지하는 상당한 규모입니다. 이들이 본국으로 송금하는 해외송금액은 필리핀 GDP의 9%에 해당하는 경제적 기여를 하고 있으며, 이 자금은 본국에서의 사업 창업과 토지 구입 등을 통해 필리핀 내수 경제를 활성화하는 중요한 자본원으로 기능하고 있습니다. 최근 필리핀 정부는 아름다운 자연경관과 연중 따뜻한 기후와 같은 천혜의 관광 자원을 활용하여 더 많은 해외 관광객을 유치하기 위한 전략을 강화하고 있습니다. 현재 필리핀의 연간 관광객 수는 550만 명으로, 태국 관광객 수의 약 5분의

1에 불과한 수준이지만, 관광 정책을 적극적으로 개선하여 총관광객 수를 4,300만 명까지 대폭 증가시키는 야심 찬 목표를 설정하고 있습니다. 관광객 증가는 국제 항공 노선 확충 등 글로벌 연결성 개선의 직접적인 결과물이기도 하며, 대만을 비롯한 주변국들은 필리핀이 아시아 태평양 지역의 주요 신흥 경제 강국으로 부상하기를 기대하고 있습니다.

그러나 필리핀은 대외 관계에서 두 가지 중요한 도전에 직면해 있습니다. 첫째, 중국과의 남중국해 영유권 분쟁으로 인해 중국이 자국민의 필리핀 여행을 제한할 가능성이 있어 관광산업에 악영향을 미칠 수 있다는 우려가 있습니다. 둘째, 미국의 '메이드 인 아메리카Made in America' 정책이 지나치게 보호주의적으로 강화될 경우, 미국 시장에 대한 의존도가 높은 필리핀의 성장 동력이 약화될 수 있다는 점을 경계하고 있습니다.

'차이나 플러스 원'의 협조자로 부상하는 말레이시아

미-중 무역 관계의 악화 이후, 많은 대만 기업들이 중국 본토에 있던 생산 시설을 매각하고 베트남과 말레이시아를 비롯한 아세안 지역으로 생산 기지를 이전하면서, 이들 국가는 '차이나 플러스 원' 전략의 핵심 대상국으로 부상했습니다. 인텔은 이미 1972년에 말레이시아 페낭에 첫 해외 생산 기지를 설립했으며, 이후 지난 반세기에 걸쳐 페낭 지역을 중심으로 견고한 반도체 산업 클러스터가 형성되었습니다. 인텔 뿐만 아니라 AMD, 일본의 르네사스 일렉트로닉스, 독일의 인피니언, 대만의 ASE와 KYEC京元電子 등 글로벌 반도체 기업들이 말레이시아의 전략적 가치를 높이 평가하여 진출해 있으며, 페낭의 차우 콘 여Chow Kon Yeow 총리는 이러한 산업적 성과를 바탕으로 페낭을 '동양의 실리콘밸리Silicon Valley of the East'라고 자신 있게 부르기도 했습니다.

물론 현재의 페낭 산업 환경을 미국의 실리콘밸리Silicon Valley와 직접 비교하는 것은 다소 성급한 평가일 수 있지만, 아세안 지역의 모든 도시들 중에서 페낭의 산업 생태계와 인프라는 대만의 신주Hsinchu와 가장 유사한 특성을 보이고 있다는 점은 부인하기 어렵습니다. 특히 정치적으로 중립적인 입장을 견지하고 있는 말레이시아는 지정학적 리스크를 최소화하려는 중국 반도체 기업들의 해외 투자처로서도 높은 관심을 받고 있습니다. 현재 말레이시아는 기존의 백엔드 OSAT 사업에 만족하지 않고, 더 높은 부가가치를 창출할 수 있는 프론트엔드 웨이퍼 제조 공정을 유치하는 것을 국가적 목표로 설정하고 있습니다. 그러나 이러한 산업적 고도화를 달성하기 위해서는 단순한 기술, 생산 용량, 또는 자본의 확보를 넘어서, 경쟁이 치열해지는 글로벌 반도체 시장에서 올바른 시장 세분화 전략을 수립하는 것이 무엇보다 중요해졌습니다.

2024년 페낭에서 개최된 동남아시아 반도체 전시회SEMICON SEA에는 다수의 중국 반도체 기업들이 적극적으로 참가하여 말레이시아 시장에 대한 높은 관심을 드러냈습니다. 말레이시아가 글로벌 반도체 산업 지형에서 확실한 매력을 지니고 있는 것은 사실이지만, 1990년대에 대규모로 말레이시아에 진출했던 대만 기업들이 결국 조용히 폐낭을 떠나게 된 근본적인 이유를 분석하고, 그 경험으로부터 얻을 수 있는 교훈을 면밀히 검토할 필요가 있습니다.

사회 환경의 변화, 저출산, 고령화는 한국, 일본, 대만을 비롯한 동아시아 국가들이 공통적으로 직면한 구조적 문제가 되었습니다. 대만의 경우 신생아 수가 수년간 지속적으로 감소하고 있으며, 현재의 출산율 추세라면 제가 태어난 해의 출생아 수인 41만 6,000명에 비해 현저히 적은 약 13만 명 수준까지 감소할 것으로 전망됩니다. 이러한 심각한 인구 감소 추세에 대응하여 대만 정부는 저출산 문제를 국가 안보의 차원에서 인식하고, 국유지를 활용한 보육 시설 확충 등 다양한 대책을 마련하기 위해 노력해 왔습니다. 그러나 이러한 정부의 노력은 천정부지로 치솟는 부동산 가격, 전반적인 물가 상승, 그리고 청년 세대의 소외감과 같은 근본적인 사회경제적 문제들 앞에서 여전히 미미한 수준에 그치고 있는 실정입니다.

중국 경제가 전례 없는 어려움에 직면한 현 상황에서, 중국 청년들이 경제적 암흑기를 겪고 있는 반면, 대만은 어려운 상황에서도 점차 회복의 기미를 보이고 있습니다. 그러나 우리는 대만의 젊은 세대가 정말로 현실의 도전에 대해 명확히 인식하고 있는지, 그리고 어떻게 그들의 잠재력을 깨우고, 기존의 인적 자원과 산업적 강점을 효과적으로 활용하여 향후 10년을 대만의 새로운 황금기로 만들기 위한 튼튼한 기반을 구축할 수 있을지에 대해 고민해야 할 것입니다.

기회를 노리는 호주, 캐나다

코로나19 팬데믹 이후 전 세계적으로 심화된 인력난은 우수한 인재 확보를 위한 국제적인 경쟁을 더욱 치열하게 만들었습니다. 2024년 초 호주 시드니에서 강연 초청을 받았을 때, 시드니 대학교에서 실리콘 포토닉스를 전공한 벤자민 J. 에글턴[Benjamin J. Eggleton] 부총장은 호주가 자체적인 반도체 산업을 발전시킬 가능성에 대해 진지하게 질문했습니다. 비슷한 맥락에서, 대만을 방문한 캐나다 정부의 글로벌 무역 및 통상 담당 수석인 사라 윌쇼[Sarah Wilshaw] 역시 유사한 관심사를 표명했습니다.

물론 이러한 산업적 발전은 충분히 가능하며, 그 핵심 요소는 바로 인재 확보에 있습니다. 이코노미스트[The Economist]의 호주 교육 산업에 관한 분석에 따르면, 호주 GDP의 약 3~4%가 교육 산업의 기여에서 비롯되며, 호주 대학에 재학 중인 약 40만 명의 학생 중 절반가량이 해외에서 유입된 유학생들로 구성되어 있다고 합니다. 인구가 각각 2,500만 명 정도에 불과한 캐나다와 호주는 자국 인구만으로는 대규모 고등교육 시스템을 유지하기에 충분한 규모가 아닐 수 있지만, 영어 사용 환경과 높은 삶의 질을 제공하는 이들 국가는 글로벌 교육 시장에서 상당한 경쟁력을 갖추고 있어 많은 해외 유학생들을 성공적으로 유치하고 있습니다. 대만의 많은 젊은이들이 호주로 취업이나 유학을 선택하는 것은 물론, 베트남과 말레이시아의 젊은이들 또한 호주를 최우선적인 유학 목적지로 고려하고 있는 추세입니다.

부총장의 제안에 대해 저는 호주와 캐나다의 우수한 대학들이 대만의 선도적인 고등교육 기관들과 전략적 제휴를 맺어 '반도체 특화 대학'을 설립함으로써, 아세안과 남아시아 지역의 뛰어난 학생들이 캐나다와 호주에서 고품질의 반도체 교육을 받을 수 있는 기회를 제공할 것을 제안했습니다. 이러한 협력은 단순히 커리큘럼 개발이나 교수진 교류에 그치지 않고, 대만의 유명 반도체 기업들과의 채용 연계 프로그램을 통해 아세안 및 남아시아 지역의 뛰어난 엔지니어링 인재들을 효과적으로 유치하는 선순환 구조를 만들어낼 수 있을 것입니다.

또한 학생 교환 프로그램을 확대하여 대만의 명문 대학 학생들이 토론토와 시드니의 대학에서 일정 기간 수학함으로써 글로벌 경쟁력을 갖춘 영어 실력을 향상시키고, 향후 해외 생산 기지에 배치될 경우 필요한 문화적 적응력을 미리 배양할 수 있는 기회를 제공할 수도 있습니다. 만약 캐나다와 호주가 매년 수만 명의 학생들을 반도체를 포함한 STEM(과학, 기술, 공학, 수학) 분야에서 체계적으로 교육할 수 있는 역량을 갖추게 된다면, 대만의 선도적인 반도체 기업들이 풍부한 천연자원과 광활한 국토를 보유한 캐나다와 호주에 전략적인 생산 기지를 설립하는 것을 진지하게 고려할 가능성이 높아질 것입니다.

대만과 반도체 산업에 관심을 보이는 많은 신흥 국가들은 상황과 관계 설정에 따라 대만의 전략적 파트너가 될 수도, 혹은 경쟁자가 될 수도 있습니다. 이러한 다양한 국제적 파트너십의 구축과 관리는 대만의 산업적 위상, 글로벌 경쟁력, 그리고 잠재적 취약점과 긴밀하게 연결되어 있으므로, 장기적인 관점에서의 접근이 무엇보다 중요합니다.

투자유치 방식의
이해

2024년 대만 경제부 (MOEA, Ministry of Economic Affairs)가 실시한 설문조사에 따르면, 대만 기업인들이 가장 선호하는 해외 투자 국가는 베트남(15%)이며, 미국(13%)과 인도(11%)가 그 뒤를 잇고 있습니다. 그렇다면 대만 사업가들이 베트남에 투자할 때 북베트남과 남베트남 중 어디에 우선순위를 둘까요? 하노이에서 호치민까지의 거리는 1,600km가 넘습니다. 이 거리는 타이베이에서 서울에 달하는 엄청난 거리입니다. 두 도시 사이를 잇는 고속도로가 없기 때문에 가장 용이한 교통수단은 비행기이며, 어쩌면 하노이와 호치민을 서로 다른 경제적 존재로 인식하고 개별적인 투자 전략을 취해야 될 수도 있습니다.

대만 기업인들은 일찍이 1990년대부터 중국의 '투자유치 대장정'을 경험한 만큼, 투자유치 활동에 대한 깊은 경험이 있습니다. 남아시아 아세안 국가들의 대만에 대한 투자유치 방식을 이해하기는 쉽지만, 호스트와 클라이언트의 인식 차이가 커서 시간 낭비가 되지 않도록 체계적인 방식을 제시할 필요가 있습니다. 기본적으로 산업의 특성에 따라 투자유치 모델은 '하향식'과 '상향식'으로 나눌 수 있습니다. 반도체 공급망 및 AI 생태계와 같은 고부가가치 산업의 경우 중앙 집중식 사례에 기반한 하향식 접근 방식을 채택해야 합니다. 중앙 정부의 지원 없이는 반도체 산업에 대한 투자 촉진은 대부분 헛된 선언에 불과합니다. 현지의 사회적 비용을 활용하고 토지 및 인건비에 더 민감한 산업에 대해서는 양측 간의 대화가 상향식으로 진행되어야 합니다.

하향식 투자 모델

2024년에 접어들면서 세계 경제는 큰 변화를 겪고 있습니다. 전통적인 석유화학, 신발, 의류 산업은 큰 영향을 받고 있으며, 전자 산업에 의해 투자가 촉진될 것이지만 이 또한 매우 다른 양상을 보일 것입니다. TSMC가 제공한 정보에 따르면, 2024년에 PC 및 휴대폰 부문에서 TSMC의 비즈니스 기회는 1~3%만 성장할 것입니다. 업계가 아직 리바운드된 상황은 아니기에, 최종 제품 지향 제조업체는 대규모 공장 확장이 필요하지 않을 것임이 분명합니다.

다음으로, 대량 생산 제조업체가 스마트 제조로 이동함에 따라 기본 인력에 대한 수요는 예상보다 크지 않습니다. 대신 기업은 고급 기술 인력에 대한 수요에 매우 열중하고 있으며, 엔지니어링 및 기술 인재를 제공할 수 있는 기업이 가장 많은 기회를 갖게 될 것입니다. 콴타를 예로 들면, 2018년 콴타의 매출은 1조 2,288억 NTD(환율 29.7:1)였으며, 당시 5억 달러의 수익과 15만 명의 인력을 보유하고 있었습니다. 2023년까지 매출은 1조 1,900억 NTD(환율 30.7:1)로 이익은 12억 8,000만 달러로 급증했지만, 직원 수는 5만 8,000명으로 급감했습니다.

수익이 두 배로 늘어났는데도 콴타의 직원 수는 61% 감소한 것입니다. 스마트 제조를 통해 기업들이 저출산률과 노동력 부족 문제에 직면하고 있음을 알 수 있습니다. 이에 따라 새로운 기술을 배울 수 있는 엔지니어에 대한 수요는 단순 노동력에 대한 수요보다 훨씬 높습니다.

디지타임즈가 업계의 투자 의향을 조사한 결과, 싱가포르에 이미 진출한 대만 파운드리 업체들은 베트남이 고급 기술 인력을 제공할 수 있다면, 싱가포르 수준의 급여를 지급할 의향이 있다고 답하기도 했습니다. 개발도상국들은 '고급 및 전문화' 교육 시스템을 통해 기초 엔지니어링 기술자를 양성하여, 해외 숙련 전문가들이 고국으로 돌아오도록 해야 합니다.

서로 다른 시간과 공간 환경을 고려하여 투자자와 피투자국 간의 상호 작용을 이해하는 데 도움이 되는 세 가지 모델을 제안합니다. 첫 번째는 '합작 투자', 두 번째는 '보조금', 세 번째는 '라이센스'입니다.

합작 투자에 대한 일례로, 중국 자동차 제조업체인 체리^{Chery}는 아세안 시장 진출을 위해 베트남 대기업인 겔렉심코^{Geleximco}와 베트남 북부에 전기차 생산을 위한 공장을 건설하기 위한 합작 투자를 체결했습니다.

보조금 관련해서, TSMC와 삼성이 미국, 독일, 일본으로부터 공장 설립을 위한 보조금을 받는 것 외에도, OSAT 산업은 점점 더 중요해지고 있는 것에 주목할 필요가 있습니다. 중국만이 OSAT 산업 생태계를 구축하기 위해 많은 노력을 기울이고 있을 뿐만 아니라, 최첨단 밀봉 및 테스트 공정에 투자하는 기업들이 최고의 투자 보조금을 놓고 경쟁하게 되었습니다.

라이선스에 대한 예로는, 파워칩^{Powerchip}이 인도의 타타와 제휴하여 라이선스한 기술로 인도에 최초의 12인치 팹을 건설했습니다. UMC^{United Microelectronics Corporation}부터 뱅가드^{世界先進}, 매크로닉스^{旺宏電子}, 윈본드^{華邦電子}에 이르기까지 12인치 팹을 보유한 많은 기업들이 서로 다른 국가적 상황을 고려하여 적절한 협력 제안을 할 수 있습니다. '대만 플러스 원' 프레임워크 또한 개발도상국과의 협력을 라이선스 모델을 기반으로 하고 있습니다.

상향식 투자 모델

1990년 이후 노동 집약적인 생산 공정이 중국 본토로 이전하기 시작했습니다. 중국은 한편으로는 외국 자본의 수입을 통해 시장에 진입하는 수많은 노동자를 흡수하고 토지와 자본을 교환했으며, 다른 한편으로는 기술 수입과 협력을 통해 현지 공급망을 점차적으로 개선해 왔습니다. 의심할 여지 없이 중국은 상향식 투자 모델을 채택한 가장 성공적인 국가 중 하나이자, 가장 성공적인 모델이기도 합니다. 현재까지 중국의 외국인 투자 유치 메커니즘은 세계 최고 수준이며, 미국이 미-중 무역전쟁을 시작하지 않았다면 중국의 세계 제조업 점유율은 계속 상승했을 것입니다.

모두가 '차이나 플러스 원'에 대해 이야기하지만, 대부분의 국가는 '차이나 플러스 원'이 단순히 중국 외부에 또 다른 생산 기지를 건설하는 것이 아니라는 사실을 깨닫지 못하고 있습니다. 중국의 경험을 답습하고자 하는 사람들은 중국이 외국인 투자 유치의 기준을 다른 차원으로 끌어올렸다는 사실을 깨달아야 합니다. 예를 들어, 1980년 대만이 신주 과학단지를 설립하면서 도입한 '원스톱 서비스'는 중국에서 번성했습니다. 대만 모델은 서비스 담당자가 투자자가 도착하면 최선을 다해 조언을 제공하는 것입니다. 그러나 중국 모델은 현지 상황에 맞게 조정되었습니다. 전문 지식을 갖춘 투자유치 공무원이 투자자별로 다른 매칭 제안을 제공하고, 주요 제조업체에 전문가를 배정하여 모든 링크를 검토하고 세금 혜택을 제공하는 등 고객이 찾아오기를 기다리는 수동적인 방식이 아닌 '컨설팅 및 공공관계 서비스'를 제공하는 적극적 정부라고 볼 수 있습니다.

또한 대만 기업인들이 투자를 위해 가장 먼저 선택한 베트남을 예로 들어 보겠습니다. 북베트남의 초기 이점은 동관과 심천에서 북베트남으로 각종 지원 부품을 바로 보낼 수 있는 육상 운송수단에 있었습니다. 추가적으로, 삼성은 2010년경부터 북베트남에 적극적으로 진출하기 시작하여 현지 산업 환경이 구체화되기 시작했습니다. 이처럼 몇 년간의 인큐베이션을 거쳐 북베트남의 생산 메커니즘은 새로운 생산 메커니즘이 되었습니다. 북베트남은 완벽한 지원책을 갖추고 있기 때문에 노트북과 휴대폰 대량 생산에 주력하는 대부분의 기업이 북베트남을 첫 번째 위치로 선택했습니다. 그러나 베트남 북부에도 노동력 문제가 있으며, 부가가치가 높은 기업은 호치민 시와 인근 빈증엉으로 이전하여 더 상업화할 수 있습니다. 산업용 컴퓨터, 네트워킹 장비, 반도체와 같은 산업의 경우 호치민시 주변 도시를 공략하는 것이 더 나은 선택이 될 수 있습니다.

제조업 허브의 성공을 위해서는 주변 서비스 환경의 체계적 구축이 중요합니다. 대만은 스마트 제조 분야에서 상당한 전문성과 경쟁력을 보유하고 있지만, 과거에는 각종 주변 서비스 제공 업체들이 개별적으로 운영되어 통합된 서비스 생태계를 형성하는 데 어려움을 겪었습니다. 디지타임즈 외에도 타오위안 지역의 항공 운송 시스템과 결합한 중화항공, 시스템 통합 서비스의 사업 기회를 마련하기 위해 해외로 활발히 진출하고 있는 중화텔레콤, 딜로이트^{Deloitte}, PwC^{PricewaterhouseCoopers}를 포함한 4대 회계법인 등 대만의 서비스 메커니즘과 협조체계를 구축할 수 있습니다. 이에 대한 시작으로, 신주과학단지를 개입시켜 해외 투자 대만 사업체들의 리스크를 줄일 수가 있습니다.

지속 가능성을 위한
전략적 프레임워크 구축

컴퓨텍스 타이베이 2024의 마지막 날, AI 혁명을 주도하고 있는 엔비디아는 시가총액 3조 달러를 돌파하며 세계에서 세 번째로 거대한 기업으로 등극했습니다. 더 놀라운 것은 연말에 발표된 350억 달러에 달하는 분기 매출이었으며, 당시 엔비디아의 시가총액은 3조 6,000억 달러까지 치솟아 글로벌 기술 산업의 판도를 완전히 바꿔놓았습니다.

이러한 격변의 시기에 대만은 AI와 미-중 무역 전쟁의 복잡한 흐름 속에서 '컴퓨터 왕국'으로서의 영광을 되찾았고, 그 뜨거운 열기는 전 세계 최고의 기술 산업 리더들을 한자리에 모이게 했습니다. 대만 출신의 3대 AI 리더로 널리 알려진 젠슨 황, 수즈펑, 량미쉰이 이번 행사를 위해 고국을 방문했으며, 인텔의 CEO 패트릭 겔싱어[Patrick Gelsinger], 퀄컴의 CEO 크리스티아노 아몬[Cristiano Amon], ARM의 CEO 르네 하스[Rene Haas], 그리고 HP의 CEO 엔리케 로레스[Enrique Lores] 등 세계적인 업계 리더들도 대거 대만을 찾아 기술 산업의 미래 방향성에 대한 심도 있는 논의를 이어갔습니다.

이처럼 활기찬 산업적 분위기 속에서도 저는 1974년이 대만 반도체 산업과 컴퓨터 산업의 원년이라는 역사적 사실을 항상 염두에 두고 있었습니다. 그로부터 반세기가 지난 현재, 대만은 AI라는 역사적인 기술 혁명의 물결에 적극적으로 동참할 수 있는 기회를 맞이하며, 이 거대한 흐름 속에서 자국만의 독특한 경쟁력과 틈새 시장을 발굴하기 위해 총력을 기울이고 있습니다.

'효율보다 전략, 가격보다 가치'가 중시되는 새로운 산업 패러다임 속에서, 젠슨 황은 강인한 신념과 선견지명으로 기술적 돌파구를 마련하고 있습니다. 세계적인 반도체 기업의 분기 매출이 불과 1년 반 만에 5배나 급증하는 전례 없는 성장 신화는 탁월한 전략적 기획과 거시적 기술 메가트렌드의 융합 없이는 결코 실현 불가능했을 것입니다. 사람들은 "달걀이 먼저냐, 닭이 먼저냐"를 놓고 논쟁하지만, 미래에는 달걀이 많아질 것이라는 점을 인식하는 한 중요한 것을 놓치지 않을 것입니다.

그래픽 기반 컴퓨팅 성능과 특화된 신경망 처리 칩의 결합은 다양한 애플리케이션 영역에 혁명적 변화를 가져올 뿐만 아니라, 글로벌 기술 공급 구조 전반에 근본적인 변화를 초래할 가능성이 높습니다. 컴퓨팅 매개변수의 폭발적 증가는 AI 기술이 마치 번개처럼 빠른 속도로 발전하는 '번개의 시대'로 진입하고 있음을 시사합니다.

대만과 한국의 디스플레이 산업은 중국 패널 제조업체들의 과감한 도전에 직면해 있습니다. 연간 매출이 약 180억 달러에 달하는 LG 디스플레이는 전체 매출의 약 40%가 AM OLED 분야에서 발생하는 패널 사업을 전략적으로 강화하고 있습니다. 이 과정에서 애플이 차지하는 비중은 매우 중요한데, 약 50억 달러 규모의 AM OLED 사업 기회 중 LG 디스플레이의 핵심 고객인 애플이 전체의 4분의 1을 차지하고 있습니다. 퀄컴과 브로드컴 같은 애플의 다른 공급 파트너들까지 포함하면, 애플이 LG 디스플레이 전체 매출의 40%까지 영향을 미치는 것으로 추정됩니다. 이러한 상황은 TSMC와 LG 디스플레이의 대응 전략에서 서로 배울 것이 있을지, 타 사업에는 어떤 영향을 끼칠지 호기심을 자극합니다. 이에 대해 저는 "시장을 이끄는 리더에 주목하라"라고 말하고 싶습니다.

과거 개인용 컴퓨터 전성기 시절에는 미국의 유명 브랜드 기업들이 온라인 입찰 시스템을 독점적으로 활용하여 시장에서 원하는 거의 모든 것을 장악했고, 대만의 노트북 제조업체들은 이러한 불리한 상황에서 심각한 어려움을 겪었음에도 이를 근본적으로 극복할 수 있는 방법을 찾지 못했습니다. TSMC가 글로벌 반도체 산업에서 주도적 위치를 차지하게 된 이후에야 비로소 제조업체가 오리지널 브랜드와 대등한 협상 위치에 설 수 있다는 것을 깨달았습니다. 핵심은 "당신은 우리가 없으면 안 되지만, 우리가 꼭 응한다는 법은 없다"라는 것이었습니다. 가격 조건이 부적절하거나, 투자 규모가 과도하게 요구되는 등 응하지 않을 이유는 많습니다. 계약금을 지불할 의향이 있는지, 생산량을 보장할 의향이 있는지 등도 따져볼 수도 있고, 심지어 최고가 입찰자라 하더라도 기술 사양에 대한 조기 협상을 끝낸 구매자에게 우선권을 주겠다는 등의 조건도 걸 수 있습니다. 시장에서 대체 불가한 존재가 되고 판매자의 주머니가 충분히 깊다면, 시장의 주도권이 구매자에서 판매자로 이동하는 패러다임 전환도 일어날 수 있습니다.

차세대 디스플레이 패널 개발에 상대적으로 보수적인 입장을 취해왔던 이노룩스Innolux와 AUO^AU Optronics는 이제 전통적인 컴퓨터 및 디스플레이 관련 사업 기회를 넘어 자동차용 디스플레이, 디지털 사이니지, 산업용 제어 시스템 등 다양한 분야로 사업 영역을 확장하려는 전략적 움직임을 보이고 있습니다. 특히 이노룩스는 팬-아웃 패널 레벨 패키징FOPLP, Fan-Out Panel Level Packaging 기술을 적극적으로 도입하여 차세대 OSAT 시장에서 경쟁력 있는 입지를 구축하고자 하는 계획을 추진 중입니다.

만일 브랜드 기업의 가치가 감소하고 있다면 업계의 구조적 변화를 이해하는 것이 더욱 중요합니다. 예를 들어, 구글 생태계와 아시아 공급망의 관계, 엔비디아의 성장 궤적이 생태계에 미치는 영향, 미-중 양국의 대결이 대만과 한국에 미치는 지정학적 영향 등은 모두 반도체 및 패널 제조업체가 글로벌 관점에서 세계의 변화를 관찰할 수 있는 중요한 진입점입니다.

우리는 국내외 방문자들로부터 받는 수많은 질문을 통해, 기업들이 현재 '복잡하고 불확실한 환경에서 정확한 의사결정을 내리는 방법'이라는 근본적인 도전과제에 직면해 있으며, 이 과정에서 고객은 언제나 최고의 스승이자 통찰력의 원천이라는 사실을 재확인하고 있습니다. 매일 쏟아지는 방대한 뉴스와 정보의 흐름을 통해 시대의 변화 방향을 정확히 파악하는 것과 더불어, 체계적인 산업 분석을 기반으로 전략적 사고의 프레임워크를 구축하는 것이 고객의 깊은 신뢰를 얻기 위한 핵심 요소입니다.

우리는 최전선에 서서 하이테크 산업의 중요한 변화에 대해 객관적으로 인식하고 있습니다. 또한 산업 분석 프레임워크를 이해하는 것이 어렵지만 불가능한 일은 아니라고 굳게 믿고 있습니다. 전통적인 금융 서비스와 컨설팅 서비스조차도 전문 분야의 핵심 변수를 이해하는 데 어려움을 겪고 있지만, 산업을 이해하기 위한 프레임워크를 찾는 것이 성공의 열쇠가 될 것입니다.

'기업 전략'이라는 개념은 끊임없이 변화하기에 복잡해 보일 수 있지만, 사실은 본질에서 벗어나지 않습니다. '과거', '현재', '미래'라는 세 가지 단계의 개념을 통해 산업의 향방을 이해할 수 있습니다. 과거에는 PC와 휴대폰 브랜드의 트렌드를 관찰하여 시장 변화를 탐색했습니다. 현재는 인터넷 거대 기업, 자체 개발 칩, 산업 표준의 경합이 더 중요합니다. 그러나 미래에는 신흥 시장, 주권 AI를 위한 비즈니스 기회, 기타 전략적 이슈를 새로운 관점에서 탐색해야 합니다. 공급 측면에서는 '핵심 반도체 기술과 웨이퍼 파운드리Wafer Foundry', 그리고 '서버와 대형

● 신 트럼프 시대, 대만의 핵심 전략

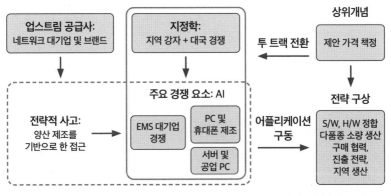

출처: 디지타임즈, 2024.11

EMS(전자제조서비스기업)' 두 가지 이슈를 고려해야 합니다. 이러한 기본적인 분석 프레임워크는 장비 제조업체, 메모리 제조업체, 다른 나라의 정부 기관, 국제 제조업체 및 기타 기관을 포함하여 광범위한 영역에 적용될 수 있으며, 이는 업계의 의사 결정자들에게 충분한 참고 자료를 제공할 것입니다.

거대 기업을 분석할 때는 2023년 1분기 72억 달러에서 3분기 350억 달러로 분기 매출이 급증한 엔비디아부터 살펴보는 것이 중요합니다. 2024년 TSMC는 이와 유사하게도, 첫 3분기에 5nm와 3nm의 매출만 300억 달러를 초과했으며, 이를 통해 승자 독식 및 독점 비즈니스 기회의 중요성을 이해할 수 있습니다. 아마존, 구글, 메타, 마이크로소프트, ARM 및 테슬라는 모두 자체 칩을 개발하고 있습니다. 이러한 기업을 연구하면 한편으로는 큰 시간의 변화 궤적을 확인할 수 있고, 다른 한편으로는 기업의 비즈니스 레이아웃과 전략적 상상력의 새로운 단계로 우리를 이끌 수 있습니다. 동시에 거대 네트워크 기업에서 비즈니스 기회를 찾고자 하는 기업의 실제 요구 사항을 이해할 수 있습니다. 서버로 엔비디아나 애플을 직접 공격할 수 없다면 새시^{chassis}, 냉각 시스템, 엣지 컴퓨팅은 어떤가요? 새시 회사와 냉각 시스템 회사 간의 제휴도 기대할 수 있는 새로운 비즈니스 기회입니다.

지역 권력과 관련해서는 지정학 및 지역 대기업에 대한 관찰과 상상력이 필요합니다. 글로벌 비즈니스 리더라면 반도체 산업에 대한 담론은 필수 주제입니다. 향후 5년간 중국 경제가 꾸준히 성장할 것이라고 가정하는 것 외에도, 낙관적 시나리오와 비관적 시나리오를 모두 준비하는 것이 중요합니다. 독일, 일본, 인도, 그리고 한국이 반도체 산업에서 어떻게 경쟁하고 있는지에 대한 심층적인 이해는 물론, 인도를 중심으로 급부상하고 있는 다양한 유니콘 기업들의 사업 모델과 성장 전략을 살펴보는 것도 현지 사업의 기회를 얻는 데 도움이 될 수가 있습니다.

과거 글로벌 브랜드 기업들은 방대한 소비자층을 대상으로 하기 위해 생산 운영의 대부분을 대규모로 아웃소싱하는 전략을 채택했습니다. 이러한 아웃소싱 과정에서 대만 기업들은 1990년대부터 현재까지 꾸준히 축적해온 경제적 규모의 우위, 탁월한 경영 효율성, 그리고 견고한 자본력을 바탕으로 글로벌 시장에서 확고한 경쟁 우위를 확보하게 되었습니다. 대만의 ICT공급망에서 TSMC의 등장은 말 그대로 하늘이 내린 최고의 선물이라고 할 수 있습니다. 저는 항상 'AI 기술을 지배하는 하드웨어'의 가능성은 '하이엔드 생산 능력이 부족하고 실질적인 대체재가 부재한 상황'에 있다고 말했습니다. TSMC는 바로 이러한 이상적인 조건을 완벽하게 갖추고 있으며, 더 넓은 관점에서 보면 대만의 전체 ICT 공급망 생태계 역시 현재로서는 글로벌 시장에서 대체하기 어려운 독보적인 경쟁력을 보유하고 있습니다.

브랜드 기업이 제조업체의 흥망을 좌우하던 시대는 이미 지났으며, 클라우드 서비스가 기술 산업의 새로운 패러다임 변화의 핵심 동력이 되었다고 단언할 수 있습니다. 현재는 소수의 거대 네트워크 기업들이 산업 전반의 비즈니스 기회를 사실상 독점하고, 기술 표준을 주도적으로 설정하며, 압도적인 자본력을 바탕으로 시장을 지배하고 있습니다. 시장에 소비자의 수요가 지속되는 한 엔비디아와 같은 풍부한 자본력을 갖춘 기업들은 TSMC의 가격 인상 압력을 개의치 않을 것이며, 오히려 시장을 독점할 수 있는 기회로 삼을 것입니다. 대형 기술 기업들의 브랜드 재편과 시장 독과점 압력이 심화되는 가운데, AI 기술은 전례 없는 규모의 새로운 비즈니스 기회를 창출해내고 있습니다. 이러한 미래지향적이고 수익성 높은 사업 기회속에서는 고객의 다양한 요구사항에 신속하고 유연하게 대응할 수 있는 민첩한 기업이 궁극적인 시장의 승자가 될 것입니다.

공급 측면에서 대만의 장점을 잘 활용하는 것을 우선시한다면, 반도체 제조, 서버를 핵심으로 하는 AI 공급망, 그리고 대형 EMS의 구조와 중요 발현에 주의를 기울여야 합니다. 세계 30대 EMS 제조업체 중 대만 기업들이 전체 매출의 약 70%라는 압도적인 비중을 차지하고 있으며, 이들의 선견지명은 글로벌 시장 수요 예측과 핵심 부품 거래 역학에도 상당한 영향력을 행사하고 있습니다. 지난 수년간 대만 EMS 제조업체들이 보여준 주요 트렌드는 '차이나 플러스 원' 전략의 적극적인 도입, 스마트 생산 시스템 구축, 제품 포트폴리오의 전략적 다각화, 그리고 수익성 구조 개선에 집중되어 왔습니다. 특히 콴타와 위스트론과 같은 선도 기업들의 수익성이 꾸준히 상승하는 추세를 보이고 있으며, 이는 여타 대량 생산 위주의 제조업체들과는 상당히 차별화된 수익 구조를 형성하고 있어, 이러한 차이점의 이면에 숨겨진 의미를 분석해 보아야 합니다.

데이터센터 산업은 최근 몇 년 동안 가장 주목할 만한 비즈니스 기회 중 하나로 부상했습니다. 주요 선진국들이 디지털 전환과 '주권 AI$^{Sovereign AI}$'라는 국가 전략적 목표 아래 데이터센터 인프라를 지속적으로 확장하고 있으며, IDC$^{International Data Corporation}$는 2023년 주권 AI 관련 투자 규모가 1,030억 달러에 달하고 2027년에는 2,585억 달러 이상으로 확대될 것으로 전망하고 있습니다. 한편, 대만 정부는 2028년까지 자국 내에 10개 이상의 메가 데이터센터가 구축될 것으로 예측하고 있습니다. 현재 전 세계 데이터센터의 16%만을 차지하고 있는 EU 국가들이 주권 AI 확보라는 국가적 과제 아래 AI 데이터센터에 대한 투자를 대폭 확대하기 시작할 것으로 예상됩니다. 만일 일본이 새로운 데이터센터 구축 프로젝트를 본격화한다면 어떤 기업을 전략적 파트너로 선택할지도 중요한 관전 포인트가 될 것입니다.

오늘날 100억 달러 규모의 대형 비즈니스를 운영하는 경영자가 가장 중요하게 알아야 할 것은 복잡한 환경에서 전략을 효과적으로 단순화하는 방법입니다. 복잡성을 명료하게 단순화한다는 개념은 언뜻 보기에 지나치게 단순해 보일 수 있지만, 실제로는 산업 전반에 대한 깊고 광범위한 이해와 장기간에 걸쳐 축적된 대중의 신뢰를 전제로 합니다. 충분한 전문적 역량과 시장의 엄격한 검증을 거치지 않은 채 단순히 주목을 받기 위한 분석은 결국 시장에 무의미한 소음으로 전락할 뿐임을 명심해야 합니다.

산업 분석의 핵심 원칙

우리는 체계적인 산업 역사 분석과 국제 분업 구조에 대한 깊은 이해를 바탕으로 차별화된 가치 제안과 지속가능한 기업 전략을 수립할 수 있습니다.

대만의 차세대 마이크로전자 산업은 RCA[Radio Corporation of America] 프로젝트에서 그 역사적 기원을 찾을 수 있습니다. 1974년에 설립된 폭스콘[Foxconn]과 쉔통[Shen Tong], 라이트온, 1976년 설립된 에이서는 모두 대만 산업 발전사에서 전설적인 위치를 차지하고 있습니다. 이들 기업의 창업자들과 그들이 육성한 전문 경영인들은 현재까지도 대만 첨단 산업의 중추적인 역할을 담당하고 있습니다. 단기적 관점에서 볼 때, 대만의 기술 산업 생태계는 여전히 타의 추종을 불허하는 경쟁력을 유지하고 있습니다. 미국과 유럽 등 선진국들은 AI, 빅데이터, 저궤도 위성과 같은 첨단 신기술 분야에 집중적으로 투자하고 있지만, 대부분의 이들 국가는 제조 인프라와 생산 효율성 측면에서 대만보다 현저히 뒤처져 있는 실정입니다. 한편, 인도와 베트남 같은 신흥국들은 개인용 컴퓨터와 휴대전화 제조에서 AI 중심의 산업 구조로 빠르게 전환하려는 노력을 기울이고 있습니다. 그러나 대만의 축적된 산업적 경험과 노하우를 효과적으로 수용하지 않은 채 단기간 내에 대만의 경쟁력을 따라잡으려는 시도는 마치 '나무에서 물고기를 잡으려는 것^{fishing from a tree}'과 같은 비현실적인 기대에 불과합니다.

수십 년에 걸쳐 산업 발전 과정에서 축적해온 풍부한 경험과 현재의 글로벌 분업 구조에 대한 깊은 이해를 통해, 대만은 명확한 가치 정의와 산업 발전의 흐름을 정확히 파악할 수 있습니다. 2000년 닷컴 버블 이후의 기술 산업 발전 과정을 네 단계로 구분하고, 각 단계별 특징과 승자, 그리고 대만이 담당한 역할에 따라 향후 글로벌 경쟁 구도를 예측해 볼 수 있습니다. 산업 분류에 대한 다양한 관점과 독특한 명제는 가치관념의 변화로 이어질 수 있습니다.

저는 하드웨어 제조는 필수 불가결하며 아시아 공급망의 역할이 다시 강조될 것이라고 확신합니다. 즉, 산업의 과거부터 미래까지의 트렌드를 브랜드 기업들의 흥망의 관점에서 살펴보며 구글과 마이크로소프트와 같은 거대 기술 기업이 자체 반도체 칩 개발에 적극적으로 나서는 이유가 무엇인지, 산업 전략이 어떻게 선형적인 공급망 구조에서 다원화된 관계로 전환되는지(경쟁과 협력의 매트릭스 교차 방식, 완벽한 상호 연계 등), 왜 단순 내용을 심층 분석하던 전략에서 복잡한 내용을 단순화하는 전략으로 바뀌었는지 등을 알아보려 합니다.

산업 전략의 핵심은 '우위 장악'입니다. 가까운 영역은 자신이 직접 하며, 먼 영역은 파트너를 구하고, 멀지도 가깝지도 않은 영역은 전략적 제휴를 하거나 인수 합병을 하는 것입니다. 이는 대만의 성장과 발전 과정에서 입증되었으며, 이러한 경험은 보스턴, 런던, 파리에 있는 종합 컨설팅 회사들이 이해할 수 없는 부분입니다.

실리콘밸리를 넘어서

공급 측면에서 TSMC는 글로벌 AI 칩 시장의 주요 고객들을 거의 독점적으로 확보했으며, 전 세계 EUV(극자외선) 장비의 절반 이상을 구매함으로써 기술적 우위를 공고히 하고 있습니다. 2025년에 10개의 공장을 건설하는 것은 백엔드 제조 공정의 병목 현상을 완화하려는 시도가 포함된 쾌거입니다. 글로벌 고객사들은 TSMC가 로직 칩과 메모리 사이에 기술을 통합하여 더 효율적인 칩을 만들것이라 기대합니다. 현재 미국과 유럽 사회를 놀라게 하는 것은 이러한 혁신과 제조 능력이 기술의 성지인 실리콘밸리가 아니라 태평양 연안의 작은 섬 대만에서 나온다는 사실입니다.

한국 반도체 업계에서 SK하이닉스가 마침내 경쟁사인 삼성전자를 제치고 AI 반도체 경쟁에 성공적으로 뛰어들면서 산업 지형에 중요한 변화가 일어나고 있습니다. 이종 기술의 통합에 대해 긍정적인 SK

하이닉스는 TSMC에 적극적으로 협력을 제안했으며, TSMC의 칩 설계 파트너사인 글로벌 유니칩GUC에 계약을 몰아주며 TSMC와 SK하이닉스 간의 결속을 강화했습니다.

이러한 상호 호혜적인 전략적 제휴는 두 글로벌 반도체 기업이 급변하는 산업 환경에서 탁월한 유연성과 적응력을 입증하는 사례가 되었으며, 이제는 삼성전자 역시 일부 파운드리 주문을 TSMC에 의뢰하려는 움직임을 보이고 있습니다. 2024년 가을, 인텔과 삼성이 대규모 구조조정과 인력 감축을 동시에 발표하면서 글로벌 시장은 충격에 빠졌고, 이는 TSMC가 글로벌 반도체 비즈니스 기회를 주도적으로 장악할 수 있는 능력에 대한 업계의 인식을 더욱 강화시켰습니다. TSMC의 웨이저자魏哲家 회장은 "TSMC는 대만의 TSMC가 아니라 세계의 TSMC"라고 선언하기 시작했으며, TSMC는 파운드리 사업의 가치를 근본적으로 재정의하는 혁신적인 개념을 제시했습니다. TSMC의 파운드리 2.0 아키텍처는 고급 패키징, 포토마스크, 메모리 이외의 로직 칩을 포함합니다. 확장된 정의에 따르면 TSMC의 글로벌 파운드리 시장 점유율은 57%에서 28%로 떨어졌습니다. 빛을 감추는 것이야말로 기업의 전성기를 위한 황금률입니다. 대만 사람들은 이것을 이해하지만, 서양의 비즈니스 리더들은 반드시 그렇게 생각하지 않을 수도 있습니다.

컴퓨텍스 타이베이 2024를 참관하기 위해 대만을 방문한 최태원 SK그룹 회장이 새로 취임한 TSMC의 웨이저자 회장과 역사적인 기념사진을 남긴 장면은 한국과 대만 반도체 산업 간의 새로운 협력 시대

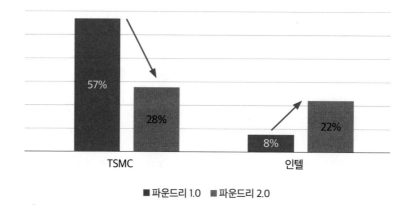

● TSMC 및 인텔의 파운드리 시장 점유율 추이 비교

57%

28%

8%

22%

TSMC   인텔

■ 파운드리 1.0   ■ 파운드리 2.0

출처: 디지타임즈, 2024.08

를 상징하는 중요한 순간이었습니다. 컴퓨팅과 스토리지 반도체 기술을 모두 갖추었다고 자부하던 삼성전자는 이러한 산업 역학의 변화 속에서 상대적으로 주변부로 물러나는 모습을 보였으며, 한때 반도체 업계의 절대 강자였던 인텔 역시 시가총액이 1,000억 달러에도 미치지 못하면서 글로벌 반도체 업계 순위에서 10위권 밖으로 밀려나는 충격적인 상황이 전개되었습니다. 한편, 중국 기업들은 미국의 수출 통제로 인해 최첨단 칩과 장비 구매가 사실상 금지되면서 AI 경쟁에서 뒤처질 경우 중국의 기술, 군사, 경제 분야에 어떠한 장기적 영향을 미칠지 전 세계가 주목하고 있습니다.

대만 기업들은 1990년대 중반부터 세계 각국의 대규모 OEM 주문을 받아 30년 넘게 경쟁해 왔으며, 여전히 세계적인 제조업체에 가장 신뢰받는 생산 파트너입니다. 엔비디아가 주도하는 서버 업계에서는 최첨단 칩을 생산하는 TSMC부터 모듈, 마더보드, 섀시, 서브시스템, 서버, 클러스터 컴퓨팅, 주변 전원 공급 장치 및 냉각 시스템에 이르기까지 거의 모든 생산 단계가 대만 기업에 의존하고 있습니다. 대만의 수십 년에 걸친 산업적 경험 뒤에는 낮은 이윤 마진에도 불구하고 높은 생산 효율성과 오류 발생 가능성이 극도로 낮은 견고한 공급망 관리 시스템이 존재합니다.

컴퓨텍스 타이베이 2024에는 반도체 산업의 주요 인물들이 가득했습니다. 과거 국제 사회에서 홀대 받았던 대만이 이제는 AI 시대를 맞아 전 세계의 기술 기업들과 투자자들을 끌어들이는 전략적 허브로 급부상하게 되었습니다. 이러한 국제적 네트워크의 강화는 대만의 글로벌 위상 제고뿐만 아니라 국가 안보 증진에도 긍정적인 영향을 미치고 있습니다.

AI 분야에서 놀라운 성장세를 보이고 있는 엔비디아의 대만 출신 CEO인 젠슨 황은 지난 2년간 거의 분기별로 대만을 정기적으로 방문하며 본국과의 긴밀한 관계를 유지하고 있습니다. 그래픽 칩과 그래픽 카드 사업에서 시작하여 AI 반도체 강자로 성장한 엔비디아는 대만 공급망의 전략적 가치를 누구보다 깊이 이해하고 있습니다. 엔비디아는 이미 1990년대부터 TSMC에 웨이퍼 제조를 의뢰했으며, 대만의 다양한 제조업체들에 엔비디아 칩 모듈, 하위 시스템 및 서버 생산을 위탁해왔습니다. 이는 대만 출신 기업가들이 소유한 산업의 근본적인 DNA라고 할 수 있으며, 지난 30년 동안 엔비디아와 대만은 상호 보완적이고 긴밀한 관계를 지속적으로 발전시켜 왔습니다.

전 세계 첨단 웨이퍼의 92%를 공급하는 TSMC가 중국에 인수된다면 미국 경제에 치명적인 타격이 될 것이라는 라이먼도 미국 상무부 장관의 발언처럼, 과거에는 국제 사회에서 상대적으로 주목받지 못했던 대만의 ICT 산업 공급망은 이제 미국, 나아가 세계 경제의 안정에 영향을 미치는 핵심 동력으로 자리매김했습니다. 긍정적인 관점에서는 미국이 대만의 안보를 보호하기 위해 최선의 노력을 기울일 것을 의미하며, 부정적인 관점에서는 미국 반도체 산업협회[SIA, Semiconductor Industry Association]가 이미 2030년까지 미국이 전 세계 10nm 이하 웨이퍼의 28%를 생산할 것이라고 전망하면서, 만약 서태평양 지역에서 군사적 충돌이 발생하여 동아시아의 첨단 반도체 제조 시설이 심각한 타격을 입을 경우, 미국이 최첨단 칩 제조의 '마지막 남은' 거점이 된다는 의미입니다.

경제적 성장과 지정학적 한계의 충돌

서태평양 조산대는 북쪽의 쿠릴열도, 일본, 류큐, 대만에서 남쪽으로 필리핀과 인도네시아까지 이어지는 지리적 지진대를 형성하고 있으며, 이 가운데 대만은 중간 구간에서 상류와 하류를 연결하는 전략적으로 중요한 위치를 차지하고 있습니다. 이렇게 지리적으로 서로 맞물려 있는 이들 섬 국가들은 지난 반세기 동안 여러 차례의 자연 재해와 지정학적 긴장을 경험했으며, 해양 세력과 대륙 세력 간의 경쟁 속에서 정치·경제적으로 큰 변동을 겪어왔습니다. 1995년 일본 한신 대지진, 1999년 대만 921 지진, 2004년 남아시아 대지진, 2011년 일본 311 대지진 등은 엄청난 인명 피해와 경제적 손실을 가져와 이 지역 국민들에게 깊은 인상을 남겼습니다. 대만은 이처럼 지리적 단층선 위에 위치해 있을 뿐만 아니라, 현실 세계의 기술적, 지정학적 단층선 상에서도 중요한 역할을 담당하고 있습니다.

대만이 맞이한 비즈니스 기회는 전례 없는 수준으로 확대되고 있지만, 동시에 이 성공은 복잡한 지정학적 도전과 맞물려 있습니다. 미국은 대만을 강력히 지지하며 우방국들과 연합해 대만해협의 안정을 유지하려 하지만, 중국 군용기와 군함이 지속적으로 대만을 위협하며 매일 총격전이 벌어지고 있습니다. 미국, 독일, 일본, 캐나다, 호주, 뉴질랜드 역시 자국 군함을 이용해 의도적으로 대만해협을 통과하며, 대만에 대한 지지와 중국에 대한 경고의 메시지를 전달하고 있습니다. 이탈리아 역시 아시아 태평양 군사 훈련에 순양함을 파견해 대만해협의 평화를 지지하는 의사를 표명했습니다.

대만의 입장에서 보면 이러한 상황은 운동 에너지는 매우 크지만 출구를 찾지 못하는 것으로 보입니다. 어떤 사람들은 잦은 지진이 대만의 에너지 방출을 돕고 있다고 말하지만, 언제 에너지를 방출할지는 대자연에 달려 있는 일이며, 국제 사회가 함께 대비해야 할 지정학적 과제이기도 합니다.

1949년 이후 76년 동안 작은 섬나라 대만은 민주 진영의 최전선을 지키며 제1도련에 비바람 불고 파도치는 가운데 냉전을 견뎌 왔습니다. 이제 우리는 블링컨 미 국무장관의 중국 방문이 왜 그토록 호전적이고 단호했는지 충분히 이해할 수 있습니다.

디지털 전환 시대와 미국의 독주

AI의 대부로 불리는 젠슨 황은 실리콘밸리 산타클라라^Santa Clara 본사에서 수만 명의 초대 손님들을 대상으로 새로운 AI 시대의 막이 올랐음을 공식적으로 선언했습니다. 젠슨 황 회장이 차세대 AI 컴퓨팅 칩인 블랙웰^Blackwell을 세상에 첫 선보이자, 전 세계 기술 업계는 대만에서 생산되는 이 혁신적인 고속 컴퓨팅 칩에 열광적인 박수를 보냈습니다. 젠슨 황은 블랙웰의 시장 상황에 대해 "수요 문제가 아니라 공급 문제만 있을 뿐"이라고 자신감 있게 언급할 정도로 시장의 반응은 압도적이었습니다.

오라클^{Oracle}의 래리 엘리슨$^{Larry\ Ellison}$과 테슬라의 일론 머스크를 비롯한 세계적인 기술 산업 리더들이 앞다투어 엔비디아에 공급 확대를 요청하는 상황이 전개되고 있습니다. 반도체 칩이 주도하는 이 새로운 경제 패러다임은 데이터센터 산업에 급속도로 침투하고 있으며, 자율주행 자동차 네트워크, AI 로봇, 저궤도 위성 통신, 메타버스, 게임 산업 등 다양한 분야에서 전례 없는 비즈니스 기회를 창출하고 있습니다. 엔비디아는 현재 생산 가능한 모든 고성능 칩이 이미 선주문으로 완판되는 전무후무한 시장 상황을 경험하고 있다고 밝히고 있습니다.

미국 테크놀로지 거인들의 변신

물리적 현실 세계와 가상의 디지털 우주가 방대한 데이터를 통해 유기적으로 연결되면서 디지털 생활 환경은 이미 구체적 형태로 실현되고 있으며, 이러한 변화 속에서 대만은 각자의 가치를 연결하는 미드 스트림의 산업 포지션에서 자신의 가치를 더욱 확고히 주장해야 합니다. 현재 TSMC의 각 세대 공정 개발에 소요되는 기간은 평균 5~7년에 달하며, 향후 양산될 예정인 2nm 공정은 기존 기술보다 훨씬 더 복잡한 서라운드 게이트 어레이 전계효과 트랜지스터$^{GAAFET,\ Gate-All-Around\ Field-Effect}$ ^{Transistor} 기술을 기반으로 하고 있습니다. 첨단 반도체 제조 공정 경쟁에 뛰어들고자 하는 기업들과 국가들은 약 4억 달러에 달하는 고개구율 극자외선$^{High-NA\ EUV,\ High\ Numerical\ Aperture\ Extreme\ Ultraviolet}$ 노광 장비의 천문학적인 가격에 경악할 수밖에 없는 실정입니다. TSMC가 과거에 진행했던 대규모 투자 중 상당 부분이 이미 감가상각되었다는 사실과 더불어, 현재 양호한 재무 상태를 유지하고 있는 TSMC가 가까운 미래에 실질적인 글로벌 경쟁자를 갖지 않을 것이라는 다양한 징후가 포착되고 있습니다.

AI 기술의 다양한 발전을 통해 이미지 인식의 오류율은 이미 인간의 평균 오류율인 5%보다 훨씬 낮은 수준에 도달했습니다. 이제 딥러닝Deep Learning은 더 이상 이론적 연구나 종이 위의 학술적 개념에 그치지 않으며, 빅데이터와 AI는 전 세계 공급망 관리 및 비즈니스 인텔리전스의 핵심적인 구성 요소로 자리 잡았습니다.

이동통신 기술과 빅데이터를 통해 축적된 방대한 데이터 경제 위에, 생성형 AI의 대규모 언어 모델이 새롭게 구축되면서, 클라우드 컴퓨팅과 엣지 컴퓨팅을 위한 수평적 기술 아키텍처와 수직적으로 세분화된 애플리케이션 플랫폼이 다양하게 실험되고 있습니다. 2023년 기준 기업 벤처 캐피털 투자 규모 측면에서 엔비디아는 이미 마이크로소프트와 애플Apple 등 소수의 거대 기업에 이어 세계 4위에 올라섰습니다. 앞으로 전개될 다면적이고 파편화된 대규모 언어 모델의 승자독식 시장 환경에서, 기존 사업 모델을 혁신하지 못하고 단지 모바일 통신 시대의 표면만을 훑어본 신생 스타트업들은 AI 주도의 새로운 시장에서 의미 있는 전환점을 마련하기 어려울 것으로 전망됩니다.

원래 엔비디아의 매출은 AMD보다 약간 높은 수준에 머물렀지만, 2022년 4분기부터 AMD를 본격적으로 추월하기 시작했고, 2023년

2분기에는 인텔과의 역사적인 '골든 크로스오버Golden Crossover'가 발생하면서 그 이후 두 회사와의 격차는 더욱 확대되었으며, 성장 동력 또한 비교할 수 없을 정도로 강력해졌습니다. 현재의 성장 곡선을 살펴보면 산업 내 자원과 자본이 특정 기업에 더욱 집중되는 현상이 뚜렷하게 나타나고 있습니다. 특정 기술 분야에서 압도적인 지배력을 확보하게 되면 필연적으로 부富도 함께 집중되는 경향이 있으며, 이제 업계의 상위 사업자는 단순히 경쟁사와 나란히 서는 선택적 선두 위치가 아니라, 전체 생태계를 포괄하는 독점적 지위를 추구하게 됩니다. 하지만 이러한 시장 지배력 확보는 결코 쉽지 않은 과제이며, 2024년에 약 20억 달러로 추정되는 AI 가속 칩의 매출 규모는 향후 50억 달러 이상으로 급성장할 것으로 전망되고 있습니다.

현재 진행 중인 AI 붐의 실체를 이해하기 위해서는 먼저 서버 하드웨어의 비용 구조를 살펴볼 필요가 있습니다. 기존 x86 아키텍처 기반 서버의 총 구매 비용이 1만 달러를 약간 상회하는 수준인 반면, GPU 8개가 탑재된 엔비디아 DGX H100 시스템의 총 구매 비용은 20배가 훌쩍 넘습니다. 이러한 시장 변화의 결과로 과거 반도체 산업의 절대 강자였던 인텔은 시가총액은 물론이고 매출 측면에서도 엔비디아에 크게 뒤처지는 상황에 직면해 있습니다.

메모리 반도체 부문에서는 과거 삼성전자의 DRAM 사업부 매출이 SK하이닉스의 약 1.5배에 달했습니다. 그러나 2023년 4분기 이후 엔비디아의 가장 중요한 전략적 파트너로 SK하이닉스가 부상하면서 상황이 역전되기 시작했고, 실제로 SK하이닉스의 DRAM 매출은 엔비디아와의 광대역 메모리 공급 파트너십 덕분에 2023년 2분기부터 삼성전자를 추월하는 놀라운 성과를 달성했습니다. 이러한 산업 구조 변화의 영향으로 대만은 서버 조립용 SK하이닉스 제품을 대량으로 수입하게 되면서 2024년에는 한국이 대만의 최대 무역 적자 상대국으로 부상했습니다.

SK하이닉스는 급성장하는 광대역 메모리 시장의 비즈니스 기회에 효과적으로 대응하기 위해 공장 증설 속도를 전략적으로 조정하여 하이엔드 서버 시장의 폭발적인 수요에 맞춰 광대역 메모리 생산 능력을 확대하고 있습니다. 대만을 주요 생산 거점으로 삼은 미국 마이크론의 광대역 메모리 제품 또한 엔비디아의 또 다른 중요한 공급원으로 자리매김하고 있습니다. TSMC의 웨이저자 회장은 TSMC의 AI 서버용 반도체 칩에 대한 수요가 2028년까지 회사 전체 매출의 20% 이상을 차지할 것이라고 예측하면서, 엔비디아의 주요 공급 업체 세 곳 모두가 하이엔드 서버의 비즈니스 기회에 대해 매우 낙관적인 전망을 하고 있습니다.

수요가 급증하고 원천 기술을 보유한 칩 제조업체가 독보적인 시장 우위를 점하면서, 반도체 가격 책정에는 다양한 역설적 현상이 나타나고 있습니다. 현재의 칩 공급 부족 상황에서 가장 큰 수혜자는 단연 엔비디아이며, 수익이 급증하고 있는 엔비디아는 TSMC의 파운드리 서비스 가격에 크게 신경 쓰지 않는 여유를 보이고 있습니다. 파운드리 가격이 높아질수록 이를 감당할 수 있는, 즉 가격 접근성을 유지할 수 있는 기업의 수는 자연스럽게 감소하게 되며, 결국 자본 비용 측면에서 우위를 선점한 기업만이 시장의 최종 승자가 될 것입니다. 현재 우리는 생산 원가에는 크게 구애받지 않고 기술 소유권과 시장 지배력에만 초점을 맞추는 전례 없는 경쟁 양상을 목격하고 있으며, 이는 포스트 산업 시대에서도 찾아보기 어려운 완전히 새로운 비즈니스 패러다임으로 볼 수 있습니다.

2020년부터 2022년까지의 3년 동안 세계 반도체 기업 순위는 인텔, 삼성, SK하이닉스 순이었으며, 당시 엔비디아는 자체 브랜드로 반도체를 판매하는 기업 중 6위 또는 7위에 머물렀습니다. 그러나 불과 1~2년 만에 시장 구도가 완전히 뒤집혀 파운드리 서비스 전문 기업인 TSMC가 2024년 상반기에 모든 반도체 브랜드를 제치고 세계 1위 반도체 기업으로 등극하는 놀라운 변화가 일어났습니다. 2024년 하반기에는 엔비디아가 더욱 강력한 성장세를 보일 것으로 예상되며, 연간 매출이 1,000억 달러를 훌쩍 넘어서는 전례 없는 성장을 기록할 것으로 전망됩니다. 이처럼 기술 산업에서 '10배의 시대$^{10X\ Era}$'가 본격적으로 개막되고 있으며, 이러한 환경에서는 자원을 최대한 신속하게 재배치할 수 있는 구조적 유연성과 기동성을 갖춘 기업이 궁극적인 시장 승자가 될 것으로 예상됩니다.

엔비디아를 둘러싼 다양한 기술 기업들은 이 새로운 AI 혁명의 물결을 놓치게 될까봐 전례 없는 불안감을 느끼고 있으며, 엔비디아는 이러한 산업 지형의 변화가 의미하는 바를 정확히 이해하고 있기에 자사의 공급망 파트너들이 이 성장의 흐름에서 공정한 이익 분배를 받을 수 있도록 전략적 노력을 기울이고 있습니다. 디지타임즈가 집계한 자료에 따르면, 시가총액 기준 상위 글로벌 기업 중 아마존, 마이크로소프트, 애플, 구글, 삼성은 모두 연간 매출이 2,000억 달러를 상회하는 초대형 기업으로 분류되며, 엔비디아, 메타, 테슬라도 각각 1,000억 달러 이상의 매출 규모를 보유하고 있습니다. 그러나 이들 상위 12개 기업 중 엔비디아와 TSMC의 순이익률은 각각 52.2%와 37.2%에 달하는 반면, 과거 반도체 업계 1위였던 인텔은 적자를 기록 중인 상황이어서 이들 간의 수익성과 경쟁력은 이제 비교 자체가 무의미한 수준에 이르렀습니다. 이러한 산업 경쟁의 근본적인 혁명과 함께 우리는 기술 산업의 확실한 세대교체를 명백히 목격하고 있으며, AI가 지배하는 새로운 시대의 도래는 이보다 더 분명할 수 없을 정도로 명확해졌습니다.

엔비디아는 고객이 자신의 필요에 따라 다양한 선택을 할 수 있도록 차별화된 소프트웨어 및 하드웨어 아키텍처를 포함한 원스톱 서비스 메커니즘을 제공함으로써 독보적인 경쟁력을 구축했습니다. TSMC의 업스트림 반도체 공급이 시장 수요를 충족시키기에 충분하지 않은 상황에서, 엔비디아는 다양한 산업 분야의 전략적 파트너들을 효과적으로 결합하여 핵심 기술력을 통제하고 수익을 전략적으로 배분함으로써 경쟁업체들의 기대를 크게 뛰어넘는 놀라운 성과를 달성했습니다.

엔비디아는 TSMC에 상대적으로 높은 OEM 가격을 지불하고 있지만, 그 대가로 시장에서 획득한 것은 절대적인 경쟁 우위와 시장 지배력입니다. 현재 기술 산업계에서 모든 기업들이 가장 중요하게 고려하는 질문은 '자사의 핵심 비즈니스가 AI와 얼마나 밀접하게 연관되어 있는가'입니다. 다양한 전략적 지원과 투자를 통해, 파운드리 업계에서 압도적인 강점을 보유한 TSMC와 마찬가지로 엔비디아는 경쟁업체들이 쉽게 넘어설 수 없는 AI 생태계 내에 깊은 시장 침투력과 높은 진입 장벽을 성공적으로 구축했다는 점은 의심의 여지가 없습니다. 그렇다면 이러한 높은 진입 장벽의 본질은 정확히 무엇일까요? 이 장벽을 극복하는 방법에 대해 논의하기에 앞서, 우리는 먼저 그 장벽의 본질과 구조를 정확히 이해할 필요가 있습니다.

우선 인텔, 마이크로소프트, 애플이 과거에 확립한 비즈니스 모델이 단기간 내에 완전히 붕괴되지는 않겠지만, 이러한 전통적인 운영 방식과 사업 구조가 점차 변화하고 있으며, 그 시장 영향력이 서서히 약화되고 있다는 점은 부인할 수 없는 사실입니다. 과거에는 거대 기술 기업들이 먼저 핵심 개발 플랫폼을 장악한 다음, 사용자들과 함께 생태계를 공동으로 구축하고, 일정 수준의 경제적 규모에 도달하면 특정 기업 고객의 요구에 최적화된 클라우드 서비스를 연계하는 방식으로 사업을 전개했습니다. 이러한 전통적인 비즈니스 논리에 따라 OEM 제조업체들은 정해진 과정과 역할을 충실히 수행했으며, TSMC의 차세대 기술 배포 역량을 예외로 하면 대부분의 기업들이 저마진의 지원 역할에 만족해야 했습니다. 그러나 이제 최종 소비재 브랜드의 상대적 가치는 점차 감소하고 있으며, 이러한 현상은 자본주의 체제와 미국 및 서구의 성공적인 기업들이 보여준 승자독식의 비즈니스 논리와 완벽하게 일치하는 방향으로 전개되고 있습니다. (자본주의의 종점이야말로 독과점이라고 말할 수도 있습니다.)

하지만 아시아인의 DNA를 가진 엔비디아는 이러한 일반적인 기업 행태와는 상당히 다른 길을 걷고 있습니다. 젠슨 황이 종종 엔비디아와 TSMC의 특별한 관계를 강조하며, 1년에 서너 번이나 대만을 정기적으로 방문하는 것은 글로벌 비즈니스 리더로서는 매우 이례적인 행보입니다. 그는 분명히 장기적이고 전략적인 동맹 관계를 구축하기 위한 명확한 목적을 가지고 대만을 찾고 있습니다. 그는 전체 공급망이 엔비디아의 거시적 사업 전략과 완벽하게 일치하도록 하기 위해 TSMC뿐만 아니라 폭스콘, 위스트론과 같은 대형 제조업체들과도 긴밀한 협력 관계를 구축해야 함을 잘 인식하고 있습니다. 애플, 마이크로소프트, 아마존, 구글과 같은 글로벌 기술 기업들도 대만에 상당한 규모의 팀을 운영하고 있지만, 엔비디아는 대만의 제조 역량과 전략적 가치를 진정으로 이해하고 전체 공급망을 자사의 비즈니스 모델에 효과적으로 통합한 극소수의 초거대 기업 중 하나로 평가받고 있습니다.

2000년, 빌 게이츠는 세계 정보기술 컨퍼런스^{WCIT, World Congress on Information Technology}에서 기조연설을 하기 위해 대만을 방문했으며, 2009년에는 마이크로소프트의 두 번째 CEO였던 스티브 발머^{Steve Ballmer}가 하루 일정으로 대만을 찾았습니다. 이는 마이크로소프트의 최고경영자가 대만을 두 번 방문한 역사적 기록으로 남아있습니다. 그러나 얼마 전 CEO 자리에서 물러난 인텔의 팻 겔싱어는 한 해에만 세 차례나 대만을 방문하면서 TSMC에 맞설 수 있는 전략적 동맹과 새로운 비즈니스 메커니즘을 모색하고, 대만 내 소비자 및 파트너와의 관계를 강화하려는 적극적인 노력을 기울였습니다. 그럼에도 불구하고 인텔의 공식 보도 자료만으로는 인텔이 대만의 공급망을 어떻게 더 혁신적이고 효과적으로 활용할 수 있을지에 대한 명확한 전략을 파악하기 어렵습니다. AMD의 CEO인 리자 수가 여러 인터뷰와 동영상에서 자신이 대만에서 태어났다는 사실을 자주 언급하는 것 또한 의미심장합니다. 이러한 언급이 실제로 어떤 전략적 의미를 내포하는지는 확실하지 않지만, 그녀의 대만 뿌리가 비즈니스 결정에 일정한 영향을 미치고 있다는 사실은 부인하기 어렵습니다. 글로벌 기술 공급 시스템에서 대만의 숨겨진 전략적 가치는 과거 '보이지 않는 챔피언Invisible Champion'에서 서서히 그 실체가 드러나기 시작했고, 이제는 세계 최고의 기술 기업들이 서로 경쟁하면서도 협력해야 하는 핵심적인 전략적 파트너로 그 위상이 확고히 자리매김하고 있습니다.

요컨대, 전통적인 글로벌 기술 대기업들이 주로 최종 소비자 서비스에 집중하는 동안, 새로운 세대의 기술 대기업들은 공급망의 숨겨진 전략적 가치를 적극적으로 활용하는 방향으로 나아가고 있으며, SK하이닉스와 다양한 서버 제조업체를 비롯한 아시아 기업들이 세계 무대에서 핵심 플레이어로 급부상하고 있습니다. 델, 레노버, 에이서, 아수스, 파나소닉, 소니, 삼성, LG와 같은 전통적인 시스템 제품의 브랜드 벤더들은 완전히 사라지지는 않겠지만, 하드웨어와 소프트웨어의 통합, 특화된 틈새 시장, 그리고 지역 시장에서의 경쟁력을 유지하려는 시스템 통합업체로 점진적으로 변화해 나갈 것으로 전망됩니다.

글로벌 기술 산업이 완전히 뒤집힌 것은 아니지만, 과거와는 근본적으로 다른 방식으로 세분화되고 구조적으로 재편되고 있는 것은 분명합니다. 이러한 변화는 인텔과 마이크로소프트뿐만 아니라 일본의

소니, 한국의 삼성과 LG 등 수많은 글로벌 기업들에 중대한 전환점이
될 것이며, 이들 기업은 앞으로 나아갈 전략적 방향에 대한 깊은 고민
과 도전에 직면하고 있습니다.

저는 항상 "모든 기술은 신뢰할 수 없으며, 유일하게 신뢰할 수 있
는 것은 새로운 기술을 배우는 능력 뿐"이라고 강조해 왔습니다. 현재
대만 비즈니스의 핵심적인 강점은 대만이 개인용 컴퓨터, 인터넷, 모바
일 통신, 빅데이터, 그리고 AI 분야에 이르기까지 모든 주요 기술 혁명
의 흐름에서 없어서는 안 될 필수적인 플레이어로 자리매김했다는 점
입니다. 비록 개별 기업 차원에서는 엄청난 수익을 거두지 못하더라도,
대만 경제 전체적으로는 이익이 비교적 고르게 분배되어 지속가능한
성장과 발전을 뒷받침하고 있습니다. 그럼에도 불구하고 대만이 단순
히 안정적인 운영만을 추구하는 데 그치는 것이 아니라, 글로벌 공급망
에서 더 높은 가치 제안과 지배적인 위치를 확립할 수 있는 방법에 대
한 포괄적이고 심층적인 전략적 담론이 반드시 필요한 시점입니다.

과거 대만의 정교한 공급망과 그 핵심 기반이 되는 반도체 산업은
주로 생산 효율성과 비용 절감을 추구하던 미국의 선도적 기술 기업들
에 의해 전략적으로 구축되었습니다. 닷컴 시대에 압도적인 성공을 거
둔 글로벌 브랜드 기업들은 대부분 강력한 브랜드 충성도와 활발한 사
용자 커뮤니티를 구축하는 것에서 출발하여, 점차 클라우드 서비스로
사업 영역을 확장함으로써 보다 완벽하고 통합된 정보 및 데이터 서비
스 시스템을 제공하는 방향으로 발전해왔습니다.

그러나 서비스와 소프트웨어에 지나치게 집중하는 유럽과 미국

제조업체들의 비즈니스 전략은 확실히 단기적인 기업 가치를 극대화할 수는 있었지만, 백엔드 공급망, 제조 프로세스, 그리고 핵심 원천 기술을 육성하는 데 상대적으로 소홀했던 기업 문화로 인해 결과적으로 미국의 첨단 제조 산업 역량에 중대한 공백이 발생하게 되었습니다. 이러한 산업적 단절은 세계 최고의 제조 강국이었던 인텔과 마이크론 Micron과 같은 미국 기업들에 심각한 영향을 미쳤을 뿐만 아니라, 미국에 건설 중인 TSMC와 삼성의 첨단 생산 시스템의 효율적인 운영에도 적지 않은 도전 요소로 작용하고 있습니다.

동시에 대만 기업인들이 보여준 생산 학습 곡선에 대한 묵묵하고 불평 없는 헌신적인 노력은 선도 산업과 비선도 산업 간의 경쟁력 격차를 더욱 확대하는 핵심 요인이 되었습니다. 현 단계에서 대만이 갖는 독보적인 산업적 우위는 50년 전에 시작된 RCA Radio Corporation of America 기술 이전 프로그램과 초기 DIY PC 시장에서의 풍부한 경험, 대만의 우수한 기술 인재 풀, 높은 인구 밀도가 가져오는 긴밀한 협업 네트워크, 그리고 이 모든 것을 뒷받침하는 탄탄한 자본 시장의 지원에서 비롯된다고 볼 수 있습니다.

과거에는 시가총액이 수조 달러에 달하는 거대 기술 기업들이 주로 최종 소비자와 핵심 고객에게 서비스를 제공하는 데만 주력했지만, 이제는 '통합과 독점적 지위'를 적극적으로 추구하면서 급변하는 기술 환경에 신속하게 대응하고 항상 한발 앞서 나갈 수 있는 혁신적인 생산 메커니즘을 구축할 수 있는 전략적 파트너와 함께 자사의 브랜드와 사업 모델을 근본적으로 재정비하고 있습니다. 진정한 기술 생태계를 구축하기 위해서는 문화적 배경과 경영 이념이 비슷한 대만 기업들을 찾는 것이 여전히 가장 현명한 선택으로 평가받고 있습니다. 역사적으로 늘 그래왔듯이 대만의 OEM 기업들은 글로벌 기술 기업들에 여전히 무해하고 신뢰할 수 있는 전략적 파트너로 인식되고 있으며, 이러한 상황을 종합적으로 고려할 때 향후 10년은 대만 기술 산업의 진정한 황금기가 될 것으로 전망됩니다.

얼마 전 애플이 자사의 전기차 개발 프로그램을 전격적으로 중단한다고 발표했을 때도 주가는 거의 영향을 받지 않았는데, 이는 애플의 규모에서 볼 때 해당 프로젝트가 단지 수십억 달러 규모의 투자에 불과했기 때문입니다. 한편 테슬라는 여전히 글로벌 전기차 시장을 선도하고 있으며, 일론 머스크는 여전히 세계에서 가장 부유한 인물로서, 트럼프 행정부의 핵심 조언자이자 스페이스X SpaceX와 같은 혁신적인 우주 탐사 기업에 대규모로 투자할 수 있는 자금력을 보유하고 있습니다. 머스크는 최근 미국 대선에서 트럼프 진영으로부터 높은 찬사를 받았으며, 테슬라의 시가총액은 2024년 말까지 다시 1조 달러를 돌파할 것으로 전망되고 있습니다. 심지어 그는 트럼프 대통령과 우크라이나의 젤렌스키 대통령 간의 국가 간 중요 대화에도 참여하는 전례 없는 영향력을 행사하고 있습니다. 고관으로 임명된 기업가는 고대 중국에서도 종종 있었고 현대 미국에서도 매우 걸출한 카게무샤*가 되었으니

---

* 역주: 카게무샤, 일본 전국 시대에 영주의 암살 시도를 방지하기 위하여 활동하던 대역을 말한다. 구로자와 아키라 감독의 영화 제목으로 유명하다.

● AI가 가져온 폭발적 시장 및 가치 사슬 조정의 계기

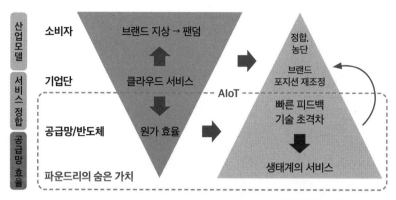

앞으로 그의 존재가 양안 관계의 중요한 변수가 될 것으로 예상됩니다.

미국의 거대 기술 기업들 뒤에서 전략적으로 자리매김하고 있는 대만 기업들은 AI 시대가 가져올 수 있는 모든 잠재적 비즈니스 기회를 예리하게 주시하고 있습니다. 위스트론은 2025년까지 자사 매출의 절반 이상이 서버 사업에서 발생할 것이라고 공식 발표했으며, 대만의 주요 증권사들은 '제2의 위스트론'이 될 잠재력을 가진 기업들을 지속적으로 발굴하고 있습니다. 물론, 위스트론처럼 AI 비즈니스 기회를 잡은 회사가 한 곳만 있는 것은 아니며 콴타, 페가트론, 폭스콘 등도 있습니다. 컴퓨텍스 타이베이 2024에서 젠슨 황은 협력사를 위한 연회를 주최했는데, 전자 5대 기업 중 유일하게 컴팔이 보이지 않았습니다. 컴팔의 천루이총陳瑞聰 대표는 용감하게 경쟁에 도전장을 내밀며 향후 3년 내에 글로벌 3대 AI 서버 기업 중 하나로 성장하겠다는 야심 찬 목표를 선언하기도 했습니다. 물론 대만 기업들이 항상 모든 전략적 결정에서 성공을 거두는 것은 아니며, 콤팔의 전략이 실패로 끝나더라도 다른 대만 기업이 그 바통을 이어받거나, 아니면 콤팔 자신이 산업 생태계 내에서 새로운 역할을 찾아낼 가능성이 높습니다. 대만 개미 군단의 장점은 이리 결정하든 저리 결정하든 결국 선택되는 것은 대만 기업이라는 것입니다.

엔비디아의 칩셋, 고성능 기판, 그리고 표준화된 시스템은 폭스콘과 위스트론에서 생산되며, 특히 위스트론은 서버 분야에서 세계적인 선두 기업으로 자리매김하고 있습니다. 플렉시블 PCB 대기업인 ZDT^{臻鼎科技}의 동사장 천칭팡^{沈慶芳}이 저에게 주요 글로벌 기술 기업들의 신제품을 보여주었는데, 이들 신제품의 회로 기판 중 상당수가 JDT에서 만든 것이었습니다. 비록 '살코기는 미국 기업이 차지하고 국물은 대만 기업이 마시는' 미국 기업 횡포형 비즈니스이지만, 대만의 생태 시스템은 모든 참여 기업이 혜택을 공유할 수 있기에 대만이 '경쟁력의 왕도'를 키워야 한다고 강조한 스천룽^{施振榮}의 말을 다시 한번 되새기게 됩니다.

2023년 세계 경기 침체 이후, 전자 산업 전반은 마치 오랜 가뭄 끝에 내리는 단비처럼 경기 반등의 신호를 간절히 기다리고 있습니다. 그러나 이러한 회복 기대 속에서도 미국에 본사를 둔 파운드리 기업인 글로벌파운드리^{GF, GlobalFoundries}는 지속적인 매출 감소와 수익성 악화라는 이중의 압박에 직면해 있습니다. 실리콘밸리에 본사를 두고 미국, 독일, 싱가포르 등 3개 대륙에 걸쳐 생산 시설을 운영하고 있는 GF는 주요 글로벌 파운드리 업체들 중에서도 상대적으로 가장 낮은 기술적 신뢰도를 보이고 있는 것이 현실입니다. 한편, 중국의 국가 반도체 산업의 상징으로 자리매김한 반도체 제조 인터내셔널SMIC, Semiconductor Manufacturing International Corporation은 수익성 측면에서 여전히 저조한 실적을 보이고 있으며, 글로벌 반도체 산업에서 가장 고립된 위치에 놓인 파운드리 기업으로 평가받고 있습니다. SMIC는 2024년에도 약 75억 달러 규모의 대규모 자본 지출 계획을 유지하겠다는 의지를 표명하고 있지만, 2025년 이후 중국의 반도체 장비 투자 강도에 대해서는 업계 전문가들 사이에서 낙관적인 전망을 찾아보기 어려운 실정입니다.

글로벌 노트북 시장의 동향을 분석하는 데 있어 세계 1위 노트북 제조업체인 콴타의 실적을 중요한 벤치마크로 활용하고 있는데, 콴타의 최근 재무 보고서는 기업의 성과가 AI 관련 비즈니스와 매우 밀접하게 연관되어 있음을 명확히 보여주고 있습니다. 대만의 파운드리 산업 전반은 AI 주도의 새로운 시대가 던지는 근본적인 변화와 도전에 적극적으로 대응하고 있습니다. 미국 기술 산업이 미국 경제 전체에 얼마나 많은 실질적 혜택을 제공했는지에 대한 평가는 다양한 관점에서 이루어지고 있지만, 반도체를 중심으로 한 기술 산업이 대만 경제의 성장과 발전에 지대한 기여를 했다는 사실은 의심의 여지가 없습니다. 대만의 대량 생산 제조업체들의 경우 총매출은 크게 증가하지 않았을지 모르지만, 이들의 총이익 및 순이익이 글로벌 공급망 뒤에서 꾸준히 증가하고 있다는 사실은 글로벌 가치 사슬 내에서 대만 기업들의 전략적 중요성과 가치가 지속적으로 상승하고 있음을 의미하며, 대만은 산업의 긍정적 효과를 전체 사회와 경제 커뮤니티로 효과적으로 확산시키는 데 성공하고 있습니다.

대만 반도체 업계를 '네덜란드 병*'과 비교하는 사회적 비판은 다소 편향된 시각이라고 할 수 있습니다. 튤립은 생활 필수품이 아니지만, 반도체 및 ICT 공급망은 대만 경제를 지탱할 만큼 가치 있고 규모가 클 뿐만 아니라 전망이 좋아 지속적인 성장을 기대할 수 있습니다.

CPU 시장의 판도를 살펴보면, 선두주자였던 x86 프로세서가 ARM 진영의 도전을 받고 있습니다. 2024년 ARM의 매출이 처음으로 30억 달러를 돌파하고, 자체 설계한 마이크로프로세서를 TSMC가 위탁 생산할 것이라고 밝히는 등 이미 클라우드와 단말 두 영역에서 ARM 진영에 가까워진 기업들이 힘을 합쳐 기회를 공략하고 있는 상황입니다. 북미와 대만 간의 공급망을 지원하기 위해 ARM은 대만 총경리인 정즈광曾志光을 미국 본사로 전보하여 국경 간 파트너십 조정을 담당하게 했는데, 이는 과거 다국적 기업에서 대만인 간부의 승진 노선과는 상당히 다른 모습입니다.

건전한 내부 경쟁은 궁극적으로 더 강력한 산업 경쟁력을 창출할 것입니다. TSMC가 최첨단 반도체 칩 제조 분야를 사실상 독점하고 있다면, 운영 체제 및 마이크로프로세서 아키텍처 사양 측면에서는 여전히 미국 기술 기업들이 가장 중요한 위치를 차지하고 있습니다. 인텔은

---

*   역주: 경제학 용어인 'Dutch disease'를 말하며, 특정 산업(주로 천연자원 수출)의 급성장이 오히려 국가 경제 전체에 부정적인 영향을 미치는 현상을 가리킨다. 대만에서 최근 사회적으로 논의되고 있다.

수십 년 동안 x86 CPU 시장의 절대적인 선두주자였습니다. 그러나 마이크로소프트는 NPU 컴퓨팅 기능에서 새로운 사업 기회를 포착했고, 이에 마이크로소프트와 퀄컴은 WOA$^{\text{Windows on ARM}}$ 시장 개척을 위해 전략적 제휴를 맺었으며, 새로운 비즈니스 기회에 예민하게 반응하는 대만의 미디어텍 또한 이 흐름에서 뒤처지지 않기 위해 적극적으로 움직이고 있습니다. 산업의 게임 룰이 근본적으로 변화하고 새로운 사업 기회가 등장했을 때 가장 많은 어려움과 도전에 직면하는 기업은 과거의 선도자였던 기업들이라는 패턴이 반복되고 있습니다. 미국의 인텔이 그러했고, 일본의 도요타나 독일의 폭스바겐이 전기차 시대를 대면하면서 그러한 것처럼 말입니다.

유럽의 사회적 진화

과거 유럽의 계몽주의, 르네상스, 종교 개혁이 인류 문명의 발전을 이끌어 온 핵심 동력이었듯, 저는 여전히 깊이 있는 지식과 건전한 도덕적 가치에 기반한 사회적 진화가 AI 시대에 우리가 직면한 수많은 복잡한 질문들에 대한 적절한 해답을 제시할 수 있을 것이라고 굳게 믿고 있습니다. 그렇다면 유럽은 앞으로 어떻게 아시아인과 아시아 기업들을 새롭게 이해하고, 대만을 효과적으로 활용하여 유럽 산업이 현재의 발전적 난관에 직면했을 때 미래를 향한 핵심 동력으로 삼을 수 있을까요?

브렉시트Brexit 이후 새롭게 변신한 영국은 고비용의 첨단 반도체 경쟁에 본격적으로 뛰어들지 않겠다고 공식 발표했지만, 여전히 다수의 역량 있는 웨이퍼 제조 시설을 보유하고 있습니다. 프랑스는 영국과 같은 접근법을 취하지 않겠다고 밝혔지만, 대신 재생에너지 발전 분야에 국가적 역량을 집중할 예정입니다. 대만과 상대적으로 우호적인 외교 관계를 유지하고 있는 체코와 리투아니아는 대만을 향해 적극적인 협력의 손길을 내밀고 있지만, TSMC는 유럽 시장에 효과적으로 서비스를 제공하기 위해서는 보다 큰 규모의 전략적 플랫폼이 필요하며, 단순히 정치적 이념과 반도체 산업을 희망적으로 결합하는 접근법은 실질적인 산업 발전 로직과 일치하지 않는다는 점을 모든 관계자들이 잘 인식하고 있습니다. 체코와 리투아니아는 무인 항공기(드론) 개발 분야에서 대만과 전략적으로 협력하기 위해 우수한 엔지니어링 인력 자원을 제공할 수 있지만, TSMC와 실질적이고 규모 있는 협력 관계를 구축할 수 있는 유럽 국가는 당연히 현지 첨단 기술 및 자동차 산업이 번영하고, 경제적 역량이 어느 국가에도 뒤지지 않는 독일이 될 것입니다.

독일은 세계적인 자동차 산업 강국으로서 메르세데스Mercedes, BMW, 폭스바겐과 같은 세계 최고 수준의 자동차 브랜드를 보유하고 있습니다. 그러나 독일은 최근 몇 년 동안 중국산 전기차의 급속한 시장 침투로 인해 상당한 어려움을 겪고 있습니다. 과거 전통적인 내연기관 자동차 시장에서 세계 1위를 차지했던 폭스바겐은 점차 축소되고 있는 중국 시장에서의 입지를 유지하기 위해 독일 본토의 일부 공장을 폐쇄하는 극단적 방안까지 심각하게 검토하고 있는 상황입니다.

이와 관련하여 폭스바겐의 최고 재무 책임자는 기업의 근본적인 구조조정을 위한 시간이 1~2년밖에 남지 않았다고 심각하게 경고한 바 있습니다.

현재 중국 경제 자체도 부동산 침체, 청년 실업, 소비 부진 등 다양한 경제적 어려움에 직면해 있으며, 이러한 상황에서 더 많은 생산 공장을 추가로 건설하여 제품을 해외로 대량 수출하는 전략은 세계 주요 국가들과 중국 간의 무역 관계를 더욱 긴장된 상태로 악화시킬 가능성이 높습니다. 폭스바겐의 독일 내 공장 폐쇄 고려 소식은 독일 사회 전체에 큰 충격과 우려의 파장을 일으켰습니다. 세계적 수준의 완벽한 자동차 산업 생태계와 인피니언, 자이스, 보쉬와 같은 최고의 기술 기업들을 보유한 독일이 중국에 대한 산업 및 무역 정책을 점진적으로 조정할 수밖에 없는 상황에 내몰리고 있다는 사실을 쉽게 이해할 수 있습니다.

독일 바이로이트Bayreuth 오버코헨Oberkochen에 본사를 둔 자이스 그룹은 소비자 광학, 의료 기술, 현미경 및 산업 측정 장비, 그리고 가장 큰 매출 비중을 차지하는 반도체 제조 기술 사업부의 네 가지 핵심 사업 부문으로 구성되어 있습니다. 반도체 제조 기술 사업부에만 7,500명 이상의 전문 인력이 근무하고 있으며, 이 중 2,500명 이상의 엔지니어와 과학자들이 오늘날 TSMC와 삼성이 3nm 기술을 획기적으로 발전시키는 데 핵심적인 역할을 담당한 극자외선EUV, Extreme Ultraviolet 및 고개구 극자외선High-NA EUV 기술 개발에 전념하고 있습니다.

현재 전 세계에서 생산되는 첨단 반도체 웨이퍼의 80% 이상이 네

딜란드의 전략적 파트너인 ASML의 미세 이미징 시스템을 통해 제조되고 있으며, 이러한 미세 이미징 시스템에서 가장 중요한 핵심 구성 요소는 자이스 반도체 제조 부문이 개발한 최첨단 광학 렌즈 시스템입니다. 차세대 고개구율 EUV 기술과 함께 발전하는 EUV 시스템의 정밀한 광학적 투영 기술을 통해 앞으로 반도체 칩에 집적될 수 있는 트랜지스터의 수는 기하급수적으로 더욱 증가할 전망입니다.

미지의 영역을 향한 도전

1970년대 초에 시작된 자이스의 반도체 관련 사업은 현재 회사의 4개 주요 사업부 중에서 규모와 전략적 중요성 측면에서 가장 큰 비중을 차지하고 있습니다. 2024년 독일에서 자이스가 주최한 기술 전시회에서 저는 특별히 콴타의 품질 관리자인 웨이즈장魏智章과 함께 반도체용 EUV 장비를 생산하는 첨단 공장을 방문하여 자이스의 최고 기술 책임자인 토마스 슈탐러Thomas Stammler 박사를 만나 놀라운 광학 렌즈 시스템에 대한 전문적인 가이드 투어를 경험할 수 있는 특별한 기회를 얻었습니다. 글로벌 반도체 기술 발전 동향에 대한 최고 전문가들의 통찰력 있는 견해를 현장에서 직접 듣고 배울 수 있다는 것은 마치 보물산에 들어선 것과 같은 벅찬 감동을 안겨주었습니다.

독일의 전통적인 장인 정신을 대표하는 '마이스터Meister'의 설명은 제가 그동안 간접적으로 접했던 다양한 기술적 데이터와 정보를 직접적으로 확인하고 검증할 수 있는 소중한 기회였습니다. 우리는 모두 EUV 장비가 매우 고가의 첨단 장비라는 사실을 잘 알고 있으며, 그 비용의 약 3분의 1이 반도체 기술 발전의 핵심적인 동력원인 자이스의 혁신적인 광학 기술 덕분에 발생한다는 사실 또한 업계의 공공연한 비밀입니다.

우리 모두는 이제 '알려진 영역에서 미지의 세계로From the known to the unknown' 과감하게 나아가고 있습니다. 178년의 풍부한 역사를 가진 자이스는 1970년대 초부터 반도체 장비 개발에 적극적으로 참여해 왔으며, 현재의 첨단 EUV 장비 기술은 10년 이상에 걸친 끊임없는 노력과 수많은 실패와 좌절을 극복한 값진 결실이라고 할 수 있습니다.

EUV 장비의 핵심 기술은 크게 세 가지 주요 요소로 구성되어 있습니다. 광원 기술 외에도 자이스가 개발한 고정밀 광학 렌즈와 독일의 또 다른 주요 제조업체인 트룸프TRUMPF의 정밀 계측 시스템이 중요한 구성 요소입니다. 광학 기술을 통해 지속적으로 물리적 한계를 탐구하는 것은 상대적으로 '알려진' 영역에 속하지만, 오늘날 우리는 훨씬 더 복잡하고 다차원적인 '미지의' 세계에 직면하고 있기 때문에 모든 업계 관계자들이 물리학의 근본적인 한계를 탐구하는 데 있어 세심한 주의와 신중함을 기울이고 있습니다. 점점 더 발전된 입자 가속기 기술은 반도체 기반 컴퓨터의 성능 한계를 예측하기 어렵게 만들었으며, 다양한 종류의 첨단 계측 및 노광 기술 또한 AI 지원 시스템의 발전으로 인해 과거에는 상상하기 어려웠던 예측 불가능한 가능성의 영역을 창출해내고 있습니다.

저는 EUV 장비를 다른 국가나 기업이 복제할 가능성이 얼마나 되는지, 그리고 그것이 가능하다면 어떤 방법으로 실현될 수 있을지에 대해 직접적으로 질문을 던졌습니다. 이에 대해 자이스의 최고 기술 책임자인 슈탐러 박사는 미소를 지으며 "5년, 10년, 심지어 20년까지도 걸릴 수 있습니다"라고 말했습니다. 과거에는 기업 간 경쟁이 비교적 '선형적'인 구조로 이루어졌다면, 앞으로는 다양하고 서로 복잡하게 얽혀 있는 산업 생태계가 형성될 것이며, 시장 선도 기업들은 자체 개발한 독자적인 기술력과 전략적 파트너십을 효과적으로 결합함으로써 경쟁사와의 기술적 격차를 더욱 쉽게 확대해 나갈 수 있을 것입니다. 차세대 EUV 장비는 현재 막 생산 공장에 투입되기 시작한 고개구율 극자외선$^{High-NA\ EUV}$ 기술이며, 2030년경에는 하이퍼스케일 EUV^{Hyperscale} ^{EUV}라고 불리는 그 다음 세대의 혁신적인 EUV 장비가 시장에 출시될 예정입니다.

커브길에서 자동차를 추월하는 것*은 '꿈'이지만 커브길에서 자동차가 전복되는 것은 '현실'입니다. 앞으로 10년, 20년 후 우리는 인공지능과 양자 컴퓨팅 기술이 유기적으로 결합된 완전히 새로운 기술적 패러다임을 맞이하게 될 것입니다. 오늘날 우리가 획기적인 대도약이라고 생각하는 것이 역사적 관점에서는 사실 작은 진전에 불과할 수도

---

*   역주: 자동차가 경주할 때 커브에서 선두 차량은 속도를 늦추게 되며 이때 후발 차량이 앞서 나갈 수 있다는 것으로 중국에서 후발 기술 기업이 선발 선도 기업의 기술이나 성과를 따라잡을 수 있다는 의미로 자주 사용되는 말이다.

있습니다. 어떤 기업이나 국가는 기술적으로는 특정 혁신을 달성할 수 있을지 모르지만, 그것이 상업적으로 실행 가능하고 지속 가능한 모델이 되지 못할 수도 있습니다. 이처럼 소프트웨어 애플리케이션 플랫폼과 하드웨어 제조 역량 사이에는 여전히 분명한 전략적 격차가 존재하고 있습니다.

스마트 팩토리를 향한 디지털 트윈과 AI 통합 전략

품질은 모든 제조업의 근본적인 기초입니다. 일반적으로 기업은 연구 개발 부서에서 제품 기획을 시작하여 생산 부서, 공급 업체 및 고객과의 긴밀한 공동 노력을 통해 6시그마Six Sigma의 품질 표준 요구사항을 달성하고, 최종적으로 무결점 생산을 목표로 소비자와 사용자 앞에 완성된 제품을 선보입니다. 그러나 심각한 인력 구조 변화와 제품 다양화라는 현실적 도전에 직면한 상황에서, 제조업체가 첨단 생산 관리 기술을 효과적으로 활용하여 무결점 무인 공장이라는 미래 지향적 목표를 달성하는 방법은 현 단계의 스마트 제조 분야에서 가장 중요한 전략적 과제로 부상하고 있습니다.

베를린에서 개최된 자이스 이노베이션 서밋 현장에서 회의에서 폭스콘의 CTO인 스저史喆는 폭스콘의 미래 지향적인 스마트 팩토리 전략과 구체적인 실행 계획에 대해 상세히 설명했습니다. 요약하자면, 폭스콘은 증강현실AR, 적외선IR, 혼합현실MR 기술을 기반으로 모든 공장 생산 데이터를 디지털로 복제하고 이를 실시간으로 통합적으로 연결하는 시스템을 구축하고자 합니다. 폭스콘은 이러한 종합적인 디지털 운영 방식이 전체 설비 간의 효율적인 학습을 가능하게 함으로써 생산 오류를 최소화하고 전반적인 운영 효율성을 극대화할 것으로 확신하고 있습니다. '디지털 학습Digital Learning' 패러다임은 단순히 개별 소비자와 최종 사용자에게만 적용되는 개념이 아니라, 공장의 자동화 시스템과 데이터를 효과적으로 활용하는 통합 관리 메커니즘에서 훨씬 더 깊고 광범위한 전략적 의미를 갖게 됩니다.

2020년 코로나19 팬데믹 이후 몇 년 동안 대만의 제조 기업들은 지정학적 리스크 회피, 국내 회귀 투자Reshoring 확대 등 다양한 전략적 고려사항을 바탕으로 스마트 제조 기술 도입에 적극적으로 나서며 신흥 경쟁국들과의 기술적 격차를 더욱 확대해 나가고 있습니다. 대만 제조업의 글로벌 확장은 지속적으로 가속화되고 있으며, 이제 대만 기업들이 직면한 주요 문제는 더 이상 단순한 기술적 도전이 아니라 복잡한 지정학적 변수, 급격한 산업 구조 변화, 그리고 장기적 관점의 전략적 포지셔닝에 관한 문제로 진화하고 있습니다. 폭스콘은 세계 최대 규모의 전자 제품 생산 시스템을 보유하고 있지만, 동시에 노동력 관련 문제와 제품 포트폴리오 다각화의 압력에 가장 직접적으로 노출되어 있기 때문에, 산업 전반의 관점에서 볼 때 폭스콘의 디지털 트윈 생산 시스템 전략으로부터 배울 수 있는 교훈과 인사이트가 매우 풍부합니다.

네트워크 서비스를 전면에 내세워 글로벌 시장을 장악한 거대 기술 기업들 외에도, 탄탄한 제조 기반을 갖춘 기업들 역시 미래 기술 시장의 필수적인 핵심 플레이어로 자리매김하고 있습니다. 시장이 일정 규모 이상으로 성장하면, 실질적으로 보편적 가치를 창출하는 진정한 주인공은 결국 실물 제조 역량과 혁신적인 제품 공급 능력을 갖춘 기업들입니다. 이러한 현상은 수십만 명의 제조 인력을 고용하고 있는 대만의 선도적인 기업들에도 동일하게 적용되며, 전 세계적으로 43,000명 이상의 직원을 보유하고 첨단 광학 분야의 기술적 병목 현상을 극복하기 위해 끊임없이 노력하고 있는 자이스와 같은 독일의 정밀 기술 기업들도 마찬가지입니다.

세계에서 가장 성공적인 '장인 정신Craftsmanship'의 대표 주자로서 독일과 대만의 제조업에서 발견한 본질적인 가치와 철학을 전 세계와 공유할 수 있게 된 것은 진정으로 자랑스러운 일입니다. 역사는 단순히 반복되는 것이 아니라, 유사한 상황과 맥락 속에서 새로운 형태로 변주되어 나타나는 경우가 많습니다.

독일 튀링겐 지역의 약 5,000km²에 이르는 웅장한 검은 숲은 종교 개혁가 마틴 루터Martin Luther와 철학자 가우디움Gaudium이 성장한 역사적인 땅입니다. 아름다운 라인강 유역에서 생산되는 고품질 화이트 와인의 대명사인 리슬링Riesling부터 중세 시대의 분위기를 고스란히 간직한 매력적인 도시 로텐부르크Rothenburg에 이르기까지, 독일은 인간미와 역사적 깊이가 넘치는 국가입니다.

그러나 현실적으로 중국의 급속한 경제적, 기술적 부상은 전통적인 산업 강국인 독일, 영국, 네덜란드에 심각한 도전이 되고 있습니다. 복잡한 현실적 압박에 직면한 독일은 중국산 전기차에 대한 높은 관세

부과 안건에 감히 찬성표를 던지지 못하는 딜레마에 빠져 있으며, 자체적인 첨단 산업 기반이 약한 헝가리와 같은 국가들은 중국의 직접 투자가 단기적인 경제적 이익을 가져다주기를 기대하고 있습니다. 반면에 이탈리아와 체코 같은 잠재적 산업 국가들은 중국과의 협력이 장기적인 산업 발전의 자생적 기회를 희생시킬 수 있다는 전략적 우려도 제기하고 있습니다. 각국의 경쟁 구도와 산업 발전의 우선순위가 서로 다른 복잡한 상황에서, '중국 요인'은 향후 10년간 세계 산업 시스템의 근본적인 재구성 과정에서 가장 중요한 핵심 변수로 작용할 것입니다.

유럽 연합의 산업 국가들이 중국에 대한 지속 가능한 기술적 우위를 확보하기 위해서는 동북아시아의 대만, 일본, 한국과 같은 첨단 기술 강국들과의 전략적 협력 관계를 강화하는 것이 최선의 해결책이 될 것입니다. 동북아시아 국가들은 자국의 공급망을 유럽의 기술적 역량과 효과적으로 연계시킬 필요가 있으며, 다가오는 10년 동안 유럽 지역의 현지 수요 특성, 생산 구조, 그리고 산업 포지셔닝에 대한 체계적인 전략적 이해를 발전시켜 나가야 합니다. 미국과 독일 모두 '노동조합' 관련 이슈에 직면해 있지만, 근본적인 문제는 노동조합 자체가 아니라 고용주와 노동계 사이의 소통 과정에서 합리적인 논의와 상호 이해의 기반이 부족하다는 점에 있습니다. 대만 기업들은 일반적으로 유럽 시장에 대한 심층적 이해도가 상대적으로 낮기 때문에, 향후 유럽 기업과의 협력 추진 과정에서 이에 대한 전략적이고 체계적인 접근법을 개발하는 것이 필수적입니다.

tsmc, TRUMP EFFECT

2부

반도체 100년,
외롭지 않은 여정

세계 반도체 산업의 중심에 서 있는 대만의 성공은 우연이 아닌 전략적 선택과 오랜 노력의 결과입니다. 지리적 크기에 비해 불균형적으로 큰 경제적 영향력을 가진 대만은 특히 글로벌 반도체 공급망에서 핵심적 위치를 차지하고 있습니다. 1960~1970년대 미국 원조 종료와 외교적 고립이라는 위기 상황에서 대만은 전자산업과 반도체 산업에 집중 투자하는 장기적 비전을 세웠고, 이는 오늘날 TSMC가 '호국신산護國神山'으로 불리는 결과로 이어졌습니다.

대만은 중소기업의 유기적 네트워크와 클러스터 중심의 상향식 발전을 추구했습니다. TSMC와 같은 기업의 성공은 기술 혁신뿐만 아니라 효율적인 자본 관리와 글로벌 파트너들과의 효과적인 협력 체계 구축에 기인합니다. 현재 반도체 산업은 TSMC를 중심으로 한 대만,

첨단 기술 우위를 지키려는 미국, 급부상하는 중국, 그리고 틈새를 노리는 한국과 일본 등 다양한 국가들이 치열한 경쟁을 벌이고 있습니다.

그러나 반도체 산업은 본질적으로 상호의존적이며, 파운드리, EMS, IC 설계, 장비 제조 등 가치사슬의 각 단계가 긴밀하게 연결되어 있어 국경을 초월한 협력을 요구합니다. 2030년에 1조 달러 규모에 이를 것으로 예상되는 글로벌 반도체 시장은 단일 기업이나 국가가 독점할 수 있을까요? 파운드리, 설계, 메모리, 장비, 소재 등 다양한 분야의 기업들이 자신의 핵심 역량에 집중하면서도 글로벌 협력 네트워크를 구축할 때, 비로소 AI와 디지털 전환이 요구하는 혁신적 반도체 솔루션이 가능해지지 않을까요?

2024년은 불확실성의 해였습니다. 전염병이 진정되자, 재택근무 보너스와 정부 보조금이 더 이상 제공되지 않았습니다. 그리고 AI의 물결이 전세계를 휩쓸면서 세계적인 기술을 이끌어가는 대기업 9곳의 손에 새로운 부가 쌓이고 있습니다. 세계 무대는 미국과 함께 춤을 추고 있고, AI와 반도체라는 주류 열차를 타지 못한 국가들의 많은 유명 기업들이 대규모 기술 발전 프로젝트를 발표하고 있습니다. 이렇게 글로벌 반도체 기업들의 경쟁과 협력이라는 여정이 진행되는 가운데, 진정한 승자는 누가 될까요?

3장

선택된
나라

지질학적으로 대만은 유라시아판의 동쪽 경계에 위치하며, 이는 서쪽 경계에 있는 아이슬란드와 함께 세계의 양 끝단을 형성하는 지리적 특수성을 갖고 있습니다. 세계 5대 국제 항공화물 공항인 홍콩, 인천, 푸동, 타오위안, 나리타 공항이 모두 대만 인근 동중국해에 위치해 있으며, 전 세계 해상 교통량의 48%가 대만 주변 해역인 서태평양을 통과한다는 사실은 대만의 지정학적 중요성을 단적으로 보여주는 지표입니다. 생태학적 관점에서도 대만은 640종의 조류 중 절반이 서태평양을 남북으로 이동하는 철새들로 구성되어 있으며, 동중국해 해안선에는 높이 3,000m 이상의 산이 268개나 있는 독특한 지형적 특성을 갖추고 있습니다. 이러한 높은 고도와 풍부한 강우량은 대만의 생물 다양성을 풍부하게 만들어 생태학적으로도 중요한 가치를 지니고 있습니다.

여러 세대에 걸친 조상들의 끊임없는 노력을 통해 동서양의 문화와 무역 교류의 중심지로 발전해왔습니다. 대만의 자손으로서 저는 대만을 번영하고 부유한 '하늘이 보우하는 섬'으로 만든 선천적 장점과 후천적 노력의 결합에 감탄하지 않을 수 없습니다.

전 세계 첨단 칩, 서버, 노트북의 80% 이상이 대만 제조업체에서 생산되고 있으며, 전원 공급 장치, 커넥터, 인쇄 회로 기판, 전자 회로 등 IT 산업의 모든 분야에서 대만 기업인들은 뛰어난 기술력과 경쟁력을 발휘하고 있습니다.

대만의 현재 위치는 단순한 우연이 아닌 필요에 의한 선택과 노력, 그리고 지정학적 압력의 결과물입니다. 1965년 미국의 원조가 종료되었을 당시, 대만의 1인당 국민소득은 단 248달러에 불과했으며, 연간 5,000만 달러의 외환 부족은 국가 경제에 심각한 부담으로 작용했습니다. 이러한 경제적 난관을 극복하기 위해 대만 정부는 대만 중앙에 위치한 가오슝 가공수출구KPZ, Kaohsiung Processing Zone를 설립하여 새로운 경제 발전의 돌파구를 모색했습니다. 대만 전자 산업의 초창기에는 일본 기업과 미국 기업이 인재 양성의 요람 역할을 담당했습니다. 이러한 기반 위에서 1971년 두춘위안杜春源과 청총화鄭聰華가 각각 화타이 일렉트로닉스Huatai Electronics와 델타 일렉트로닉스Delta Electronics를 설립했으며, 1974년에는 최초의 컴퓨터 회사인 폭스콘과 미탁Mitac이 잇따라 설립되었습니다.

1975년에는 라이트온이 설립되었고, 이 회사는 1983년에 대만 최초의 전자 회사로 상장되는 쾌거를 이루었습니다. 1976년에는 마이크로

2부 반도체 100년, 외롭지 않은 여정

프로세서의 잠재력에 매료된 스전룽施振榮이 설립한 에이서Acer가 탄생했습니다. 멀지 않은 곳에서 베트남 전쟁의 포성이 울려 퍼지고, 그보다 조금 더 일찍 한국전쟁의 희미한 연기 냄새가 진동하는 상황에서, 하이테크 기술 산업에 도전한 이들의 배짱에 감탄을 하지 않을 수 없습니다.

1970년대는 대만에 다중적인 위기의 시기였습니다. 미국의 원조 중단과 함께 대만은 유엔에서 탈퇴하고 일본, 미국과의 외교 관계가 단절되었으며, 두 차례의 석유 파동으로 국민 경제는 심각한 공황 상태에 빠졌습니다. 그러나 이러한 어려움 속에서도 1974년 미국 RCA의 연구 부서장이었던 중국계 판원엔潘文淵은 대만이 반도체 산업을 개발해야 한다는 혁신적인 제안을 내놓았습니다. 정부의 적극적인 지원 아래 후팅화胡定華 박사가 이끄는 연구팀이 반도체 기술과 경영을 배우기 위해 미국으로 파견되었고, 이 팀의 20명이 넘는 구성원들은 이후 TSMC, UMC, 윈본드華邦電子, 미디어텍, TMCNET台灣光罩 등 주요 반도체 기업의 창립자가 되어 지난 반세기 동안 대만뿐만 아니라 세계 반도체 산업에 지대한 영향을 미친 프로젝트를 이끌었습니다.

폭스콘은 2024년 기준 매출 2,100억 달러를 달성하며 세계 최대의 EMSElectronics Manufacturing Services 제조업체로 성장했으며, 다양한 자회사를 통해 글로벌 시장에서 영향력을 확대해 나가고 있습니다. 1975년 텍사스 인스트루먼트에서 근무하던 송공위엔宋恭源은 회사가 LED 생산 라인을 폐지하려는 계획을 알게 되자 과감히 창업을 결심했고, 이후 그가 설립한 라이트온은 대만 최초의 상장 전자 기업이 되었습니다. 이를 계기로 새로운 세대의 전자 기업가들이 지역사회에서 자본을 조

달하기 시작했으며, 사업적 성공을 거둔 성 회장은 국립대만대학교에 2억 달러를 기부하고 노벨상 수상자들을 초빙하여 강의하도록 하는 등 교육 발전에도 크게 기여했습니다. 또한 그는 대만 기업가로는 최초로 미국에서 반도체 IDM^{Integrated Device Manufacturer} 회사를 운영하여 나스닥에 상장하고, 뉴욕 나스닥의 종을 세 번이나 울리도록 초대받는 영예를 안기도 했습니다.

1976년 설립된 에이서의 창업 이야기는 대만 신생 컴퓨터 산업의 역사와 맥을 같이합니다. 에이서의 존재가 없었다면 오늘날 대만의 컴퓨터 산업이 이토록 활기를 띠지 못했을 것입니다. 그러나 이러한 성공 스토리들이 널리 알려지지 않은 것은 대만의 경제 발전이 특정한 한 명의 결실이 아니라 여러 인물들의 합작이기 때문입니다. 1980년대 초는 에이서와 MiTAC의 경쟁이 치열했던 시기로, 대만은 애플 II 모조품에서 IBM 호환 컴퓨터로의 전환을 통해 PC산업의 호황기를 맞이했습니다. 같은 시기에 컴팔, 인벤텍 등의 기업들이 대만 노트북 산업의 핵심 축으로 성장했습니다. 또한 1980년대에 시작된 반도체 OSAT 산업에서 썬마이크론과 SPIL^{矽品精密}의 공헌도 간과할 수 없으며, 전원 공급 장치에 주력한 델타 일렉트로닉스도 컴퓨터 산업의 발전과 함께 비약적인 성장을 이루었습니다.

엔비디아의 CEO 젠슨 황은 "AI가 소프트웨어를 지배하고, 소프트웨어가 세상을 지배할 것"이라고 예측했지만, 하드웨어 제조의 근본적 가치를 대체할 수 있는 것은 없으며, TSMC가 주도하는 대만의 반도체 제조 산업은 국가 경제에 막대한 영광과 부가가치를 창출하고 있습니다. 2000년대 초 아시아 금융 위기를 극복한 대만은 세계무역기구의 틀 안에서 중국이 제공하는 저렴한 노동력과 낮은 사회적 비용을 활용하여 글로벌화 시대에 가장 경쟁력 있는 ICT 산업 공급망 중 하나를 구축했습니다. 노트북, 휴대폰, 서버, 디스플레이 패널, 반도체 등 다양한 분야에서 대만 기업들은 괄목할 만한 성과를 거두었습니다. AUO와 이놀룩스^{Innolux} 같은 디플레이 기업들은 치열한 경쟁과 전략적 인수를 통해 성장하고 번영했으며, 중국의 짝퉁 휴대폰은 대만의 미디어텍과 WPG가 공급하는 칩으로 환골탈태했습니다.

2007년 아이폰 출시로 인한 모바일 혁명은 양방향 데이터 흐름을 가능하게 만들었으며, 2008년 중국의 성공적인 올림픽 개최와 함께 '붉은 공급망'이 성장하는 것을 보며 많은 대만 기업들이 좌고우면^{左顧右盼}하며 진퇴양난에 빠졌습니다. 미국과 중국이라는 두 마리 늑대와 함께 춤을 추는 과정에서 많은 대만 기업들이 중국 내 생산 기지를 중국 업자에게 매각하고 AI와 생산-판매 동기화라는 새로운 시대를 수용하기 위한 계획을 세우기 시작했습니다. 2019년 트럼프 행정부가 미국과 중국 간의 무역 전쟁을 촉발한 이후, 서구 진영에 속한 대만은 산업 전략을 근본적으로 조정하기 시작했으며, 더 많은 대만 기업인들이 본국으로 귀환하여 새로운 스마트 제조 생태계의 상호 연동 및 다각화 시대를 열어가고 있습니다. 이러한 전략적 전환은 대만이 글로벌 지정학적 변화 속에서도 경제적 경쟁력을 유지하고 발전시키기 위한 지속적인 노력의 일환으로 볼 수 있습니다.

멀리 가자,
함께 가자

1950년대 미국의 원조가 끝나고 국가 재건 과정에 있던 시기, 대만은
수입 대체와 수출 중심의 산업 발전이 경제 성장으로 이어지길 희망하
며 전략적인 결단을 내려야 했습니다. 이러한 배경 속에서 대만 정부는
가오슝高雄, Kaohsiung에 가공수출구*를 설립하기로 결정했는데, 이는 당
시로서는 혁신적인 경제 정책의 일환이었습니다. 1966년에 설립된 가

---

*　　역주: 우리나라의 보세구역에 해당한다.

오슝 가공수출구는 자유무역구, 면세구, 공업구의 기능을 융합한 세계 최초의 혁신적 프로젝트로, 대만 과학기술의 대부로 불리던 리궈팅李國鼎*이 주도한 프로젝트였습니다. 이는 단순한 산업단지가 아닌 전후 대만 경제의 새로운 도약을 위한 전략적 기반이었으며, 이후 대만의 산업 발전과 경제 성장을 이끌어 나가는 핵심 동력으로 작용하게 되었습니다.

1970년대 세계적인 석유 위기가 발생하기 이전에, 가오슝 가공수출구는 이미 괄목할 만한 성과를 이루어내며 대만 전체 수출의 10% 이상을 차지하는 핵심 산업단지로 성장했습니다. 당시 가공수출구에는 5만 명 이상의 노동자가 활발히 경제 활동을 영위하고 있었습니다. 근로자들의 주요 이동 수단은 대부분 자전거였는데, 이는 당시 대만의 경제 발전 초기 단계의 모습을 생생하게 보여주는 장면이었습니다. 대만이 극심한 가난에서 벗어나 아시아의 네 마리 작은 용Four Asian Tigers 중 하나로 변모하는 데는 가공수출구 인근 마을의 수많은 소녀들이 제공한 근면한 노동력이 중추적인 역할을 담당했으며, 이후 설립된 중국강철China Steel Corporation과 중국선박CSBC Corporation의 헌신적인 노고 역시 대만 경제 성장의 중요한 밑거름이 되었습니다.

가공수출구는 단순히 제조업 기지로서의 역할을 넘어 다양한 경

---

*   역주: 대만의 정치 인물로 대만의 과학기술 및 산업 발전, 특히 하이테크 분야에 많은 기여를 한 인물이다. 역자가 대만의 경제계, 과학기술계, 산업계 인사들을 만날 때마다 리궈팅의 이름을 들었고 이들 모두가 존경의 뜻을 담아 그를 기리는 것을 보고 깊은 인상을 받았다.

제적, 사회적 기능을 수행했습니다. 이 지역은 대만 경제가 절실히 필요로 했던 외화를 창출하는 주요 원천이 되었을 뿐만 아니라, 급속한 도시화 과정에서 발생한 농촌에서 도시로 이주하는 수많은 인구를 효과적으로 흡수하는 고용 창출의 중심지로 기능했습니다. 또한, 이곳은 신흥 기술 산업에 종사하는 많은 전문 인력들이 정착하는 첫 번째 교두보가 되기도 했습니다. 베트남 전쟁의 여파와 석유 파동, 외교적 고립 등 국내외적으로 폭풍이 몰아쳤던 1970년대는 대만에 있어 가장 힘든 시기였으나, 역설적으로 이후 대만의 눈부신 경제 발전을 가능하게 한 산업적 기반과 인적 자원이 형성된 최고의 시대이기도 했습니다.

아시아의 네 마리 작은 용

대만의 경제 발전사를 논할 때 빼놓을 수 없는 인물인 후딩화胡定華 박사 이야기부터 시작해보겠습니다. 대만이 수출가공지대 프로그램을 시작한 1966년, 전 세계 총 GDP는 약 2조 2,000억 달러였으며, 이 중 대만이 차지하는 비중은 불과 0.2%에 지나지 않았습니다. 그러나 1966년부터 1970년까지의 기간 동안 대만의 연평균 GDP 성장률은 놀랍게도 15%를 상회했습니다. 대만 국민의 근면한 성품과 정부의 선제적이고 효과적인 산업 정책의 결합으로, 대만은 점차 국제 사회의 주목을 받기 시작했으며, 한국, 홍콩, 싱가포르와 함께 아시아의 네 마리 작은 용으로 불리며 전 세계 많은 국가들이 배우고 싶어 하는 경제 발전 모델로 자리매김했습니다.

그러나 화려한 '아시아의 네 마리 작은 용'이라는 명성 뒤에는 대만이 직면해야 했던 수많은 내외부적 문제가 도사리고 있었습니다. 내부적으로는 산업구조 고도화와 대대적인 구조조정, 그리고 중진국의 함정이 있었으며, 외부적으로는 연이은 석유 위기, 글로벌 인플레이션, 베이비붐 세대의 고용 압박, 유엔에서의 탈퇴, 그리고 미국 및 일본과의 국교 단절이라는 예상치 못한 악재를 맞닥뜨렸습니다. 이러한 복합적인 도전에도 불구하고 대만이 이루어낸 성공적인 경제 변혁은 분명 세계적 수준의 교과서적 사례이며, 그 역사적 전환점은 RCA 프로그램에서 시작되었다고 할 수 있습니다.

대만국립교통대학교國立交通大學 전자공학과 학과장으로 재직 중이던 후딩화 박사는 1976년, 당시 33세라는 젊은 나이에 20명의 엘리트 엔지니어들로 구성된 연수단을 이끌고 미국의 RCA에서 첨단 기술을 습득하기 위한 연수를 받았습니다. 이는 단순한 기술 연수가 아닌 대만 반도체 산업의 미래를 위한 전략적 투자였으며, 이후 대만의 산업구조를 근본적으로 변화시키는 결정적 계기가 되었습니다.

1970년대에 대해 우리가 이해하고 동의하는 것은 그것이 대만 경제에 있어 격변의 시기였다는 점입니다. 당시 장징궈蔣經國 총통은 재무부 관리들에게 지식 집약적이고 수입 에너지에 의존하지 않으며, 곧 대량으로 고용 시장에 진입할 베이비붐 세대를 효과적으로 흡수할 수 있는 산업 정책을 수립하라는 지시를 내렸습니다. 이는 단기적 경제 성장을 넘어 장기적인 국가 발전 전략의 일환이었으며, 오늘날 대만 경제의 토대를 이루는 중요한 정책적 결단이었습니다.

판원옌潘文淵이 미국에서 반도체 산업의 태동과 그 잠재적 가능성에 관한 소식을 대만에 전한 이후, 대만 정부는 미국의 첨단 기술을 습득하기 위해 RCA 연수단을 조직했습니다. 이렇게 선발된 엘리트 그룹은 같은 시기에 태동하기 시작한 PC 산업과 함께 대만 경제의 중추적 역할을 담당하게 되었습니다. 이들은 마치 일본 메이지 유신 시대의 이와쿠라 사절단岩倉使節團*처럼 선진국의 새로운 기술과 아이디어를 대만으로 가져왔으며, 이들과 그 동료들은 이후 대만 국가 발전의 핵심 기둥이 되었습니다.

같은 해, 궈타이밍郭台銘은 어머니로부터 10만TWD(약 3,000달러)를 빌려 사업을 시작했고, 이것이 폭스콘의 시초가 되었습니다. 그 해에 대만대학 전기공학과를 졸업한 창던지기 선수였던 문무쌍전의 허칭슝侯淸雄이 MiTAC를 설립했고, 1975년 미국 인텔에서 근무하던 먀우펑치앙苗豐強이 대만으로 돌아와 MiTAC 동사장을 이어받았습니다. 이들은 1976년 스전룽施振榮이 설립한 에이서와 함께 대만 산업계의 선두주자로 꼽힙니다.

비슷한 시기에 설립된 에이서, 컴팔, 라이트온, 델타는 오늘날 대만의 경제적 번영을 이끌어낸 수많은 신기술 스타트업의 모태가 되었습니다. 반세기가 지난 오늘날, 반도체 및 ICT 공급망을 포함한 1,009개

---

*   이와쿠라 사절단은 메이지 시대에 일본 정부가 서구를 배우기 위하여 미국과 유럽에 파견한 사절단이다.

의 상장 전자 기업들은 2024년 기준 약 1조 달러에 달하는 막대한 생산 가치를 창출하고 있습니다. 부가가치율을 20%로 추산하고 여기에 외국인 투자와 관련 주변 서비스 산업의 기여도를 합산하면, 전자 산업이 대만 국가 경제에 직간접적으로 기여하는 경제적 가치는 대만 GDP의 35%를 상회하는 것으로 평가됩니다.

많은 사람들에게 이러한 성과는 단지 대만 경제 발전 과정의 '하이라이트'로 인식될 수 있지만, 대만의 경제 및 산업 역사의 관점에서 1970년대를 면밀히 고찰해보면, 당시 설립된 이 기업들이 오늘날에도 여전히 대만 경제의 중추적 역할을 담당하고 있다는 것을 알 수 있습니다. TSMC를 중심으로 한 반도체 산업이 대만 경제의 강력한 수호자라면, 전체 ICT 산업 공급망은 대만의 경제 활동을 끊김 없이 연결해주는 대만 경제의 견고한 혈관 시스템이라고 할 수 있습니다. 글로벌 경제의 관점에서 볼 때, 한 산업 분야가 반세기 이상 꾸준한 수익성을 유지하며 지속적으로 가치 사다리를 올라가며 성장할 수 있었던 핵심 요인이 무엇인지 알 필요가 있습니다.

산업 역사의 거시적 관점

산업 역사를 거시적 관점에서 살펴보면, RCA 프로그램에 참여했던 UMC의 설립자 차오싱청曹興誠은 최근 한 TV 프로그램에서 자신의 세계관을 설명하기 위해 국제통화기금IMF의 역사적 데이터 차트를 활용했습니다. 이 차트는 지난 2000년간 인류 경제 활동의 축적된 결과인 세계 GDP 성장 곡선을 시각적으로 보여주고 있습니다. 차오의 분석에 따르면, 이전 1,900년 동안 인류의 GDP는 상대적으로 크게 성장하지 않았으며, 당시 세계 GDP의 약 60%는 중국과 인도가 차지했다고 합니다. 노동 집약적인 전통 농업 시대에는 인구가 가장 많은 국가가 가장 큰 GDP 기여도를 보이는 것은 자연스러운 경제적 논리였습니다.

그러나 1900년 이후 산업혁명의 본격적인 전개와 기술 혁신 주도의 경제 성장 등 다양한 복합적 요인으로 인해 세계 GDP 성장 곡선은 가파르고 급격한 상승세를 보이기 시작했습니다. 대만이 수출 보세구역 프로그램을 본격적으로 시작한 1966년에는 전 세계 GDP가 약 2조 2,000억 달러에 불과했지만, 2024년 현재 전 세계 GDP는 109조 달러에 이르는 놀라운 성장을 이루었는데, 이러한 급격한 성장은 단순히 인플레이션의 영향만으로는 설명할 수 없는 산업과 기술의 진보가 전 세계 경제에 미친 지대한 영향을 보여주는 증거입니다.

차오싱청이 제시한 그래프는 제게 깊은 지적 호기심을 불러일으켰습니다. IMF의 데이터는 글로벌 경제 성장의 거시적 추세를 보여주지만, 이러한 굴곡진 성장 곡선이 대만의 경제 발전과 어떤 구체적인 연관성을 가지는지, 그리고 산업 경제의 역사적 패턴을 통해 미래를 어떻게 추론할 수 있을지에 대한 심층적인 고찰이 필요합니다. 만약 축적된 모든 지식과 경험이 우리 스스로의 독립적인 사고와 가치 체계 형성에 실질적인 도움을 주지 못한다면, 그러한 지식과 경험이 과연 어떤 진정한 의미를 지닐 수 있을까요?

국공내전國共戰爭 이후 대만이 독자적인 경제 체제를 구축하기 시작한 시점부터 현재에 이르기까지의 기간은 대만에 있어 격변과 도전으로 가득한 격동의 세기였습니다. 민주화의 지속적인 진전과 첨단 기술 산업의 눈부신 발전으로 대만 국민들은 물질적 풍요와 높은 삶의 질을 누리게 되었으며, 도널드 트럼프마저도 대만인들이 상당한 부를 축적했다고 언급할 정도로 대만은 국제 사회에서 번영하는 신흥 경제 강국으로 인식되는 중입니다. 그러나 자유롭고 풍요로운 사회가 독립적이고 비판적인 사고 능력을 갖추지 못하고, 다음 세대에게 어떠한 가치와 비전을 교육해야 할지에 대한 명확한 방향성을 제시하지 못한다면, 그토록 어렵게 쟁취한 민주주의는 단지 값비싼 장식품에 불과할 것이며, 대만 경제의 새로운 지평을 열었던 베이비붐 세대의 성취는 단순히 물질적으로 풍요로운 삶을 누렸던 세대라는 역사적 평가에 그칠 수밖에 없을 것입니다.

대만의 산업사관

저는 대만 경제의 발전 궤적을 체계적으로 분석하기 위해 1966년, 1980년, 2009년, 2019년, 2024년이라는 다섯 개의 핵심 시간적 노드를 전략적으로 선정했습니다. 이 시기적 프레임워크는 20세기 중반 국공내전 이후 지난 70년간 대만이 구축해 온 경제 발전 모델을 심층적으로 검토하고, 독립적인 경제 주체로서 대만이 제2차 세계대전 이후 형성된 국제 질서 속에서 어떠한 선택을 통해 지속적인 경제 성장을 달성해 왔는지 체계적으로 분석하는 데 중요한 기준점이 됩니다.

1980년 전 세계 GDP가 11조 5,000억 달러로 성장했을 때 대만의 1인당 소득은 1966년 248달러에서 3,571달러로 증가했습니다. 1966년부터 1980년까지 15년 동안 대만은 미국의 원조 중단과 두 차례의 석유 위기를 겪었습니다. 동시에 인플레이션이 전 세계를 휩쓸었고, 미국을 1980년 전 세계 GDP가 11조 5,000억 달러 규모로 성장했을 당시, 대만의 1인당 국민소득은 1966년의 248달러에서 3,571달러로 14배 이상 급증하는 비약적인 성장을 이루었습니다. 이러한 눈부신 성장 지표는 단순한 수치적 증가를 넘어, 대만 경제의 구조적 변혁과 산업 역량의 질적 도약을 의미하는 것이었습니다. 1966년부터 1980년까지의 15년 동안 대만은 경제 발전의 과정에서 미국의 경제 원조 중단이라는 외부적 충격과 두 차례에 걸친 글로벌 석유 위기에 따른 에너지 수급 불안정이라는 심각한 도전에 직면해야 했습니다.

이와 동시에 전 세계적으로 인플레이션이 만연했으며, 미국을 필두로 한 선진국들은 생산 비용 절감을 위해 노동집약적 산업을 신흥 개발도상국으로 아웃소싱하거나 이들 국가에 직접 생산 기지를 설립하는 글로벌 제조업 재편 전략을 본격적으로 추진하기 시작했습니다. 당시는 환경 문제나 노동권에 대한 사회적인 인식과 규제가 현재와 같이 엄격하지 않았고, 대만이 권위주의적 정치 체제하에 있었기 때문에 산업 정책의 수립과 집행이 보다 신속하고 효율적으로 이루어질 수 있었던 시대적 배경도 중요한 성장 촉진 요인으로 작용했습니다.

대만이 이룩한 혁신 주도 경제IDE, Innovation-Driven Economy로의 성공적인 전환은 디지털 하이테크 분야에서 강력한 산업 생태계를 구축하는 토대가 되었습니다. 현재의 발전 단계를 기준으로 볼 때, 아시아에서 가장 먼저 산업화와 기술 혁신을 주도한 일본을 제외하면, 대만과 한국은 신흥 경제국 중에서 가장 성공적인 혁신 경제 모델을 구축한 대표적인 사례로 평가받고 있습니다.

에이서의 공동 창립자인 타이중허台中和는 이러한 성과의 맥락에서 대만이 PC 산업 분야에서 일본을 능가하는 성과를 거두었으며, '유럽과 미국에서 시작하여 일본을 거쳐 아시아로 확산되는' 전통적인 기술 확산 경로에서 벗어나 마이크로 일렉트로닉스 전자 산업 분야에서 독자적인 경쟁력을 갖춘 선도적 위치에 도달했다고 평가한 바 있습니다. 이는 대만이 단순한 기술 추격자fast follower를 넘어 특정 산업 분야에서 글로벌 혁신 리더로 도약했음을 의미하는 중요한 전환점이었습니다.

1970년대 대만과 한국은 풍부한 노동력을 수출 지향적 제조업에 효과적으로 활용했을 뿐만 아니라, 국가 재정의 상당 부분을 전략적 산업 육성에 집중적으로 투입함으로써 베이비붐 세대가 핵심 산업 분야에서 글로벌 경쟁력을 확보할 수 있도록 체계적인 지원 기반을 마련했습니다. 그러나 두 국가가 추구한 산업 발전 전략에는 뚜렷한 차이점이 존재했습니다.

한국이 4대 재벌을 중심으로 한 대기업 주도의 하향식top-down 발전 모델을 추구한 반면, 대만은 하이테크 중소기업들의 유기적 네트워크와 클러스터를 중심으로 한 상향식bottom-up 산업 발전 모델에 가까운 접근법을 채택했습니다. 한국의 대기업 중심 모델은 단기간 내에 가시적인 규모의 경제와 글로벌 브랜드 파워를 구축하기 위함이었는데, 장기적으로 산업 생태계의 유연성과 다양성 확보하는 포석이 되었습니다. 대만의 상향식 발전 모델은 가랑비에 옷 젖는 방식이지만 내공을 깊게 쌓을 수 있었습니다. 한국과 대만이 택한 모델에는 분명한 차이점이 있고 각기 내재된 통찰이 있습니다.

RCA 프로그램을 통한 체계적인 기술 이전과 인재 육성은 다각화된 컴퓨터 산업 생태계와 결합하여 오늘날 대만 반도체 산업의 견고한 토대를 마련했습니다. 자생력을 갖춘 대만과 한국은 선진국의 산업 식민지라는 지위에서 벗어났을 뿐만 아니라 다음 단계로 빠른 성장을 하며 외풍을 헤쳐 나갈 씨앗을 심었습니다. 1980년부터 2009년까지 30년 동안 전 세계 GDP는 11조 5,000억 달러에서 60조 9,000억 달러로 급증했습니다. 전 세계 GDP의 엄청난 팽창은 대만과 한국에 황금의 30년을 선사했고, 이 시기의 가장 큰 승자는 바로 이 두 나라입니다.

지난 30년 동안 대만은 파란 하늘에 먹구름 한 점 없이 순탄한 길을 걸어왔습니다. 중국이 2009년부터 2019년까지 붉은 공급망을 구축한 후에야 대만 기업들은 위협을 느꼈습니다. 하지만 대만은 정말이지 '선택된 섬'입니다. 2019년 말 이후의 코로나19, 미-중 무역 분쟁, AI 비즈니스 기회의 폭발적인 증가로 인터넷 대기업이 과점적이며 배타적으로 변하고 전자 산업이 새로운 자본 집약적이고 기술 집약적인 새로운 영역으로 이동하는 것을 우리는 목격했습니다. 신흥국들은 더 이상 대만과 한국이 산업 초기에 그랬던 것처럼 경험과 경쟁 우위를 축적할 수 없을 것입니다.

2025년 이후에는 다변화되고 고속화되는 새로운 세계, 승자가 모든 것을 차지하는 승자독식 구조에 우리는 직면하게 될 것입니다. 그러면 대만과 한국이 여전히 승자가 될 수 있을까요? 만약 패한다면 그 결정적 이유는 무엇일까요?

미래를 탐구하는 많은 전문가들은 하이테크의 발전이 엘리트층의 혜택과 이익을 더욱 확대시키면서 빈부 격차를 심화시키고, 세대 간 격차를 인류 사회의 공통 과제로 만들 것이라고 예측하고 있습니다. 이러한 현상은 국제 경쟁 관계에서도 뚜렷하게 나타날 것입니다.

100년 전, 서구와 일본이 먼저 산업화의 발판을 마련한 반면 중국인, 한국인, 대만인은 과학기술과 인문의 정신적 측면에서 전통문화의 족쇄에서 벗어나지 못하는 어려움을 겪었습니다. 앞으로 하이테크와

● **글로벌 GDP 총량 증가 추이**

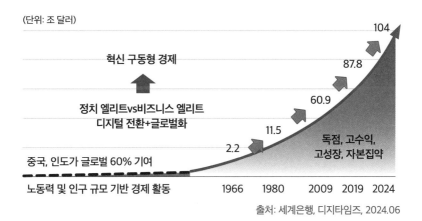

(단위: 조 달러)

출처: 세계은행, 디지타임즈, 2024.06

반도체 산업에서 대만과 한국이 보유한 우위를 호주, 캐나다, 멕시코, 베트남, 말레이시아, 태국 등 중소형 경제국들이 단기간에 따라잡기는 어려울 것입니다. 결국, 인재와 시장 수요를 모두 갖춘 중국과 인도만이 이 치열한 경쟁에서 최종적인 승부를 겨룰 수 있는 유일한 국가가 될 것이라는 전망이 나옵니다.

독점적 시장 체제, 높은 마진, 승자 독식 구조, 자본 집약, 기술 집약 등의 요인으로 인해 양 진영 간 격차는 더욱 심화될 것입니다. 대만은 내부적으로는 전자 산업에 과도하게 집중하여 '모든 달걀을 한 바구니에 담은' 상황을 고민해야 하며, 외부적으로는 독자적인 생존 전략을 모색할지, 혹은 국제 경쟁력을 극대화하기 위해 개방을 할지 선택해야 합니다.

대만 전자 산업이 반세기를 거쳐 발전한 지금, 지정학적 요인과 산업 발전이라는 두 가지 관점에서 가장 적합한 향후 10년 또는 20년의 산업 전략을 마련하는 것이 필수적입니다.

비바람은 울어대고
닭 소리는 그치지 않는다

1984년, 국제적 산업정책 컨설턴트로서 대만에 파견된 IBM의 밥 에반스[Bob Evans] 수석 부사장은 대만 경제 환경에 대한 면밀한 분석을 통해 두 가지 중요한 구조적 한계점을 식별했습니다. 첫째, 수많은 중소기업으로 분산된 대만의 산업 구조로 인해 체계적인 정보 수집과 분석이 매우 어려웠으며, 둘째, 정부 관계자들이 급변하는 글로벌 산업 생태계와 기술 트렌드에 대한 전략적 이해가 부족하다는 점이었습니다. 이러한 심층적 진단을 바탕으로, 에반스는 당시 행정원 의원으로 대만의 경제 정책을 주도하던 리궈딩[李國鼎]에게 대만의 하이테크 산업 전략을 체계적으로 기획하고 실행할 수 있는 전문적인 싱크탱크의 설립을 제안했고, 이는 7,500만 NTD(당시 약 200만 달러)의 전략적 투자를 통해 정보-시장지능센터의 창설로 이어졌습니다.

처음에는 20여 명의 전문가로 시작한 이 조직은 점차 확장되어 대만의 하이테크 산업 발전 방향을 설정하고 글로벌 시장 정보를 수집·분석하는 최초의 체계적인 싱크탱크로 자리매김했습니다. MIC의 1세대 구성원으로서, 저는 대만 산업이 초기의 노동집약적 구조에서 지식집약적 하이테크 산업으로 혁신적으로 전환되는 역사적 변곡점을 직접 목격하고 이 과정에 참여할 수 있는 특별한 기회를 가졌습니다.

오랫동안 디지타임즈의 동사장을 역임하며 대만 IT 산업의 발전을 가까이서 지켜본 타이충허鄭中和는 MIC의 등장 이전 대만의 산업계가 직면했던 근본적 한계를 다음과 같이 생생하게 묘사했습니다: "MIC가 설립되기 전, 대만의 산업계는 마치 검객이 눈을 감고 어지럽게 칼을 휘두르는 것처럼 체계적인 방향성과 정보 없이 시행착오를 반복하고 있었습니다." 그의 분석에 따르면, 명확한 산업 프레임워크와 실시간 글로벌 정보 시스템의 구축은 이후 대만의 산업적 성공을 견인한 핵심 요소 중 하나였습니다. 이러한 역사적 경험과 통찰을 바탕으로, 저는 1998년 첨단 기술 산업에 특화된 전문 미디어 기관인 디지타임즈를 설립하게 되었으며, 선배 세대로부터 전수받은 산업에 대한 깊은 이해와 대만이 구축한 하이테크 생태계의 토대 위에서, 저희 조직은 글로벌 미디어 산업이 직면한 수많은 구조적 도전과 경제적 암흑기에도 불구하고 흔들림 없이 생존하고 성장할 수 있었습니다.

인간의 상상력이 풍부해질수록 세계에 대한 인식의 지평은 그만큼 확장됩니다. 현재 국제 질서는 미국이라는 초강대국과 중국이라는 새로운 강대국 사이의 극단적 경쟁과 대립 구도로 재편되고 있으며, 우리는 전 세계를 분주히 오가는 외교관과 정치인들, 그리고 제1도련선에 전략적으로 배치되어 긴장 상태를 유지하고 있는 군함과 미사일 시스템을 목격하고 있습니다. 그러나 이러한 표면적 대립 구도의 이면에는, 실질적으로 두 진영 간의 지정학적·경제적 투쟁의 중심축이자 보이지 않는 제3의 극으로서 '대만'이 위치하고 있다는 점은 간과할 수 없는 중요한 현실입니다.

과거 공식적인 외교 관계가 점차 축소되면서 '아시아의 고아'라는 부정적 호칭으로 불리던 시기가 있었지만, 대만은 역설적으로 글로벌 하이테크 산업 생태계 내에서 놀라운 속도로 성장하며 독보적인 위상을 확립해 왔습니다. 지난 반세기 동안, 대만과 한국은 첨단 기술 산업 분야에서 글로벌 선두주자로 급부상했으며, 과거 아시아 기술 혁신을 주도했던 일본 역시 구마모토와 홋카이도 지역을 중심으로 세계 반도체 산업의 주도권을 회복하기 위한 전략적 도전을 적극적으로 추진하고 있습니다.

바이든과 트럼프는 국가 안보와 경제적 자주성의 관점에서 글로벌 첨단 기술 공급망에 대한 통제권을 강화하는 것에 대해 지속적으로 강조하고 있습니다. 애리조나 주에 건설 중인 첨단 반도체 생산 시설, 미국 반도체 산업 경쟁력 강화를 위한 칩스 법, 그리고 텍사스와 멕시코에 전략적으로 배치되고 있는 전기차 생산 단지 등은 모두 미국이

2030년대를 겨냥한 글로벌 산업 경쟁에서 우위를 확보하기 위한 장기적이고 체계적인 전략의 일환입니다.

미국의 국가 안보 및 경제 전략 관점에서, 미국의 고위 관료들이 대만의 정치 지도자들과 회담할 때 항상 최우선적으로 확인하는 사항은 TSMC가 미국 내에 첨단 생산 시설을 구축하는 계획을 대만 정부가 전폭적으로 지지하고 있는지 여부입니다. 이러한 미국의 전략적 요구가 대만-미국 관계의 필수적 의제로 부상하고 있는 상황에서, 대만의 정치 지도자들은 어떻게 자국의 산업 경쟁력과 지정학적 안보 사이의 미묘한 균형을 유지하며 대응해 나가야 할까요? 이는 단순한 경제적 결정을 넘어 대만의 장기적 국가 생존 전략과 직결된 복잡한 문제입니다.

대만이 직면한 지정학적·경제적 도전의 중심에는 항상 중국이라는 거대한 변수가 자리 잡고 있습니다. 중국의 국내총생산이 1980년 약 3,000억 달러에서 2024년 18조 달러로 60배에 달하는 경이로운 성장을 달성할 수 있었던 근본적 요인은 무엇이었을까요? 이러한 전례 없는 경제적 도약 과정은 우리에게 급속한 산업화와 경제 성장의 다양한 양상과 그에 따른 장단점을 생생하게 보여주었습니다.

대만은 지리적·문화적 근접성으로 인해 중국의 경제 발전 모델을 가장 가까이에서 관찰하고 분석할 수 있는 특별한 위치에 있으며, 이는 중국 모델의 부정적 측면을 회피하고 긍정적 요소를 선별적으로 수용하는 전략적 지혜를 발휘할 수 있는 중요한 장점이자 특권입니다. 한편, 중국 역시 대만의 대응 전략과 산업 발전 경로를 면밀히 관찰함으로써 자국의 다음 단계 경제 정책을 조정하고 보완하는 상호 참조의 관계를 형성하고 있습니다.

　대만이 지난 수십 년간 이룩한 산업적 성공과 경제적 번영을 어떻게 지속가능한 방식으로 다음 세대에게 계승하고 더욱 발전시켜 나갈 수 있을까요? 현재와 미래의 글로벌 경쟁 환경 속에서 대만에 가장 적합한 산업 및 경제 정책의 방향성은 무엇일까요? 특정 자원 수출에 과도하게 의존하는 경제가 겪는 '네덜란드 병'은 대만의 상황에도 적용될 수 있는 실질적인 위험 요소일까요? 첨단 제조업과 전자 산업에 대한 높은 의존도를 특징으로 하는 대만 경제 구조에 더욱 균형 있고 지속가능한 대안적 발전 모델이 존재할까요?

　기술 기반 접근법에서 응용 중심 전략으로, 수출 주도형에서 내수 시장 활성화로, 전략적으로 병행 발전을 추진하면서 국내 산업의 부가가치를 획기적으로 향상시키기 위한 구체적 방안은 무엇일까요? 이러한 심도 있는 산업 정책 논의들이 정치적 수사와 선거 캠페인의 소음에 묻혀 제대로 공론화되지 못하고 있는 현실은 대만의 장기적 경제 발전에 있어 중대한 도전 요소입니다.

　가오슝高雄 가공수출구역에서 첫 발걸음을 내딛은 대만의 차세대 전자 산업은 발전 초기 단계에서 필립스, 텍스 인스트루먼트와 같은 세계적인 다국적 기업들의 대만 내 생산 기지 설립과 밀접한 관련이 있었던 것은 부인할 수 없는 역사적 사실입니다. 그러나 대만의 산업 발전 성공은 단순한 외국 자본의 유입을 넘어서, 대만 고유의 역사적 배경과 문화적 특성, 양질의 인적 자원 구조, 독특한 지리적 위치, 효율적인 정부 조직 체계, 그리고 진취적인 정치적 분위기 등 복합적 요소들이 상호작용하며 형성한 우호적인 산업 생태계의 결과물이었습니다.

이러한 측면에서, 대만의 산업 발전 경로는 싱가포르, 말레이시아, 태국과 같은 아세안국가들의 발전 모델과는 뚜렷한 차별성을 보입니다. 이들 국가들이 외국인 직접투자[FDI]에 높은 의존도를 보이는 반면, 대만의 성공 스토리는 전략적인 외국 자본 유치와 현지 토착 기업가 정신의 유기적 결합을 통해 이루어졌습니다. 급속한 산업 성장과 정치적 민주화가 동시에 진행되는 역동적인 환경 속에서, 혁신과 창업에 대한 제도적·문화적 장벽이 점진적으로 완화되었고, 베이비붐 세대의 대규모 노동 시장 진입과 함께 농업 중심 사회에서 산업 사회로 성공적으로 전환한 대만은 내재된 산업적 잠재력을 외부의 선진 기술 및 경영 노하우와 결합하여 독특한 발전 패러다임을 창출해냈습니다.

이제 AI가 주도하는 새로운 기술 혁명의 시대를 맞이하여, 독창적인 정체성과 문화적 유산을 지닌 대만의 산업 부문은 다각적인 진화의 다음 단계에서 자신만의 독특한 발전 경로를 모색하고 있습니다. 이는 단순한 기술적 도약을 넘어, 대만의 경제적·사회적·문화적 지속가능성을 담보할 수 있는 총체적 혁신의 과정입니다.

저는 여러 강연에서 "모든 뉴스는 가짜이고 소설만 진짜"라는 도발적인 농담을 종종 했습니다. 소셜 네트워크 서비스[SNS]의 폭발적 확산, 기업 홍보·마케팅 기능의 고도화 및 전문화, 그리고 기업 경영 활동에 대한 규제 강화 등 복합적 요인들로 인해 전통적인 저널리즘의 영향력과 입지가 급속히 축소되고 있으며, 저는 이러한 맥락에서 매스 미디어의 황금기가 이미 종언을 고하고 있다는 점을 여러 차례 강조해 왔습니다.

그러나 주제를 설정하고 핵심 가치를 파악하고 소규모 언어 모델로 소규모 전문 데이터베이스를 구축하거나 심지어 기업이 전문 정보를 의뢰할 때 유출을 방지하기 위해 뉴스를 기업 내부 데이터베이스에 직접 제공할 수 있다면 누적된 뉴스의 가치와 운영 방식을 재정의할수 있습니다.

대만의 차세대 전자 산업은 단순한 경제적 성장을 넘어, 대만 사회 내 계층 구조의 변화와 부의 재분배에 중대한 영향을 미쳤으며, 2024년 글로벌 하이테크 기업들이 대규모 구조조정과 인력 감축을 단행했을 때에도 대만 경제가 상대적으로 안정적인 성장 궤도를 유지할수 있었던 핵심 요인으로 작용했습니다. 대만 상장 전자 기업들의 수익성과 매출 규모는 마이크로소프트, 애플, 엔비디아와 같은 글로벌 기술 대기업들에 비해 덜 극적일 수 있으나, 대만에는 전자 산업에 직간접적으로 고용된 인력이 약 100만 명에 육박하며, 이는 최소 100만 가구가 전자 산업과 직접적인 경제적 연계성을 갖고 있음을 의미합니다.

더욱이, 대만 기업들이 해외 사업장에서 추가로 200만~300만 명의 고용을 창출하고 있다는 점을 고려할 때, 대만 기업들이 글로벌 ICT 공급망 내에서 차지하는 중요성은 단순한 산업적 위상을 넘어서고 있습니다. 대만 기업들이 전 세계에 제공하는 광범위한 고용 기회와 경제적 기여는 단순한 자본이나 장비 투자로는 대체할 수 없는 독특하고 지속가능한 가치를 창출하고 있으며, 이는 대만 경제의 글로벌 경쟁력과 레버리지를 강화하는 결정적 요소로 작용하고 있습니다.

새로운 물결이
옛 물결을 밀어내다

1985년, 행정원 하이테크 자문위원으로 활동하던 밥 에반스^{Bob Evans}는 대만 정부에 대한 전략적 제안을 통해 대만 컴퓨터 산업의 미래 방향성에 결정적인 영향을 미쳤습니다. 그는 대만이 단순히 애플 Ⅱ^{Apple Ⅱ} 모조품을 지속적으로 생산하는 저부가가치 전략에서 벗어나, IBM에 합법적인 라이선스 로열티를 지불하고 'IBM 호환 컴퓨터^{IBM Compatible PC}'라는 공식 명칭으로 개인용 컴퓨터를 제조·판매해야 한다는 혁신적인 비전을 제시했습니다. 이 시기 IBM PC는 세계 컴퓨터 시장에서 최고의 브랜드 파워와 시장 지배력을 보유하고 있었으며, 'PC 클론'으로 불리던 호환 기종들은 점차 대만 컴퓨터 산업의 대표적 상징이자 핵심 수출 품목으로 자리매김하게 되었습니다.

1985년은 대만 PC 산업 발전의 원년으로 평가받고 있습니다. 이 시기 에이서는 IBM의 기술적 표준을 활용하여 '남의 배를 빌려 아기를 낳는' 전략을 성공적으로 구사했으며, 이와 동시에 마이크로소프트가 윈도우 운영체제를 출시함으로써 산업 표준화의 기반이 확립되었습니다. 이듬해인 1986년, 인텔이 386 마이크로프로세서를 출시하자, 에이서의 창업자 스전룽 회장은 자사가 컴팩^{Compaq}에 이어 세계에서 두 번째로 386 기반 PC를 출시한 기업이 되었다고 자부심을 표명했습니다. 이러한 기술적 선도성은 에이서의 국제적 명성을 크게 제고했을 뿐만 아니라, 대만 컴퓨터 산업 전체의 글로벌 위상 강화와 산업 생태계 발전에 지대한 기여를 했습니다.

1986년부터 1990년 사이, 당시 마더보드 업계의 '빅4'로 불리던 MSI^{Micro-Star International}, 기가바이트^{技嘉}, 엘리트^{精英}, 아수스가 연이어 설립되며 글로벌 PC 하드웨어 시장에서 중요한 플레이어로 부상했습니다. 특히 ASUS의 영문 브랜드명은 그리스 신화에 등장하는 날개 달린 말 '페가수스^{Pegasus}'에서 유래한 것으로, 후일 브랜드 사업과 OEM 생산 부문을 전략적으로 분리했을 때 브랜드 사업체는 기존의 ASUS 명칭을 유지한 반면, OEM 대량 생산을 전문으로 하는 분사 기업은 '페가트론^{Pegatron}'이라는 이름을 채택했는데, 이는 두 기업 간의 뿌리 깊은 연관성을 명확히 보여주는 상징적 사례입니다.

당시 설립된 대부분의 기업들은 창업자들이 비교적 일반적인 사회경제적 배경을 가진 경우가 많았으며, 그 시대는 '무에서 유를 창조하는' 기업가 정신이 전례 없이 번성했던 시기였습니다. 그러나 대만 산업 발전 과정에서 진정으로 주목하고 높이 평가해야 할 점은 당시 형성된 특유의 창업 생태계와 혁신 분위기입니다. 젊고 유능한 엔지니어들이 앞다투어 창업의 물결을 일으켰을 뿐만 아니라, 이미 견고한 기반을 갖춘 기존 기업들도 적극적인 수평적 확장과 다각화 전략을 통해 대만의 종합적인 산업 생태계 형성에 기여했습니다.

중국의 대표적 인터넷 기업인 텐센트가 초기 메신저 서비스인 QQ를 개발할 당시 주요 자문 역할을 수행했던 저의 오랜 동료 리전장李鎮樟은 싱가포르 정부의 공식 초청을 받아 싱가포르 하이테크 개발위원회에서 전략 컨설턴트로 활약하기도 했습니다. 그의 통찰력 있는 비유에 따르면, "싱가포르의 산업 발전 모델은 정교하게 구성되고 치밀하게 조율된 교향곡과 같은 반면, 대만의 산업 발전 방식은 즉흥성과 창의성, 성공과 실패가 공존하는 역동적인 재즈 음악에 비유할 수 있다"라고 표현했습니다. 이는 대만 산업 발전의 특징인 자생적 혁신성과 적응력을 간결하면서도 깊이 있게 포착한 비유라 할 수 있습니다.

반도체 산업의 태동

오늘날 모든 대만인들이 자부심을 갖고 바라보는 TSMC의 눈부신 성취는 하루아침에 이루어진 것이 아닙니다. 1987년에 설립된 TSMC와 그보다 앞선 1980년에 창립된 UMC는 초기에 상당히 열악하고 비우호적인 산업 환경에 직면해 있었습니다. 단순한 음악 재생용 IC^{Integrated Circuit}를 제조하거나 계절성 크리스마스 카드에 소형 칩을 내장하는 수준이었던 UMC나, 순수하게 위탁 생산(파운드리) 서비스만을 전문으로 하던 초기의 TSMC는 당시 반도체 산업의 중심지였던 실리콘밸리의 주류 기업들로부터 사소하고 주변적인 존재로 간주되었습니다.

이는 오늘날 실리콘밸리의 기술 엘리트들이 AI나 양자 컴퓨팅과 같은 최첨단 기술에 대해 열광적으로 논의하면서도, 엔비디아나 AMD와 같은 기업들의 AI 가속기 칩이 실제로 어떤 기업들에 의해 생산되고 있는지에 대해서는 상대적으로 관심을 기울이지 않는 현상과 유사합니다. 이러한 역사적 맥락은 대만 반도체 산업이 어떻게 초기의 불리한 여건을 극복하고 글로벌 공급망의 핵심 주체로 부상하게 되었는지를 이해하는 데 중요한 시사점을 제공합니다.

대만 반도체 산업 가치 사슬의 각 연결 고리는 비용 효율성을 최적화하기 위한 자연스러운 진화 과정과 함께, 내부적·외부적 환경 요인의 유리한 조합을 통해 형성되었습니다. 엘리트주의적 성향이 강한 실리콘밸리의 기업 문화와는 달리, 대만에서는 기업이 성공을 거두면 최고 경영진과 핵심 인재들이 상당한 부를 축적하는 경우가 많지만, 이러한 부의 상당 부분이 사회 전반으로 환류되는 특징을 보입니다. 대만에서는 대부분의 전자 기업들이 다수의 고위 전문 경영인들과 함께 설립되는 경향이 있으며, 이들 기업이 대규모 사회적 자본의 투자를 받아 성공적인 양산 체제를 구축하면, 그로부터 발생한 부가 사회 전반에 보다 균형 있게 분배되는 산업 발전 방식을 취하고 있습니다.

1987년 초, 미국 남가주 대학교를 졸업한 우친즈吳欽智 박사는 에이서의 창업자 스전롱施振榮의 직접적인 초청을 받아 대만으로 귀국하여 ALi^Acer Labs Inc.를 설립했습니다. 같은 해 4월, TSMC가 공식적으로 외국인 투자 기업으로 등록되었을 때, 에이서가 전략적으로 투자한 ALi는 마스크 번호 TMD0001로 기록된 TSMC의 역사적인 첫 번째 고객이 되어, 대만 반도체 파운드리 산업의 황금기를 열게 되는 결정적인 계기를 제공했습니다.

이 역사적인 첫 번째 상업용 칩은 우친즈 박사와 에이서의 원로 엔지니어였던 좡렌촨莊人川 등이 공동으로 설계한 제품이었으며, 이들은 모두 미국 남가주 대학교의 동문이라는 공통점을 가지고 있었습니다. 이처럼 대만은 지역 사회의 토착 산업 역량과 해외에서 교육받고 귀국한 학자들의 전문성이 절묘하게 결합하여, 적절한 시기에 적절한 산업 분야를 육성함으로써 미국인, 한국인, 일본인들조차 예상하지 못했던 놀라운 경제적·기술적 성과를 창출할 수 있었습니다.

1970년대 초, 실리콘밸리의 대표적 기업 인텔이 반도체 산업의 주도권을 확고히 장악하고 승승장구하던 시기에, 일본은 국제무역산업성의 전략적 지원과 정책적 방향 설정 아래, 1976년 자국의 8개 주요 전자 제조업체들이 참여하는 반도체 산업 개발 컨소시엄^SIDC을 체계적으로 조직했습니다.

이 국가적 차원의 연구개발 프로그램은 불과 4년이라는 짧은 기간 내에 4,000개 이상의 특허를 개발하는 놀라운 성과를 거두었으며, 특히 DRAM과 같은 메모리 반도체 분야에서 미국을 추월하는 기술적 우위를 확보하는 데 성공했습니다. 이로 인해 1985년에는 인텔이 전략적 결단을 내려 DRAM 사업에서 완전히 철수하는 극적인 산업 재편이 이루어지기도 했습니다.

"일본 제일Japan as No.1"이라는 구호가 전 세계적으로 울려 퍼지던 이 격변의 시기에, 미국과 일본은 양국 간의 무역 불균형과 기술 경쟁 관계를 조정하기 위해 미-일 반도체 협정US-Japan Semiconductor Agreement과 플라자 합의Plaza Accord를 체결했습니다. 이러한 지정학적·경제적 변화는 예상치 못했던 결과를 가져왔는데, 바로 당시까지만 해도 불가능해 보였던 첨단 반도체라는 신흥 산업 분야에 대만과 한국이 진입할 수 있는 전략적 틈새 기회를 제공한 것입니다.

삼성전자의 최고 전략가이자 현재 삼성 반도체 자문위원회 의장을 역임하고 있는 손영권 회장은 2024년 초 특별 인터뷰에서 자신의 경력 경로를 저에게 들려주었습니다. 그는 미국에서 성장했으며, 인텔에서 근무하던 중 앤드류 그로브Andrew Grove CEO가 1985년 DRAM 사업을 전략적으로 포기하고 삼성전자로의 기술 이전을 심각하게 고려하기로 결정한 역사적 전환점까지 인텔에 재직했었습니다. 한국어에 능통했던 손 회장은 이후 한국으로 귀국하여 인텔 코리아의 초대 지사장을 역임하면서, 한국 반도체 산업의 태동과 발전 과정을 최전선에서 목격하고 참여했습니다.

1983년, 당시 삼성그룹의 막내 회장이었던 이건희 회장은 선견지명을 바탕으로 삼성이 반도체 산업에 본격적으로 진출할 것을 결정적으로 지시했으며, 이 역사적인 결단은 이후 40년 동안 삼성의 글로벌 성공을 견인하는 핵심 토대가 되었습니다. 2015년 이후 삼성전자의 총매출 중 약 3분의 1이 반도체 부문에서 발생하고 있지만, 전체 영업 이익의 약 3분의 2는 반도체, 특히 메모리 반도체 사업에서 창출되고 있습니다.

같은 해인 1983년, 현대그룹은 첨단 반도체 개발에 전략적으로 투자하기 위해 현대전자를 설립했는데, 이는 삼성전자와 함께 한국 반도체 산업의 양대 산맥을 형성하는 결정적 계기가 되었습니다. 거의 동일한 시기에, 대만에서는 모리스 창이 1984년 대만공업연구원工研院의 원장으로 초빙되어, 대만의 첨단 웨이퍼 제조 사업을 본격적으로 준비하기 시작했습니다.

이미 견고한 산업적 기반과 오랜 기술적 전통을 보유하고 있던 유럽, 미국, 일본 등 선진 산업 국가들과는 달리, 대만과 한국은 반도체 산업의 발전과 함께 반도체 장비 산업, 특수 소재 공업 등 연관 산업을 동시에 육성해야 하는 복합적인 도전에 직면했습니다. 이러한 어려운 여건은 역설적으로 '부족함의 아름다움Beauty of Insufficiency'이라는 특별한 경쟁력을 형성하는 계기가 되었습니다.

반도체 테스트 장비 분야의 세계적 선도 기업인 일본의 어드밴테스트Advantest가 2024년 창립 70주년을 맞이하는 것에서 알 수 있듯이, 선진국들의 반도체 관련 장비 및 소재 산업은 오랜 기간에 걸쳐 체계적으로 발전해 왔습니다. 반면, 대만과 한국의 반도체 산업은 장비 및 소재 분야에서 상대적인 취약점을 안고 출발했지만, 반도체 패키징 및 테스트^{Packaging & Testing} 분야에서는 글로벌 시장을 선도하는 놀라운 역량을 발휘했습니다.

특히 주목할 만한 것은, 1984년 대만의 썬마이크론이 설립되기 훨씬 이전인 1968년에 미국에서 활동하던 한국계 기업가 제임스 김(김현준)이 이미 반도체 패키징 및 테스트 전문 기업인 아남반도체를 창업했다는 사실입니다. 후일 본사를 미국 펜실베이니아로 이전하고 앰코^{Amkor}로 사명을 변경한 이 기업은 한때 글로벌 시장 점유율 30%에 육박하는 압도적인 위상을 확보했으나, 대만의 썬마이크론이 급부상하면서 세계 2위 업체로 자리매김하게 되었습니다.

이처럼 대만과 한국의 반도체 산업은 각자의 독특한 발전 경로와 전략적 선택, 그리고 차별화된 경쟁 우위를 바탕으로 글로벌 반도체 생태계의 핵심 주체로 부상했으며, 특히 두 국가가 보유한 제조 분야의 탁월한 역량과 급변하는 시장 환경에 대한 적응력은 오늘날 세계 반도체 산업의 지형을 근본적으로 재편하는 결정적 요인으로 작용했습니다.

자본 운영이 중요 경영 수단이 되다

2015년 8월, 썬마이크론은 SPIL의 지분 25%를 신속히 인수했습니다. 대만의 반도체 OSAT 산업 역사에서 썬마이크론의 SPIL 인수는 대만의 패키징 및 테스트 산업 역사를 바꾸는 핵심적인 한 페이지로 꼽을 수 있습니다.

2010년 이후 중국 반도체 기업들은 인수합병을 통해 일본과 싱가포르의 OSAT 공장을 인수하면서 썬마이크론의 선두 자리를 서서히 위협하고 있습니다. SPIL이 지위를 잃게 되면 썬마이크론의 선두 자리는 분명 도전받을 것이며, 이는 부품 유통업체 다렌다^{大聯大}가 웬예^{文曄}에 대규모 투자를 하고, 유우상^{友尚}과 합병하는 것과 비슷한 양상입니다.

금융 부서와 자본 시장은 당장의 이익을 중시할 수도 있지만, 기업가들은 10년, 20년 후의 선도 우위와 사업의 영광을 생각합니다. 썬마이크론과 SPIL의 합병, 다렌다의 웬예 투자 등은 대만 산업 성숙기 자본 운용의 대표적인 사례입니다.

산업 구조 측면에서 보면, 다렌다가 애로우^{艾睿}와 애브넷^{安富利}의 아시아 사업 개입 가능성을 피하기 위해 WT마이크로일렉트로닉스에 투자한 것은 중국 업계가 글로벌 OSAT 시장을 장악하는 것을 막기 위해 썬마이크론이 SPIL을 합병한 것과 어느 정도 유사합니다. 다만 SPIL이 썬마이크론에 합병된 사례와는 달리 다렌다는 처음부터 경영에 개입하지 않겠다는 입장을 견지했습니다. 결국 WT마이크로일렉트로닉스는 독립 경영을 유지했고 따렌다는 재무적 수익을 달성했으며 공동으로 미국 기업의 아시아 신흥 시장 진출을 막는 데 성공했습니다. 기업가들의 이러한 창의성과 선견지명은 많은 합병 사례에서 찾아볼 수 있습니다.

2023년 다렌다의 연간 매출은 213억 달러로 여전히 WT마이크로일렉트로닉스의 193억 달러를 초과했습니다. 그러나 WT마이크로일렉트로닉스가 캐나다의 퓨처일렉트로닉스^{Future Electronics}를 인수하고 2024년 4월부터 퓨처일렉트로닉스의 매출을 포함시킨 후부터는 WT마이크로일렉트로닉스가 꾸준히 다렌다의 매출을 뛰어넘어 대만 1위 부품 유통업체의 지위를 확보했을 뿐만 아니라 심지어 유망한 북미 시장과 다수 지역 유통권에서도 선두 지위를 차지할 수 있게 되었습니다.

가트너의 추정에 따르면 퓨처일렉트로닉스의 매출을 합하면 WT마이크로일렉트로닉스는 12%의 시장 점유율로 세계 1위 부품 유통업체가 될 것으로 예상됩니다. 자동차 및 산업 제어 분야에 특화된 퓨처일렉트로닉스의 전문성은 총마진이 높을 뿐만 아니라 WT마이크로일렉트로닉스가 깊이 관여하고 있는 아시아 시장과 상호 보완성이 높기 때문에 대만의 자본 이점은 퓨처일렉트로닉스의 북미 시장 운영에도 상당히 긍정적인 효과를 가져올 수 있습니다. 그러나 대만 사람들은 유럽과 미국에서 기업을 관리하는 데 능숙하지 않기 때문에 문화적 장벽을 넘어 아시아에서 북미로 높은 벽을 넘어 진격하는 것은 미국 시장으로 되돌아가려는 기업에게 어려운 도전임이 분명합니다.

기업의 합병은 많은 절충 이슈에 직면 할 수밖에 없습니다. 다렌다의 경영진은 기업의 핵심 가치를 공고히 지켜 회사 운영 초기의 곤혹스러운 점들을 잘 해결했습니다. 우리는 기업의 발전 과정에서 문제가 있고 없고가 관건이 아니라 문제를 여하히 풀어내느냐는 것임을 압니다.

제2의 미디어텍은 등장할 수 있을까?

1998년에 설립된 미디어텍은 UMC에서 분사한 반도체 설계 회사로 처음에는 UMC의 한 부문에 불과했습니다. 그러나 양떼도 호랑이가 거느리면 위풍당당한 법입니다. 미디어텍은 시청각 칩 시장에서 처음으로 생존 공간을 찾은 후 지난 20년 동안 다양한 분야의 다른 대만 설계 회사 중 엠스타晨星半導体, 레이시온, 라이트온 및 ALi를 인수했습니다. 이제 다양한 기능을 갖춘 그룹 운영 체제를 형성하고 세계 5대 반도체 설계 회사 중 하나로 성장했습니다.

컴퓨텍스 타이베이 2024의 메인 무대에서는 미디어텍의 CEO인 차이리싱蔡力行이 무대에 올라 강연을 진행했고, 모두가 'ARM 기반 윈도우' 시대에 미디어텍이 AI의 새로운 비즈니스 기회를 어떻게 관리할 것인지 귀를 기울였습니다. 모두들 '엣지 컴퓨팅'이 대만의 주요 전장이 될 것이라고 믿고 있습니다. 다양한 단말기 장비부터 부품 수요에 이르기까지 대만은 이 전부를 수행할 수 있는 유일한 국가입니다. 특히 반도체 설계 산업은 세분화되고 세분화 될 수 있으며 세계에서 대만의 위치는 여전히 두 배로 성장할 수 있는 기회가 있습니다. 다만 설계 인재의 부족과 신제품 및 기술 트렌드에 대한 담론 능력의 부족은 대만이 새로운 상황에 직면하는 데 한계가 되었습니다.

짝퉁이 성행하던 시대에 차이밍지에蔡明介는 "일대권왕一代拳王"이라는 표현으로 천하 대세를 논하면서 대만의 반도체 설계 산업에 지속 가능한 성장 메커니즘이 부족하며 이는 대만의 반도체 설계 회사에 심각한 도전이 될 것이라고 믿었습니다. 대만의 반도체 설계 산업은 큰 규모가 되었고, 업계에서는 미디어텍 외에 또 다른 미디어텍이 있을 수 있는지에 대해 물었습니다. 대만의 반도체 설계 산업의 역사를 되돌아 보면 향후 산업의 발전 방향을 찾을 수 있을지도 모릅니다.

그해 우친즈吳欽智와 함께 ALi를 설립한 좡런촨莊人川은 2022년에 세상을 떠났습니다. 우친즈와 좡런촨은 모두 1972년 USC에 입학한 후 리샤오쥔李曉均과 함께 세 사람은 1986년 캘리포니아 산호세에 반도체 설계 회사를 설립했고, 초기 프로젝트는 Acer의 의뢰를 받아 설계했습니다. 설계가 완료된 후 스천룽施振榮이 이들을 대만으로 초청해 ALi를 설립하게 됐다고 합니다.

1980년대 중반부터 호황을 누리고 있는 PC 산업은 반도체 설계의 온상으로, 많은 선진국이 반도체의 중요성을 인식하고 있지만 대부분 대만만큼의 성공이나 유리한 현지 여건을 갖추지 못하고 있었습니다. 대만과 비슷한 시기에 PC 산업을 발전시킨 한국은 애플, HP, 델의 OEM 수주에서 대만과 경쟁하기 어려워 반도체, 패널 등 기술 집약적이고 자본 집약적인 사업에 집중했습니다. 폭스콘, 위스트론, 콴타 등 대량 생산 업체들이 PC 산업의 기반을 구축하지 않았다면 대만의 반도체 설계 산업은 오늘날의 성과가 없었을 것입니다. 대만의 반도체 설계 산업이 한국의 10배 규모에 달하여 파운드리 산업에 투입될 수 있었던 것도 중요한 이유입니다.

오늘날 대만의 경험을 재현하는 것은 시간과 장소가 다를 뿐만 아니라 리스크도 매우 다릅니다. 무에서 유를 창조하는 것이 얼마나 어려운 일인지 잘 알고 있는 대만은 개발 과정에서 다른 나라에 도움을 줄 수 있으며, 심지어 리스크를 최소화하는 데도 도움을 줄 수 있습니다.

규모의 경제, 자본 시장의 힘

1990년부터 2009년까지 20년 동안 글로벌 공급망의 구조는 극적으로 변화했습니다. 앞의 10년은 대만 독주의 시대였고 뒤의 10년은 대만 기업들이 광둥성의 선전과 둥관에서 장강 삼각주, 청두까지 중국 내 생산 기지를 확장했습니다. 이후 10년 동안 대만 기업들이 광둥성 선전과 둥관에서 장강삼각주, 청두, 충칭, 정저우로 중국 내 생산 기지를 확장하면서 전 세계로 사업을 확장했고, 이는 곧 붉은 공급망의 발전으로 이어졌습니다.

붉은 공급망의 부상은 대만 기업의 도움도 있었지만, 큰 시대적 조력도 있습니다. 대만 기업들이 컴퓨터와 주변기기의 대규모 OEM 주문에 집중하는 동안 중국 본토 기업들은 조용히 모바일 통신 사업 기회를 흡수하여 가장 위협적인 새로운 세력으로 성장했습니다. 2008년 베이징 올림픽은 중국의 상상력과 인구학적 배당*이 주요 패권국들을 위협하기에 충분한 가치가 있다는 것을 전 세계에 각인시켰습니다.

---

*   역주: 중국의 큰 인구로 인하여 큰 시장과 큰 성장이 가능해지고 이로 인하여 상대적으로 쉽게 사업을 하고 큰 이익을 얻을 수 있는 현상을 말한다.

2009년에 중국의 총 GDP가 일본을 추월했습니다. 2009년부터 2019년까지 세계 총 GDP는 60조 9,000억 달러에서 87조 8,000억 달러로 증가했으며, 약 27조 달러의 증가 중 3분의 1이 중국에서 발생했습니다. 중국의 도움이 없었다면 이 기간 동안 세계 경제는 안정과 번영을 유지할 수 없었을 것입니다.

대만은 중국의 부상을 두려운 마음으로 바라보고 있습니다. 우뚝 서 있던 대만 기업들은 생산 용량의 일부를 매각하고 심지어 중국의 공급망에 편입되기 시작했습니다. 모바일 통신 시장에 고무된 세계 10대 휴대폰 브랜드 중 8개가 중국 기업이며, 전 세계 수천 개의 유니콘 기업 중 4분의 1이 중국 기업입니다.

알리바바, 텐센트, 징동, 바이두 외에도 디디추싱 등 새로운 혁신 기업들이 풍운처럼 일어났고 동아시아는 다시 솟구치기 시작했으며 시간은 중국의 편에 있는 것처럼 보였습니다. 트럼프의 노한 호통이 울려 퍼지고서야 세상의 궤도는 바뀌기 시작했습니다.

대량생산,
원가 지상의 시대

1985년은 대만 산업계가 PC에 본격적으로 집중하기 시작한 역사적
인 해이며, 동시에 마이크로소프트 윈도우즈가 세계 시장에 출시된 중
요한 전환점이기도 합니다. 이듬해인 1986년에는 마이크로소프트와
IBM이 협력 관계를 구축했으며, 여기에 인텔이 같은 해 출시한 혁신적
인 386 CPU가 더해져 대만은 국제 표준과 글로벌 대기업들이 설정한
기술적 틀을 충실히 따르는 40년간의 장대한 하이테크 여정을 시작하
게 되었습니다.

저는 1990년부터 대만의 IT 산업 발전에 핵심적 역할을 담당했던

리궈딩^{李國鼎} 장관을 수행하며 외국 귀빈들을 맞이하고 정보기술정책위원회^{ITSC}에서 대만의 정보기술 산업 구조를 국제 사회에 체계적으로 설명하는 전문 분석사 역할을 수행했습니다. 또한 1990년 베이징에서 최초로 개최된 양안 과학기술 산업 포럼에서 대만을 공식 대표하여 대만의 성공적인 산업 발전 경험에 관해 처음으로 발표한 인물이기도 합니다.

1997년 IMF 사태 당시, 주변국들이 금융 위기의 큰 타격을 받는 동안 대만은 상대적으로 그 폭풍의 영향권 밖에 위치한 독특한 국외자 위치를 점하게 되었습니다. 당시 MIC 부원장 직책을 맡고 있던 황리^{黃鐇}는 이 상황을 매우 적절하게 비유하며 "대만 사람들이 문을 닫고 서로 죽기 살기로 싸우다가 문을 열어보니 땅바닥에 쓰러져 있는 사람들은 모두 일본인과 한국인이었다"라고 표현했습니다. 당시 우리 두 사람은 각각 한국과 일본을 오랫동안 전문적으로 연구해왔기 때문에 동아시아 내 국제 경쟁의 핵심 요소를 깊이 이해하고 있었습니다.

대만은 PC 산업을 견고한 기반으로 삼아 놀라울 정도로 강력한 산업 생태계를 구축했는데, 당시 세계 시장에서 유통되는 노트북과 메인보드의 80% 이상을 대만 기업들이 생산하는 압도적인 시장 지배력을 보여주었습니다. 특히 시즈에서 신주과학단지로 이어지는 주요 고속도로 양쪽에 첨단 생산 기지들이 고밀도로 집중되어 있었습니다. 대만의 상대적으로 제한된 토지 자원과 높은 인구 밀도는 역설적으로 기업 간 긴밀한 소통과 협력이 용이한 환경을 조성했으며, 이러한 지리적 특성은 베이비붐 세대가 산업의 주축을 이루던 시기에 대만의 핵심적인 경쟁 우위 요소로 작용했습니다.

　PC 기반 산업의 급속한 성장은 자연스럽게 반도체 수입 수요를 대폭 증가시켰고, 이는 대만 내에서 반도체 설계와 웨이퍼 제조 산업이 본격적으로 성장하고 번영하는 계기가 되었습니다. 이렇게 발전한 ICT공급망과 반도체 산업은 대만 국가 발전의 쌍둥이 주력 분야로서 서로를 보완하며 상승효과를 창출했습니다. 1990년부터 2009년까지 이어진 20년의 기간 동안, 제 세대의 수많은 기업가들과 엔지니어들이 이 역동적인 시대의 참된 영웅으로 부상하며 대만 산업 발전의 황금기를 구축하는 데 결정적인 역할을 담당했습니다.

　새천년에 접어들면서 대만의 산업 규모는 과거와 비교할 수 없을 정도로 엄청나게 확장되었고, 세계 각국의 주요 기업들로부터 대만 기업들이 대규모 OEM 주문을 연속적으로 수주하면서 대만 국내의 생산 시설만으로는 급증하는 시장 수요를 충족시키기 어려운 상황에 직면했습니다. 이에 대응하여 대만 업계는 중국 본토로 대규모 생산 시설을 이전하기 시작했으며, 산업의 무게중심은 초기에 위탁가공이 주로 이루어지던 선전과 동관에서 점차 양쯔강 삼각주 지역으로, 그리고 더 나아가 청두, 충칭, 정저우와 같은 내륙의 신흥 산업 도시들로까지 광범위하게 확장되었습니다. 특히 2000년에는 대만의 마지막 노트북 생산 라인마저 중국으로 이전하는 중요한 전환점을 맞이했습니다.

　이 시기 이후 대만은 여전히 세계적인 컴퓨터 왕국으로 명성을 유지했지만, 실질적인 생산 기반은 대부분 중국 본토로 이전했으며, 이러한 변화는 추후 '붉은 공급망'이라 불리는 중국 중심의 새로운 제조 네트워크가 발전하는 토대가 되었습니다.

　2007년 애플의 혁신적인 아이폰 출시는 휴대폰 산업에 혁명적 변화를 가져왔으며, 기존의 단순한 피처폰에서 양방향 데이터 업로드, 다운로드 및 실시간 스트리밍이 가능한 첨단 스마트 단말기로 진화하는 중대한 전환점이 되었습니다. 이듬해인 2008년, 중국이 국가적 총력을 기울여 성공적으로 개최한 베이징 올림픽은 전 세계 사람들이 중국의 경제적, 기술적 잠재력에 대해 깊은 호기심과 기대를 품게 만드는 계기가 되었으며, 실제로 중국은 이러한 국제사회의 기대에 충분히 부응하는 놀라운 성장을 보여주었습니다. 대만 기업들이 구축해 놓은 견고한 제조 기반을 활용하면서 중국은 단순한 '세계의 공장' 역할에서 벗어나 내수 시장이 주도하는 '쌍순환 경제체제'로 꾸준히 진화해 나갔습니다.

강산이 이토록 아름다우니
영웅들이 달려든다

1970년부터 체계적으로 발전해 온 대만 전자산업의 성공은 마오쩌둥 중화인민공화국 주석이 1936년 겨울, 산시성 옌안의 동굴에 은신해 있을 때 지은 시 「진원춘, 설沁園春·雪」의 구절, "강산이 이토록 아름다우니 그 많은 영웅들이 달려들 수밖에*" 라는 말을 떠올리게 합니다. 이

---

*   역주: 江山如此多嬌, 引無數英雄競折腰。중국 대륙에서 매우 빈번하게 회자되는 구절이다. 구만리 중국 강산을 '미녀'에 비유하고, 수많은 영웅들의 쟁투를 '허리를 꺾는다'라는 다소 통속적인 표현을 했는데 당시 거친 환경에 있는 공산당 및 군대에 알기 쉬운 이 시가 널리 퍼졌다고 한다.

유명한 시는 극도로 어려운 환경 속에서 단련된 사람들의 비전과 정신은 평범한 이들과는 근본적으로 다르다는 깊은 통찰을 담고 있습니다. 마오쩌둥에 대한 개인적 평가와 상관없이, "뛰어난 인물이 몇이나 되더냐, 오늘을 보아라*"라는 그의 말은 세상을 근본적으로 변화시키려는 원대한 야망과 불굴의 용기를 상징하고 있습니다. 우리는 세상의 판도를 바꾸는 혁신적 인물들이 결코 평범한 사람들일 수 없으며, 독창적인 비즈니스 모델을 창조해낸 위대한 기업가들은 반드시 수많은 비바람과 역경을 견뎌내며 성장했음을 분명히 인식해야 합니다.

제조업을 재정의한 사나이

2024년 2월, 타이베이의 세계적인 명성을 자랑하는 만다린 오리엔탈 호텔에서는 폭스콘 창립 50주년을 성대하게 축하하기 위해 50개의 대형 테이블을 가득 메운 각계 인사들이 모였습니다. 이 50주년 기념식은 폭스콘에만 중요한 의미를 갖는 것이 아니라, 1974년이라는 해가 대만 경제가 최악의 침체기에서 힘차게 반등을 시작한 역사적 시점이라는 점에서도 특별한 의미를 갖습니다.

　폭스콘의 화려한 창립 기념 만찬 자리에서 팀 쿡 애플 CEO는 특

＊　　역주: 數風流人物, 還看今朝。이 역시「진원춘, 설」에 나오는 시로, 제아무리 과거의 영웅들이 뛰어나다 해도 오늘 중국 공산당의 용사들만 하지 못하다는 의미를 가지고 있다.

별히 제작된 영상 메시지를 통해 폭스콘이 기존에는 몇 달이 소요되던 복잡한 제품을 불과 며칠 만에 완성하는 놀라운 제조 역량을 보여주었으며, 궈타이밍 창립자가 대량 생산의 기존 한계를 완전히 재정의함으로써 지난 30~40년 동안 글로벌 전자 산업을 주도해 온 내로라하는 브랜드들조차 그 혁신적 속도에 맞추기 위해 많은 노력을 기울여야 했다고 진심 어린 축하 인사를 전했습니다.

대만 최대 전자 5대 업체를 모두 합쳐도 폭스콘의 연간 매출액의 4분의 3에 불과할 정도로 압도적인 규모를 자랑하기 때문에, 통상적으로 전자 5대 업체를 언급할 때 폭스콘은 별도의 카테고리로 분류됩니다. 그러나 폭스콘과 이들 전자 5대 업체가 긴밀히 협력하여 글로벌 공급망을 효과적으로 구축하기 위해서는 반드시 대만의 독특한 산업 현실과 특수성을 깊이 이해하고 이를 출발점으로 삼아야 합니다.

저는 사업의 3요소가 '프로포지션定義*, 포지셔닝定位, 프라이싱定價'이라고 생각합니다. 그러면 류양웨이는 '궈타이밍 이후 자신의 시대'를 어떻게 정의할까요?

폭스콘은 현재 연간 매출액이 2,100억 달러를 훌쩍 넘는 초대형 글로벌 기업으로, 이러한 거대 조직의 미래 방향성을 모색하는 가장 효과적인 방법은 기업의 근본적인 본질로 돌아가 모든 전략적 문제를 심층적으로 재검토하는 것입니다. 이 방대한 기업 조직은 6개의 핵심 사

---

* 역주: 사업이 제공하는 본질적 가치 정의, 타당성을 의미한다. '삼성'식으로 말하면 '업의 개념'에 해당된다.

업 그룹으로 체계적으로 분할되어 있으며, 각 그룹을 책임지는 부사장들은 상당한 수준의 자율적 권한을 보유하고 있습니다. 류양웨이가 아무리 강력한 최고 경영자의 권한을 가지고 있다 하더라도, 전체 그룹의 효율적인 운영 시스템을 원활하게 유지하기 위해서는 적절한 권한 위임이 필수적입니다. 저는 늘 비즈니스 동료들에게 체계적인 운영 시스템이 확립된 대형 그룹에서 총수의 핵심 역할은 회사의 모든 세부적인 일상 업무에 직접 관여하는 것이 아니라, 명확한 업무 범위를 전략적으로 정의하고 시장 내에서의 차별화된 가치를 효과적으로 포지셔닝하는 것이라고 강조해 왔습니다.

과거에는 브랜드 파워와 첨단 기술을 보유한 선도 기업들이 기술 사양과 표준을 주도적으로 설정하고, OEM 기업들은 이에 따라 주문과 계약을 수동적으로 따르는 하향식 방식으로 산업이 발전해왔습니다. 폭스콘은 PC 시대 초기부터 시작하여 인터넷 시대의 다양한 도전과 위기를 성공적으로 극복하며, 빅데이터와 클라우드 서비스 영역에서 새로운 사업 기회를 선제적으로 발굴해왔습니다. 고객의 요구에 신속하게 대응하는 매우 순응적이면서도 시장의 목소리에 항상 귀 기울이는 폭스콘의 비즈니스 사고방식과 솔루션 접근법은 현재까지도 매우 효과적인 전략으로 평가받고 있습니다.

그러나 AI 시대로 급속히 진입하면서 상위 레벨의 비즈니스 기회는 여전히 존재하지만 점점 더 소수의 기업들에 집중되는 현상이 강화되고 있으며, 이 영역에서 효과적으로 경쟁할 수 있는 역량을 갖춘 다른 국가의 기업들은 그리 많지 않을 것으로 전망됩니다. 대만 기업들은 19세기 캘리포니아 골드러시 시대에 광산 도구를 공급했던 기업들처럼, 단기적으로는 매출 규모가 제한적이고 이윤도 크지 않을 수 있지만, 일단 규모의 경제를 안정적으로 확립하고 충분한 제조 노하우와 경험을 체계적으로 축적하게 되면, 타국의 경쟁 기업들이 대만 기업들의 경쟁력을 대규모로 추월하기란 결코 쉽지 않을 것입니다. 이제 폭스콘과 5대 전자 기업들이 직면한 가장 중요한 전략적 과제는 단순히 주문을 수주하는 차원의 문제가 아니라, 급속히 확장되는 IoT 생태계 내에서 자신들만의 독창적이고 차별화된 새로운 포지션을 명확히 정립하는 것입니다.

에이서의 대대적인 조직 개편

대만의 수많은 컴퓨터 관련 기업들 중에서도 스전룽施振榮, Shih Zhenrong 동사장과 그가 이끈 에이서는 대만 IT 산업의 가장 모범적인 사례로 널리 인정받고 있습니다. 부하 직원들에게 관대하고 적절한 권한을 과감히 위임하는 리더십을 실천해온 스전룽 동사장은 회사의 정신적 지주이자 에이서의 독특한 기업 문화와 성격에 지대한 영향을 미친 핵심적 인물로, 겸손하고 자신을 드러내지 않는 스타일이지만 장기적 관점에서 브랜드 경영의 깊은 통찰력과 내적 역량을 갖춘 뛰어난 비즈니스 리더입니다.

에이서의 발전 과정과 성공 경험은 대만 컴퓨터 산업 전반에 매우 획기적이고 신선한 바람을 불어넣었다고 해도 과언이 아닙니다. 지속적인 기업 성과, 체계적인 브랜드 경영 이론, 사회 공공의 이익에 대한 진정한 열정 등 모든 측면에서 스전룽 동사장은 대만 비즈니스 커뮤니티에서 존경받는 대부 같은 롤 모델로 자리매김했습니다. 저는 어린 시절부터 스전룽 동사장의 깊은 통찰력과 경영 철학을 직접 배울 수 있는 귀중한 기회를 여러 차례 가질 수 있었습니다. 개인적으로 스전룽 동사장은 저희 회사의 중요한 주주일 뿐만 아니라, 저의 비즈니스 경력 전반에 걸쳐 많은 조언과 지도를 아끼지 않은 소중한 멘토이기도 합니다.

2000년대 중반, 영향력 있는 IT 전문지인 디지타임즈는 에이서 그룹이 심각한 신뢰 위기에 직면해 있다고 심층적으로 보도한 바 있습니다. 브랜드 사업과 OEM 사업을 동시에 추진하는 병행 전략이 시장 환경 변화로 인해 중대한 시험대에 올랐던 것입니다. 에이서의 핵심 경영진들은 이 두 가지 상이한 사업 모델을 동시에 운영하는 것이 더 이상 효과적인 방법이 아니라는 결론에 도달했습니다. 이러한 심각한 위기 인식에 기반하여 2000년 말, 에이서는 과감한 두 번째 분사를 단행하고 그룹을 ABW(에이서, BenQ, 위스트론)라는 이름으로 새롭게 재편성했습니다. 회사의 창립자이자 오랜 기간 최고 경영자 역할을 맡아왔던 스전룽 동사장은 어떤 과정을 통해 이처럼 과감한 구조 개혁을 성공적으로 추진할 수 있었을까요?

이러한 대대적인 조직 개편 과정에서 그는 어떤 구체적인 어려움과 도전에 직면했으며, 이를 어떻게 극복했을까요? 재무 구조 재편, 복잡한 조직 설계, 핵심 인재의 효과적인 배치 등 모든 측면에서 그의 뛰어난 경영적 지혜와 결단력이 절실히 요구되었습니다. 비록 역사는 그 자체로 반복되지 않지만, 당시 스전룽 동사장이 보여준 이러한 중요한 의사 결정 과정과 리더십은 오늘날의 젊은 경영자 세대에게는 좀처럼 접하기 어려운 매우 소중한 교훈을 제공하는 귀중한 교재와도 같습니다.

제조에 집중하는 위스트론, 브랜드를 견지하는 에이서

이야기는 에이서가 분할되고 왕전탕王振堂이 동사장이 된 2004년으로 거슬러 올라갑니다. 텍사스 인스트루먼트에서 유럽 노트북 사업을 담당하던 지안프랑코 란시는 에이서가 텍사스 인스트루먼트의 노트북 사업부를 인수한 후 합류하여 분사 후 그룹 사장으로 취임했습니다.

대만 본사와 유럽 본사라는 이중 본사 체제는 대만과 해외 파벌 간의 인식과 통합의 격차에 직면하게 되었습니다. 결국 에이서는 18억 달러의 막대한 비용을 들여 란시를 해고했고, 그 후 유럽에서의 불법 복제 문제가 표면화되었을뿐만 아니라 란시 역시 에이서를 떠난 후 레노버에 합류하면서 유럽 시장에서 에이서는 2차 피해를 입게 되었습니다.

2012년 초, 에이서 그룹은 란시 전 CEO가 전 직장에 피해를 주고 레노버로 이직한 것을 비난하는 강력한 성명을 발표했습니다. 모든 세부 사항의 시시비비를 정확히 확인할 수는 없지만, 우리는 국제적인 브랜드를 운영할 때 직면할 수 있는 다양한 리스크를 심각하게 인식해야 합니다. 국제 경영 문제에 대한 이해가 상대적으로 부족했던 대만인들은 밀라노에서 태어나고 자란 경험 풍부한 유럽 경영인을 대면하면서 많은 것을 배웠지만, 그 교훈의 대가는 매우 비싸게 치러야 했습니다.

이후 에이서는 인텔 아시아 태평양 지역 사장을 역임하고 인텔의 글로벌 마이크로프로세서 사업을 총괄하는 등 글로벌 PC 시장에서 전문적인 경험을 탄탄하게 쌓은 천준성陳俊聖이 동사장직을 맡게 되었습니다. 2010년 이후 전 세계 전자 산업의 중심이 PC에서 모바일 통신으로 급격히 이동하고 클라우드 서비스와 AI이 산업의 새로운 패러다임을 주도하고 있는 가운데, 에이서 역시 이러한 거대한 변화의 과정에서 비디오 게임 사업 기회를 전략적으로 발굴하기 위해 지속적으로 노력해 왔습니다. 브랜드 가치가 빠르게 희석되고 있는 AI의 새로운 시대를 맞이하여 전통적인 컴퓨터 브랜드는 근본적으로 재정의될 수밖에 없는 상황인데, HP와 델뿐만 아니라 에이서가 앞으로 AI 노트북에 대한 정의를 어떻게 차별화하고 혁신적으로 재구성할지 여러분들은 주목할 필요가 있습니다.

최근 몇 년간 에이서에서 성공적으로 분리된 위스트론은 서버와 드론 분야에 전략적으로 집중 투자하고 있으며, 대만 5대 전자 기업 중 최초로 매출 총이익률 3~4%의 저수익 구조를 성공적으로 돌파했습니다. 린시엔밍林憲銘 동사장은 2025년 회사 매출의 절반 이상이 고부가가치 서버 사업의 기여에서 나올 것이라고 자신감 있게 예측하기도 했습니다. 대만의 상위 5대 전자 기업의 매출 총이익률을 비교 분석해 보았을 때 새로운 AI 시대에 접어들면서 크게 개선되었을뿐만 아니라 심지어 수익성 측면에서 두 개의 뚜렷한 그룹으로 명확하게 나뉘어져 있음을 확인할 수 있습니다.

콴타의 매출 총이익률은 4분기 연속으로 8%를 안정적으로 넘어 섰고, 위스트론은 한때 9%라는 인상적인 수치를 돌파하기도 했습니다. 반면에 두 번째 그룹에 속하는 인벤텍, 컴팔, 페가트론은 여전히 4~6% 사이의 상대적으로 낮은 수익률에서 치열하게 고군분투하고 있는 상황입니다.

콴타와 위스트론의 놀라운 성공의 핵심적 요인은 업계가 AI의 새로운 시대로 급속히 접어들면서 두 회사가 AI 기술을 매우 조기에 과감하게 도입하고 관련 사업에 적극적으로 투자한 데 있습니다. 2023년에는 PC 외 비즈니스가 전체 매출의 20%에 불과하지만 전체 수익의 65%라는 압도적인 비중을 차지할 것으로 예상되며, 위스트론은 이미 글로벌 시장에서 최고 수준의 서버 공급업체로 확고하게 자리 잡았습니다.

콴타 역시 PC 외 분야에서도 적극적으로 사업 영역을 다각화하며 확장하고 있습니다. AI 서버 분야의 괄목할 만한 발전 외에도 자동차 및 스마트 제조 산업의 미래 잠재력을 강하게 확신하고 있습니다. 린바 이리 동사장은 자사의 자동차 관련 제품 계획이 이미 2030년까지 체계적으로 수립되어 있다고 자신 있게 강조했고, 로봇 공학 및 첨단 산업 애플리케이션 개발에 대한 그룹의 전략적 노력 또한 시장 전문가들에게 매우 인상적인 평가를 받고 있습니다. 특히 콴타는 자국인 대만에 대규모로 집중 투자하고 있으며 연구개발 인력만 놀랍게도 8천명을 넘어서는 대규모 투자를 단행했습니다. 콴타의 린바이리와 중국 전기차 기업 BYD의 왕촨푸 동사장은 현재 자신들이 매우 좋은 시기를 보내고 있으며 아직 은퇴할 생각이 전혀 없다고 확고하게 밝히기도 했습니다.

4장

중국굴기에서
동승서강까지

여는글

2008 베이징 올림픽 개막식은 중국적인 요소로 가득했습니다. 중국의 최고 지도부는 물론 일반 시민들까지 '중화민족의 위대한 부흥'이라는 국가적 구호를 열정적으로 외쳤습니다. 서구의 틀을 완전히 벗어나 서구와는 근본적으로 다른 자신들만의 독특한 가치관을 바탕으로 새로운 세계 질서를 독자적으로 건설하겠다는 중국의 자신감이 강하게 느껴졌습니다.

2008년 말 미국에서 발생한 심각한 금융 위기와 그로 인해 전 세계적인 사회경제적 재앙으로 확산한 빈부 불평등 문제는 중국인들에게 서구 자본주의 시스템이 이미 막다른 골목에 다다른 것이 아닌가 하는 근본적인 의구심을 강하게 갖게 만들었습니다.

1950년 이후의 세계 질서는 미국이 압도적으로 주도하고 지배했으며, 서유럽 국가들은 이러한 미국 주도의 국제 질서에 충실히 동참하며 미국과 한통속으로 움직였습니다. 현대의 복잡한 국제 정치, 경제, 무역 환경에서도 우리는 미국을 비롯한 세계적인 강대국들이 전통적인 패권주의적 사고방식으로 그들이 인정하고 선호하는 세계 질서를 체계적으로 관리하고 있음을 분명하게 볼 수 있습니다. 자신들에게 전략적으로 유리한 게임 규칙 내에서 경쟁자들을 자신들이 임의로 정한 규칙에 따라 게임을 하도록 강제하게 되면 궁극적으로 누가 최종 승자가 될지는 이미 자명한 사실이라고 할 수 있습니다.

미국은 '모든 인간은 태어날 때부터 평등하게 창조되었다'라는 보편적 가치를 대외적으로 강력하게 주장하지만, 실제로는 이에 반하는 행동으로 국내외 크고 작은 논쟁에 끊임없이 휘말리는 모순적인 상황을 보입니다. 예를 들어, 세계적으로 유명한 US 마스터스 골프 토너먼트가 정기적으로 열리는 조지아주 오거스타Augusta의 명문 골프 코스는 여성과 흑인에게 매우 오랫동안 의도적으로 개방되지 않았으며, 다양한 유색인종이 미국의 핵심 가치에 대해 공개적으로 이야기할 때 미국의 주류 정치인들과 종종 심각한 충돌을 빚는 것을 쉽게 관찰할 수 있습니다. 1970년대 브레튼우즈 협정에 따른 달러화 중심의 국제 금융 질서부터 1980년대 미일 플라자 합의와 반도체 협정, 소련 해체 이후 1990년대 미국 주도의 세계 질서와 미국의 통상법 301조에 이르기까지, 이 모든 역사적 사례는 유럽과 미국이 지정학적 이익과 국제 경제 및 무역 관계를 자신들에게 유리하도록 의도적으로 조작해온 명백한 흔적을 뚜렷하게 보여주고 있습니다. 이러한 미국의 일관된 패권적 행태를 정확하게 포착한 중국은 미국의 규칙을 따르면 결국 중국이 구조적으로 불리함을 확신하고, 중국만의 독자적인 '중국식 사회주의' 관리 메커니즘을 적극적으로 구축해 나가고 있습니다.

세계 어떤 세력도 중국의 급속한 부상을 궁극적으로 막을 수 없습니다. 중국이 종종 "크기가 다르다"라고 말하는데, 이는 중국이 더 이상 미국의 규칙에 맹목적으로 복종하지 않을 것과 이에 대한 중국의 자신감을 내포하고 있습니다.

동중국해에서 대만해협, 그리고 분쟁이 심화되고 있는 남중국해에 이르기까지 중국은 그들의 선조들이 이미 오래 전에 이 지역을 중국의 고유 영토로 명백하게 선포했으며, 대만해협뿐만 아니라 동중국해와 남중국해는 미국의 카리브해와 본질적으로 같은 지위를 가지므로 미국이 아닌 중국의 국제 질서 지배에 당연히 따라야 한다고 주장합니다.

중국이 꿈꾸는 새로운 국제 질서

세계는 지금 어떤 모습일까요? 2024년 새해 연휴 기간에 스페인과 프랑스의 불만을 품은 농민들이 거리로 나와 격렬한 시위를 벌였습니다. 일본 구마모토熊本 현지의 평범한 노동자들은 TSMC에 성공적으로 취업하면서 갑자기 고임금 노동자로 신분이 상승했으며, TSMC의 고급 엔지니어들이 대거 이 지역으로 이사해 오자 지역 부동산 가격이 급격하게 치솟는 현상이 발생했습니다. 한국에서는 수만 명의 의료 종사자들이 대규모 파업을 전국적으로 벌여 의료 서비스 운영이 어려워졌습니다. 대만은 19년 만인 2023년에 일본과 한국의 GDP를 추월했습니다. 중국의 대만 침공 가능성이 제기되며, 그동안 중국의 그림자 속에서 생존해 온 대만이 얼마나 고난을 겪었는지 전 세계가 알게 되었고, 이로 인해 국제 사회는 대만의 민주적 목소리에 더 많은 관심과 성원을 보내기 시작했습니다.

스카버러 암초黃岩島(황옌다오)에서 필리핀 보급선과 중국 해양 경비대가 심각하게 대치한 이후, 중국 정부는 해양 경찰선에서 정규 군함으로 함정의 등급을 전격적으로 승격시켰고, 필리핀의 배타적 경제 수역조차도 중국의 고유 영해라고 일방적으로 주장하면서 필리핀 선박에 대한 등선 검문이 비정상적으로 정례화되었습니다. 중국이 금문도-샤먼 해역金廈水域(진샤 수역)에 정기적인 군사 순찰을 공식 발표하자 대만은 극도로 긴장하지 않을 수 없었는데, 이는 이러한 돌발 사건이 발생할 때마다 중국이 자국에 유리한 방향으로 국제 이슈에서 게임의 규칙을 일방적으로 바꿀 수 있는 그럴듯한 구실이 되지 않을까 우려했기 때문입니다.

중국은 주변 각국에 중국이 독자적으로 정한 게임의 규칙을 무조건적으로 받아들이라고 강력하게 요구하지만, 정작 국제적 틀을 끊임없이 깨뜨리고 있는 중국 자신은 보편적인 국제 규범을 받아들이지 않는 이중적 태도를 보이고 있습니다. 미국 정부 대변인이 "중국의 말을 진지하게 경청하지만 모든 것은 반드시 객관적으로 검증되어야 한다"라고 신중하게 말한 것도 바로 이러한 중국의 이중적 태도 때문입니다.

중국 공산당 정권의 공격적인 국제 관계 확대 정책과 일방적인 지정학적 정치 주장은 주변 이웃 국가들을 불안하게 만들었습니다. 일본 정부는 대만해협에서 무력 충돌 사건이 갑자기 발생할 경우를 대비해 자국 국민들이 피난할 수 있는 비상 계획을 시뮬레이션하기도 했으며, 특히 오키나와 주민들은 제2차 세계대전 당시의 참혹한 상황이 다시 반복될 것을 걱정하며 심지어 대만해협 유사시를 구체적으로 대비한 특수 대피소까지 선제적으로 건설하는 조치를 취했습니다.

전란의 고통을 아는 사람들은 발생할 모든 가능성을 생각합니다. 이민자와 그들의 후손들은 문제가 터질 때를 대비해 준비를 철저히 하고 마주해야 할 곤경을 현실적으로 고려할 것입니다.

160여 년 전, 인류 역사상 가장 치명적인 내전으로 기록된 태평천국의 난을 필사적으로 피해 저희 황씨 가문은 푸젠성福建省 남부 장저우漳州에서 위험한 흑수黑水를 용감하게 건너 대만 북부 이란宜蘭의 우시烏石 항구로 간신히 넘어와서 동해안 지역에 정착한 다른 이민자들을 위해 생계유지 수단으로 배를 전문적으로 제작했습니다. 이란 강을 따라 바다로 쉽게 나갈 수 있는 길목에 자리 잡은 작은 어촌 마을인 토우청頭城은 형식적으로는 국제적으로 첨예한 분쟁 지역인 댜오위타이 열도釣魚台列島의 분쟁 해역을 행정적으로 관리하는 대만의 중요한 행정 기관이기도 합니다.

정확히 100년 전인 1924년, 토우청은 예상치 못한 대규모 산사태로 인해 심각한 피해를 참혹하게 입었습니다. 마을의 생명선이었던 항구가 완전히 유실되면서 황씨 가문은 더 이상 전통적인 조선업을 이어가기가 어려워졌기에, 과감한 사업 개조를 통해 토우청 최초의 근대적 동력 공장을 설립했습니다. 두 개의 강력한 모터로 대형 목재 톱을 효율적으로 가동하고 지역 목재상들과 안정적인 거래 관계를 구축함으로써 황씨 가문은 오랜 시간 동안 지역 사회에서 상당한 경제력을 유지할 수 있었습니다. 100년이라는 긴 세월이 흐른 지금, 6대에 걸친 황씨 가문의 160년에 이르는 대만에서의 파란만장한 역사를 체계적으로 다시 살펴보니 수많은 사회적, 경제적 전환기를 거치면서 다양한 기복이 있었습니다. 그러나 안타깝게도 우리 세대의 직계 후손 중에서 고향 토우청에 남아 두드러진 경제적 성공을 이룬 사람은 아무도 없다는 흥미로운 사실을 발견할 수 있었습니다.

작은 마을에서 사람들은 여전히 열심히 일하고 있으며, 힘들게 번 농산물을 서로 교환하고 있습니다. GDP에 기여하지 못할 수는 있겠지만 사람 사는 맛은 넘치게 가지고 있습니다. 이곳의 전통적인 농업과 어업은 여전히 기반을 유지하고 있습니다. 비록 우리가 고향에 의탁할 수 있는 자리는 없지만, 현대 교육과 과학기술의 발전은 우리에게 또 다른 자리를 열어 주었습니다.

직업이 산업 분석가인 저는 항상 모든 질문에는 답이 있으며, 다만 상대적으로 좋은 답을 제공할 수 있느냐의 문제일 뿐이라고 말합니다. 윈윈은 가능한 것인가요? 윈윈이 불가능하다면 적어도 피해가 없도록 하거나 '피해는 줄이고 기여는 늘리는' 쪽으로 한 발짝 물러설 수 있습니다. 하지만 평화에는 대가가 따른다는 것도 알고 있습니다. 국공내전 이후 76년 동안 중국 공산당은 항상 "내전은 아직 끝나지 않았다"라고 말했고, 대만인들은 정말이지 편안한 삶을 살지 못했습니다.

기업가, 언론인, 대학교수, 과학기술 컨설턴트로서 저의 상상력은 이미 태평양을 넘어서고 있습니다. 저는 조상들에 구속되어 제 상상력이 굴곡진 일상의 조각들에 의해 제약받도록 내버려두지 않습니다. 과학기술 발전으로 인해 양안 전쟁은 10조 달러에 달하는 판돈과 향후 10년간 세계 경제의 흥망성쇠가 걸린 도박 게임이 되었으며, 배짱이 없는 사람은 이 도박판에 참여할 수 없을 것입니다.

지난 반세기 동안 지속된 눈부신 동아시아 경제 기적의 역사적 유산을 바탕으로, 현재 전 세계 해상 운송량의 절반 이상이 대만 인근 해역을 필수적으로 통과하고 있으며, 세계 5대 항공화물 처리 공항이 모두 전략적으로 중요한 동중국해 지역에 집중적으로 위치해 있습니다. 중국은 자국의 이익을 위해 국제적 항로를 자유롭게 일방적으로 변경했으며, 심지어 프랑스와 캐나다의 일부 국회의원들도 놀랍게도 이러한 중국의 행동을 적극적으로 옹호하는 발언을 서슴지 않았습니다. 이러한 상황은 역설적으로 대만이 국제민간항공기구에 정식 회원국으로 가입하기 위해 더욱 적극적으로 투쟁해야 할 명분과 정당한 이유를 분명하게 제공했습니다.

현재 세계에서 사용되는 하이엔드 반도체 칩의 90% 이상이 대만에서 독점적으로 생산되고 있으며, 대만의 첨단 파운드리 생산 능력은 전 세계 총생산 능력의 절반 이상을 압도적으로 차지하고 있습니다. 글로벌 ICT 산업의 핵심 공급망에 대한 대만의 전략적 기여도는 전체의 절반 이상을 상회하며, 만약 향후 서버 및 급성장하는 전기차 산업 분야에서 대만이 어떤 이유로든 갑자기 사라지게 된다면, 다음 세대 산업 생태계의 자연스러운 진화와 전략적 발전 방향에는 상상을 초월하는 엄청난 부정적 영향을 불가피하게 초래할 것입니다. 대만은 현대 글로벌 경제, 정치, 첨단 기술의 안정적인 닻과도 같은 핵심적인 존재이지만, 대만 사람들은 전통적으로 몸을 낮추고 겸손하게 이러한 중요성을 의도적으로 모르는 척하며 지정학적으로 극도로 민감한 이 복잡한 문제를 불필요하게 자극하려 하지 않습니다.

한때 최소 30년간의 지속적인 경제 호황이 낙관적으로 예상되던 중국은 최근 심화된 미-중 전략적 대립으로 인해 심각한 혼란에 빠졌지만, 민주적 가치를 굳건히 지켜온 대만은 역설적으로 세계 경제가 중국으로부터 점진적으로 분리되는 과정에서 전례 없는 새로운 발전의 황금 기회를 전략적으로 맞이하고 있습니다. 중국에서 생산 기지를 철수하고 본국으로 돌아온 대만의 성공적인 사업가들은 수천억 달러에 달하는 막대한 자본을 함께 가져왔으며, 다양한 첨단 기술의 발전적 융합은 대만의 2000년 GDP에서 겨우 19.8%의 비중을 차지했던 제조업 분야를 2024년에는 놀랍게도 거의 40%에 육박하는 비중으로 단기간에 급격히 끌어올리는 원동력이 되었습니다.

향후 10년은 대만에게 안정적으로 성장하는 황금기가 될 것입니다. 대만 국민은 중간 소득의 함정에서 벗어나 1인당 소득을 4만 달러 또는 5만 달러로 끌어올릴 수 있는 기회를 얻게 될 것입니다. 대만의 수주, 해외 생산, 반도체 산업의 꾸준한 성장으로 대만은 다시 한번 국제 사회의 롤모델이 될 것이지만, 동시에 대만을 최대한 빨리 점령하려는 중국의 야욕을 불러일으킬 것입니다.

부귀영화는 리스크 속에 있지, 하늘에서 떨어지지 않는다

미국 싱크탱크들은 중국이 대만의 외곽 섬을 점령할 전략적 기회를 꾸준히 노리고 있으며, 2030년대 언젠가는 중국이 모든 군사 함선을 충분히 준비한 후 대규모 일제 공격을 감행할 것이라고 강력하게 경고했습니다. 군사적으로 충분히 준비되지 않은 대만은 중국의 본격적인 침공으로부터 스스로를 효과적으로 방어하기 극도로 어려울 것이며, 미국은 이미 중국과의 전면적인 전쟁 위험에 직접적으로 직면해 있는 복잡한 상황입니다. 일본, 한국, 심지어 필리핀이 이러한 잠재적 전쟁에 적극적으로 참전할 가능성은 과연 얼마나 될까요? 향후 10년 동안 서방 진영은 인도와 호주를 자신들의 전략적 동맹에 적극적으로 끌어들이고 싶어 하고 있으나, 영국, 프랑스, 캐나다와 같이 지리적으로 멀리 떨어진 서구의 국가들은 현실적으로 운신의 폭이 그다지 넓지 않은 상황인데, 과연 그들이 실제 전쟁 상황에 기꺼이 참여할 의지가 있을까요?

만약 이 질문에 대한 대답이 '예'라면 우리 모두는 이러한 사태 전개가 곧바로 제3차 세계 대전의 시작을 의미한다는 것을 알고 있습니다. 또한 이러한 대규모 충돌이 중국으로 하여금 내부 경제 문제를 극적으로 해결하고 '중국의 세기'로 힘차게 나아가는 중요한 계기가 될 수도 있음을 냉철하게 인식해야 합니다. 역사적으로 볼 때 전쟁, 대규모 자연재해, 심각한 인재는 모두 산업 구조의 급격한 재조정, 부의 재분배, 사회 계층 간 격차 시정을 위한 중요한 촉매제 역할을 해왔습니다. 일단 중국 경제가 심각한 어려움에 직면하게 되면 대만해협의 군사적 위험도가 급격히 높아진다는 사실을 우리는 명확히 인식하고 있습니다.

현재의 동방 경제 상승, 서방 경제 하강이라는 글로벌 추세가 역전되어 서방 경제의 재상승, 동방 경제의 급격한 하강으로 완전히 바뀔 가능성도 배제할 수 없습니다. 중국이 현재 처한 경제적, 사회적 곤경은 외부 관찰자들에게도 쉽게 감지될 수 있으며, 이러한 복합적 문제들에 대한 효과적인 해결책을 단기간에 찾기는 극도로 어려워 보입니다.

그러나 중국은 위험을 감수할 가능성이 있고 국제 정세는 예측하기 어렵습니다. 대만은 불안정하고 혼란스러운 정치 상황에 깊은 영향을 받고 있으며, 이것이 이번 세대의 대만 사람들의 인생 마무리가 행복일지 아닐지를 결정하는 관건이라는 것을 저는 알고 있습니다. 대만의 미래에 영향을 미칠 외부적 요인은 주로 미-중 간의 고위급 회담에서 나올 것이고, 내부적 변수는 대만의 정치 및 경제 지도자들의 전략적 통찰력과 실행력에 크게 달려 있습니다.

대만이 지리적으로 서태평양의 핵심 허브 위치를 차지하고, 연안 해운 네트워크를 장악하며, 중요한 항공 식별 구역을 통제하고, 첨단 하이테크 산업을 발전시키는 것, 특히 세계 최고 수준의 반도체 산업의 기술력 등은 모두 역설적으로 '보물을 지닌 죄*'가 되어 중국의 침략 욕

---

*   역주: 원문은 懷璧其罪(회벽기죄). 『좌전左傳』에서 귀한 보물 옥을 가지고 있던 예虞라는 작은 나라가 진晉나라의 혜공惠公에게 공격당한 원인이 예 나라가 무슨 잘못을 저질러서가 아니라 보물을 가지고 있었기 때문이라는 고사에서 나온 말이다. 즉, 대만은 잘못이 없어도 강대국이 확보하고 싶은 것이 있으면 공격당한다는 의미다.

망을 자극할 수 있습니다.

미국과 중국의 양국 관계가 과거의 상호 경제적 이용 관계에서 현재의 심각한 상호 정치적 혐오 관계로 급격히 바뀌는 것을 지켜보면서, 서방 세계가 어떠한 실질적 대가 없이 평화를 장기적으로 유지할 수 있을 것이라고 순진하게 기대하는 것은 지극히 비현실적인 판단으로 보입니다. 학자와 안보 전문가들은 앞으로 상정 가능한 모든 지정학적 시나리오에 대해 철저히 연구하고, 다양한 군사적, 경제적 도전 상황에 어떻게 효과적으로 대응할 것인지 체계적으로 분석해야 합니다.

첫 번째 군사적 공격은 대만해협에서 발생할 가능성이 매우 높지만, 남중국해, 동중국해, 황해에서도 차례대로 또는 동시다발적으로 발생할 수 있다는 점을 간과해서는 안 됩니다. 서태평양 지역은 현재 화약고와 같은 위험한 상황에 처해 있기 때문에 전쟁이 반드시 대만해협에서만 국한되어 발생하는 것은 아니며, 서해 연안의 긴장이 고조된 한반도에서 갑자기 전면적으로 발발하거나 심지어 한반도 비무장 지대에서 작은 충돌로 시작되어 확대될 가능성도 배제할 수 없습니다. 한반도와 대만해협이 동시에 군사적 수렁에 빠지게 된다면 이는 지리적으로 인접한 일본에게는 절대로 남의 일이 아니며 직접적인 위협이 될 것입니다.

중국의 영향력을 약화시키기 위해 수억 명의 인구를 가진 인도, 인도네시아, 베트남, 필리핀의 역할이 재정립될 것입니다. 이들은 모두 1억 명이 넘는 인구를 가진 국가로 중국의 세계 공장 역할을 약화시킬 것입니다. 대만은 전통적인 국력에 더해 '디지털 국력'과 '생태 국력'을 보여야 합니다. 저는 어떤 시나리오가 일어날 수밖에 없다고 주관적으로 판단하는 것이 아니라, 대만이 다양한 시나리오에서 지속 가능한 발전을 위한 국가 전략을 어떻게 구축할 수 있는지 적극적으로 모색하고자 합니다.

2009년부터 2019년까지의 10년 기간 동안, 중국은 글로벌 경제 성장의 최대 수혜자였으며 이 시기는 중국 경제의 놀라운 10년 황금기로 기록될 것입니다. 이 기간 동안 전 세계에서 탄생한 유니콘 기업(기업 가치 10억 달러 이상의 스타트업)의 약 4분의 1이 중국에서 탄생했으며, 중국은 이제 혁신 기술과 대규모 자본 투자 측면에서 미국과 정면으로 경쟁할 수 있는 유일한 국가로 부상했습니다. 알리바바^{Alibaba}, 텐센트^{Tencent}, 바이두^{Baidu}, 심지어는 디디추싱^{滴滴出行}과 징동^{京東}과 같은 대형 기업들도 모두 혁신적인 스타트업에서 출발했으며, 이들 성공한 기업들은 다시 더 많은 유망한 스타트업들에 적극적으로 투자하며 중국의 기술 생태계에서 백화제방의 다양한 혁신의 꽃을 활짝 피우고 있습니다.

전자 업계에서는 레노버, 화웨이, BYD, BOE, LISI^{立訊}가 유명하며, 샤오미, Vivo, Oppo, 그리고 신생 업체인 테크노^{Tecno}도 현재 세계 10대 휴대폰 브랜드에 당당히 이름을 올리고 있습니다. 최근 몇 년간 글로벌 시장에서 두각을 뚜렷하게 나타내고 있는 샤오미는 2024년에 무려 400억 달러에 달하는 막대한 매출을 올리고 1억 5,000만 대 이상의 휴대폰을 전 세계 시장에 판매할 것으로 시장 전문가들은 낙관적으로 추정하고 있습니다. 또한 샤오미는 화웨이에 이어 중국 기업 중 두 번째로 자체적인 애플리케이션 프로세서^{AP}를 독자 개발한 기술력을 갖춘 회사로서, 이런 첨단 기술 역량을 바탕으로 전기차 시장에 적극적으로 진출하면 글로벌 자동차 산업의 기존 경쟁업체들이 심각하게 경계하지 않을 수 없는 위협적인 존재가 될 것입니다.

글로벌 PC 시장의 중요한 플레이어인 레노버는 과감한 투자로 미국 IBM의 노트북 사업부를 성공적으로 인수했고, BYD와 LISI는 세계 최대 전자제품 위탁생산^{EMS} 기업인 폭스콘에 적극적인 도전장을 내밀었으며, 21세기에 들어서면서 신규 설립된 중국의 패널 제조업체인 BOE와 TCL 화싱華星은 짧은 기간 내에 글로벌 경쟁 업체들을 기술적으로 빠르게 따라잡아 해외 첨단 기술을 효과적으로 도입한 중국 회사들이 기존 선두 기업들에게 놀라운 역전승을 거두는 성과를 이루어냈습니다. 특히 주목할 만한 것은 2009년에 열린 국가 차원의 전략적 패널 산업 회의 이후, 한국은 더 이상 레거시 LCD 패널 산업을 국가 핵심 첨단 기술 산업으로 간주하지 않기로 결정하고, 대신 기술적 진입 장벽이 훨씬 높은 AM OLED와 반도체 등의 산업으로 국가적 주력 사업을 전략적으로 전환할 것을 과감하게 결정했습니다.

중국 기업들은 놀라운 성장세로 기세등등했고, 대만과 한국의 전통적인 제조업체들은 이러한 급격한 변화 앞에서 효과적인 대응책을 찾지 못하고 속수무책으로 당하는 상황에 놓였습니다. 과거 중국과의 무역에서 지속적으로 높은 무역 흑자를 안정적으로 누려왔던 한국은 이제 중국과의 무역에서 심각한 무역 수지 적자에 직면하기 시작했으며, 특히 중국 스마트폰 시장에서 삼성 휴대폰의 시장 점유율은 한때 20%에 달했으나 최근에는 고작 1%까지 급격하게 하락하는 충격적인 상황을 맞이했습니다. 중국 자동차 부품 시장에서 2019년 중국 매출이 거의 40억 달러에 육박했던 현대 모비스는 이제 중국 시장에서의 매출이 절반 수준으로 급감했으며, 베이징과 톈진天津 지역에서 성공적으로 활약하던 현대자동차는 이제 중국 내 공장 폐쇄라는 가혹한 운명에 직면하고 있습니다.

한때 중국 시장의 막대한 성장 기회를 함께 공유하고자 했던 한국 기업들은 중국 현지 기업들과의 치열한 경쟁에서 크게 패배하여 심각한 낙담과 좌절감을 경험하고 있습니다. 2024년 4월 한국의 주요 언론이 실시한 광범위한 여론조사 결과에 따르면, 원래 중국 시장의 무한한 기회를 크게 기대했던 한국 국민들은 이제 '키워서 잡아먹는'이라는 중국식 비즈니스 수법의 실체를 명확히 이해하기 시작했고, 한국 국민의 압도적인 91%가 중국에 대해 강한 부정적인 태도를 갖고 있는 것으로 뚜렷하게 나타났습니다.

패널 산업의 참극

2009년부터 2013년까지 중국 패널 업계는 약진했습니다. 그 영향으로 AUO友達光는 큰 손실을 입었고, 큐니트론群創도 자유롭지 못했습니다. 저는 이들에게 싸우지 않은 죄를 묻고 싶지만 시장의 경쟁이란 원래 매우 무자비한 것입니다.

지난 10년간의 경쟁에서 도태된 삼성과 LG는 더 이상 레거시

LCD 패널 사업을 하지 않고, 대만의 패널 기업들도 중국이 생산 기술을 익히면 전 세계 어느 누구도 중국보다 저렴하게 생산할 수 없다는 것을 모두 알고 있기 때문에 모험을 하지 않고 있습니다. OLED 시장에서 대만 패널 업체들은 신중하게 대응하고 자동차 패널 같은 전문 니치에 집중했습니다. 이렇게 수비로 공격을 대신하는 것이 2019년 이전까지의 분명한 대만 기업의 전략이었습니다.

대만과 한국이 보수적으로 대응하고 있는 반면, 중국의 패널 공급망은 증가하고 있으며, 중국 레거시 패널의 시장 점유율은 2023년 63%에서 2027년 78%까지 상승할 것으로 예상됩니다. 전체 산업의 진화는 끝나지 않았고, 중국 패널 제조업체는 OLED 기술에 대한 투자를 늘려 2024년 전체 시장 점유율이 이미 삼성을 넘어섰습니다. LG디스플레이는 애플의 대량 주문을 쉽게 내놓지 않을 것이지만 중국 패널 제조업체가 글로벌 비즈니스 기회를 독점하는 시대가 멀지 않아 보입니다.

이러한 상황에서 많은 사람들은 자연스럽게 의문을 품게 됩니다. 어째서 후발 주자인 중국 기업은 시장에 나중에 뒤늦게 진입했음에도 불구하고 빠른 속도로 기존 선두 기업들을 추월할 수 있는 것일까요? 일부 비판적인 관점을 가진 이들은 중국은 마치 도박판에서 규칙을 철저히 지키지 않고 무모한 노름을 하듯이 비즈니스를 진행한다고 강하게 비난하며, 중국 기업들은 정부로부터 받는 파격적인 세제 혜택, 저렴한 토지 임대료, 저비용 노동력, 그리고 다양한 형태의 보이지 않는 정부 보조금을 활용하여 불공정하게 경쟁한다고 맹렬히 비판합니다. 중국의 비즈니스 관행에 대해 손가락질하고 강하게 비판하는 것도 하나의 관점으로서 가치가 있지만, 새롭게 형성된 미국과 중국 중심의 G2 체제하에서 세계 경제에 어떤 근본적이고 구조적인 변화가 발생했는지도 더욱 깊이 있게 종합적으로 살펴봐야 합니다. 특히 미국과 중국이 첨예하게 대립하고 있는 지정학적 상황에서 전 세계를 강타한 코로나19의 대규모 확산은 복잡한 미-중 관계의 질적, 양적 변화를 더욱 가속화하는 촉매제 역할을 했습니다.

사면초가에 빠진 기업들

중국의 군사 전략서인 손자병법에서 "사기가 충천한 정예병은 절대 공격하지 말고, 미끼로 주어진 병량은 절대 먹지 마라*"라고 강조한 것처럼, 현재 중국에서 적극적으로 사업을 전개하고 있는 모든 글로벌 기업은 심화되는 미-중 갈등 속에서 어느 한쪽을 선택해야 하는 지정학 리스크에 직면하고 있습니다. 특히 전 세계를 강타한 코로나19 팬데믹 사태로 인해 미국 정부와 기업들은 중국을 글로벌 공급망에서 효과적으로 차단하려는 강력한 동기가 더욱 커졌고, 첨단 AI 기술의 부상으로 양국 간의 기술 격차와 불신은 더욱 벌어질 것으로 보입니다.

　　대만의 반도체 업계에서는 중국의 대표적인 통신장비 기업인 화

---

*　　銳卒勿攻, 餌兵勿食。

웨이가 7nm 및 5nm 첨단 반도체 제조 기술을 독자적으로 돌파하기 위해 대만의 중소 반도체 공급망 기업들을 비밀리에 끌어들였다는 반도체 공급망을 끌어들였다는 소문으로 떠들썩합니다. 또한 화웨이와 BYD는 미국의 강력한 제재 조치에도 아랑곳하지 않고 계속해서 사상 최고 수준의 매출과 순이익을 달성하고 있는 것으로 보입니다.

현대의 다양한 정보가 넘쳐나는 인터넷 시대에는 진짜 뉴스와 교묘하게 조작된 가짜 뉴스를 정확하게 구별하는 것이 점점 더 어려워지고 있습니다. 첨단 AI 기술을 적극 활용하여 표면적인 뉴스 기사를 깊이 관통하고, 객관적인 비즈니스 데이터의 체계적인 비교 분석을 통해 산업 발전의 근본적인 맥락을 파악한 후에 우리는 무엇이 진실인지 알 수 있을 것입니다. 특히 반도체 산업 전문가들은 복잡한 국제 정세 속에서 실제 반도체 거래 행위의 세부적인 경과 과정을 추적해 중국의 기술 발전에 관한 중요한 단서를 찾아낼 수 있을 것으로 기대하고 있습니다.

코로나19의 전 세계적 창궐로 각국 경제가 심각한 침체에 빠지면서 역설적으로 가장 큰 수혜를 입은 것이 글로벌 인터넷 대기업들입니다. 2018년 8월 아마존의 클라우드 컴퓨팅 서비스인 AWS의 시가총액이 1조 달러를 최초로 돌파한 이후, 다른 8개의 주요 기술 기업들의 시가총액도 연이어 1조 달러를 넘어서는 기록적인 성과를 이루었고, 특히 중국의 대표적인 인터넷 기업인 바이두Baidu와 징동JD.com은 코로나 시기에 단 한 분기 동안 무려 70억 위안 이상의 놀라운 수익을 올렸습니다. 이러한 현상을 지켜보면서 우리는 이제 전 세계 인터넷 시장이 사실상 중국과 중국 이외 지역, 단 두 개의 거대한 블록으로만 양분되어 있다고 의심하고 있습니다.

중국 정부와 기업들은 자국의 인터넷 시장을 철저하게 통제된 금단의 영역으로 만들어 중국인들만 독점적으로 즐기는 폐쇄적인 생태계를 구축했습니다. 중국 내에서 생성된 모든 데이터와 디지털 콘텐츠는 중국 인민의 배타적 소유물로 간주되며, 이는 중국 정부의 입장에서는 절대적 원칙입니다. 만약 이러한 원칙이 틀렸다고 한다면 중국의 근본적인 국가 정체성의 문제와 직결됩니다. 따라서 외국 기업들은 중국의 소프트웨어 시장이 언젠가 외국인들에게 진정한 사업 기회가 될 것이라고 순진하게 기대해서는 절대 안 됩니다.

중국 정부가 때때로 보여주는 단기적 목적의 제한적 자유화 조치는 결국 '키워서 잡아먹는' 전략의 일환으로, 외국 기업의 기술과 노하우를 흡수한 후 시장에서 밀어내기 위한 편리한 방법에 불과합니다. 실제로 삼성과 같은 외국 휴대폰 브랜드는 더 이상 중국 시장에서 의미 있는 입지를 확보하지 못하고 있으며, 유일하게 상대적으로 강세를 유지하고 있는 애플 휴대폰마저도 중국 정부의 정책 변화 하나로 하룻밤 사이에 시장에서 사라질 수 있는 불안정한 상황에 놓여 있습니다.

손자병법의 관점에서 볼 때, 현재 글로벌 기술 시장에서 진정한 정예군은 게임의 규칙을 주도적으로 정립하는 미국의 대기업들이며, 대만의 기술 기업들은 아무리 기술력이 뛰어나다 하더라도 독자적으로 글로벌 경쟁 구도에 도전할 만한 역량이 부족한 것이 현실입니다. 따라서 따라서 대만 기업들은 미국 대기업의 지원부대에 불과합니다. 대만인들이 삶의 방식을 바꾸지 않는 한 대만-미국 관계에서 양측의 이익이 충돌할 여지는 크지 않습니다.

　글로벌 경기 침체기에 중국이 외국 기업들에게 제공한 다양한 사업 기회는 심화되는 미-중 전략적 대립의 맥락에서 볼 때, 결국 외국인 투자를 전략적으로 유치하기 위한 교묘한 '미끼'에 불과한 것으로 최종 판명되었습니다. 만일 어느 기업이 '닭을 훔쳐서 온전히 빠져나갈' 만큼의 뛰어난 실력과 전략을 갖추고 있다면 중국 시장을 적극적으로 노려볼 만도 합니다. 그러나 대부분의 대만 사업가들은 이전보다 훨씬 더 신중하고 보수적인 태도를 보이고 있으며, 글로벌 고객들의 구체적인 요청에 따라 생산 시설을 아세안, 남아시아 및 멕시코 지역으로 천천히 체계적으로 이전하고 있을 뿐만 아니라, 핵심 생산 시설을 대만으로 되돌리는 리쇼어링reshoring 속도 또한 눈에 띄게 가속화하고 있는 추세입니다.

'디커플링 차이나'는 이미 현실이다

'디커플링 차이나Decoupling China'는 이미 불가피한 현실로 다가왔습니다. 손자병법에는 "열 곳에 매복하고 한 쪽에 그물을 치라*"라는 구절이 있

---

*　　역주: 十面埋伏, 網開一面. 영화로 유명한 십면매복의 출처이기도 하다.

습니다. 이러한 복잡한 국제 정세 속에서도 대부분의 대만인들은 양안 관계의 현상 유지를 간절히 희망하고 있습니다. 지난 76년간의 상대적 평화는 현재 대만의 세대에게 참으로 소중한 축복이었습니다. 우리들의 아버지와 할아버지 세대는 중국 본토에서 벌어진 처참한 국공내전國共戰爭을 직접 경험했고, 심지어 일부는 강제 징병으로 일본군이 되어 제2차 세계 대전에 참전하는 비극적 경험을 했습니다. 모든 역사적 사건과 국가적 운명에는 피할 수 없는 숙명이 있고, 이러한 무거운 역사의 무게가 우리 대만인들을 심리적으로 짓누르고 있는 엄중한 상황에서, 지정학적 격변의 중대한 기로에 서 있는 대만인들이 만약 현재의 복잡한 정치적 현실을 무시하고 외면한다면 어쩌면 국제 사회는 이러한 대만의 안일한 태도를 이해하고 받아들이기 어려울 것입니다. 비록 '영원한 평화와 번영'을 기대하는 것은 비현실적이지만, 만일을 위하여 준비하고 역사가 우리 세대에게 맡기는 사명을 받아들여야 합니다.

이러한 시대적 임무는 아마도 중국의 급격한 흥망성쇠 과정과 매우 밀접한 관련이 있을 것입니다. 2009년부터 2019년까지의 10년이라는 황금기 동안 중국은 경제적으로 전례 없이 높이 비상했고, 동시에 우리는 세계 경제 질서가 변화하는 극적인 과정을 목격했습니다. 특히 2019년 이후 트럼프 행정부는 미-중 관계에 대한 강경한 접근으로 세계의 지정학적 지형을 완전히 바꾸어 놓았습니다.

미-중 무역전쟁에서 반도체는 주요 전쟁터입니다. 화웨이가 가장 먼저 직격탄을 맞았고, SMIC는 수익 급감의 압박에 직면해 있습니다. 지난 몇 년 동안 각종 반도체 제조 장비를 대규모로 공격적으로 구매해온 중국의 전략은 아마도 극단적인 '초토화 전략'을 염두에 두고 있을지도 모릅니다. 만약 세계의 레거시 반도체 시장이 중국의 무모한 진흙탕 싸움으로 심각한 손해를 보게 된다면, 이러한 글로벌 공급망 혼란 속에서 상대적으로 고립된 섬과 같은 위치에 있는 TSMC도 결국 글로벌 경기 침체의 영향에서 벗어나지 못할 것입니다.

네덜란드의 세계 최대 반도체 장비 제조업체인 ASML과 미국의 어플라이드 머터리얼즈는 2024년까지 자사 총매출의 40% 이상을 중국 시장에서 안정적으로 거두어들였습니다. 그러나 첨단 반도체 공정 기술이 뒷받침되지 않는다면 중국이 이러한 대규모 장비 투자의 경제적 가치를 온전히 회수하기가 어려울 것입니다. 더욱 주목할 만한 점은, 중국 정부가 현 단계의 국가 전략적 정책에서는 단기적인 투자 회수조차 핵심 고려 사항으로 여기지 않을 수도 있다는 것입니다. 국제반도체산업협회는 중국의 반도체 장비 구매가 2025년에 역사적 정점을 찍은 후, 2024년부터 2030년 사이에는 점진적으로 감소할 것이라고 예측하고 있습니다. 만약 중국이 심각한 경기 침체에 빠지게 된다면, 반도체 산업의 업스트림에 위치한 글로벌 장비 제조기업들은 예상치 못한 실적 폭락을 맞이할 수도 있습니다.

2024년 9월에 성대하게 개최된 대만 국제 반도체 전시회에는 전 세계의 주요 반도체 업계 리더들이 대거 참석했습니다. 많은 전문가들이 대만이 글로벌 반도체 산업의 핵심 플레이어라고 입을 모아 강조하지만, 저는 개인적으로 더 많은 국가들이 대만 반도체 산업의 기술적, 경제적 결실을 함께 공유했으면 한다는 희망을 가지고 있습니다.

이러한 복잡한 상황에서, 좋든 싫든 동중국해에 바로 인접해 있는 대만 사람들은 피할 수 없는 역사의 심오한 심연과 첨예한 지정학적 갈등을 안정시킬 중대한 책임을 결코 피할 수 없는 운명에 처해 있습니다.

만약 중국 경제가 현재의 어려움에서 벗어나지 못하고 무한히 추락하는 최악의 시나리오가 현실화된다면, 과연 대만이 이러한 위기에 처한 중국에게 우호적으로 손을 내밀 의향이나 현실적 능력이 있을까요? 만약 아세안 국가들이 자체적인 반도체 산업 개발을 원한다면 대만은 이러한 노력에 적극적으로 참여하여 지역 경제 협력을 강화해야 합니다. 이러한 접근으로 지역 안보와 관련하여 잘못된 전략 판단을 내릴 가능성을 줄여야 합니다.

현재 28nm 공정의 반도체 제조 설비가 전 세계적으로 포화 상태에 있다는 점은 분명하며, SMIC도 최근 레거시 공정의 시장 포화로 인해 자사 장비 가동률이 이전의 비교적 양호했던 85%에서 70%로 급격히 떨어지고 있다고 경고하고 있는 상황입니다. 그럼에도 불구하고 서구의 주요 컨설팅 기업들은 여전히 아세안 국가들에게 비용 효율성 측면에서 가장 유리한 28nm 공정 기술을 적극적으로 권장하고 있습니다. 그러나 향후 10년 동안 반도체 산업에서 단순한 생산 비용은 더 이상 경쟁 요소가 되지 않을 것이며, 진정한 과제는 레거시 반도체 제품을 어떤 시장에, 어떤 고객에게 판매할 것인가의 문제가 될 것입니다.

중국 반도체 산업의
딜레마

트럼프 이펙트는 미국과 중국 간의 대규모 무역 전쟁을 직접적으로 촉발시켰고, 그 결과 중국은 현재 반도체를 비롯한 첨단 기술 분야에서 온갖 종류의 강력한 제재 조치를 당하고 있습니다. 특히 주목할 만한 점은 지난 2년 동안 중국 반도체 산업의 발전 방향은 이전과 현저하게 달라졌다는 사실입니다. 중국의 반도체 산업은 과거의 상대적으로 자유롭고 분산된 거친 방목 상황에서 국가 주도의 중앙 통제식 계획 경제 모델로 전환되었습니다. 현재의 심각한 경기 침체, 외국인 투자 유입의 급격한 감소, 그리고 미국의 지속적인 기술 압력 속에서 중국 정부가 자본과 기술 자원을 어떻게 효율적으로 활용할 것인지 관심을 받고 있습니다. 서방 국가들이 기술, 자본, 인력 측면에서 사방으로 중국을 포위하고 있는 상황에서 중국은 기술적 돌파구를 찾기 위한 전략으로 화웨이, SMIC, 두 개의 주요 메모리 반도체 제조업체[YMTC, XMC]를 '세 개의 화살'로 내세우고 있습니다.

2025년에서 2026년 사이에 글로벌 반도체 산업은 혁신적인 2nm 공정 시대에 본격적으로 접어들 것으로 전망됩니다. 세계 최대 파운드리 기업인 TSMC는 2nm 공정이 현재의 5nm와 3nm 공정보다 훨씬 더 큰 사업적 기회가 될 것이라고 공개적으로 발표했으며, TSMC의 창업자인 모리스 창 동사장은 급증하는 글로벌 시장 수요를 충족시키기

● **중국 반도체 산업 돌파의 세 개의 화살**

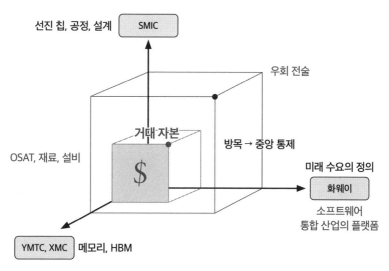

출처: 디지타임즈, 2024.08

위해서 최소 16개의 완전히 새로운 대규모 반도체 생산 팹이 추가로 필요하다고 강조하기도 했습니다.

중국은 현재 첨단 EUV 장비 없이 이중노광multiple patterning 방식으로 7nm 제품을 어렵게 제조하고 있지만, 기술의 복잡성 때문에 3nm 이상의 고급 칩 생산에는 적용되지 않을 가능성이 매우 크고, 높은 생산 원가와 낮은 수율로 인하여 중국 국내 고객들이 실제로 이러한 칩을 대규모로 사용하기 어려울 것입니다.

2024년 가을에 전 세계적으로 주목받으며 출시된 화웨이의 새로운 프로세서는 애플과 삼성의 최신 칩처럼 5nm 공정으로 기술적 업그레이드를 이루지 못했다는 점이 업계의 중요한 관심사였습니다. 저는 이러한 상황에서 진정한 관건은 결국 생산 원가와 수율의 문제라고 생각합니다. 앞으로 서방 국가들은 GAA^Gate-All-Around 트랜지스터 기술 및 EUV^Extreme Ultraviolet 노광 장비와 같은 첨단 반도체 제조 장비의 중국 수출을 더욱 강력하게 차단할 것이며, 이로 인해 중국 반도체 산업이 직면한 어려움은 더욱 가중될 것이 분명합니다.

이러한 상황에서 중국이 반도체 분야에서 진정한 기술적 돌파구를 찾으려면 전통적인 접근 방식을 벗어난 혁신적인 기술 솔루션을 찾아야 할 것입니다. 주목할 만한 사례로, 중국의 대표적인 온라인 쇼핑 축제인 11월 11일 광군제光棍節에서 급증하는 트래픽으로 인해 데이터 센터의 처리 용량이 심각하게 부족해 거래 처리에 오류가 빈번하게 발생한 일이 있습니다. 충분한 첨단 컴퓨팅 자원을 보유하지 못한 중국이 AI와 같은 스마트 애플리케이션 분야에서 과연 어디까지 경쟁력 있게 발전할 수 있을지에 대한 근본적인 의문을 제기하게 만든 사례입니다.

일부 전문가들은 중국이 미국보다 수적으로 몇 배나 많은 과학자와 연구 인력을 보유하고 있기 때문에 결국 반도체 분야에서도 반드시 기술적 돌파구를 찾아낼 것이라고 낙관적으로 전망합니다. 그러나 극도로 자본 및 기술 집약적이며, 복잡한 공급망에서 수백 개의 다양한 장비 및 특수 재료 공급업체로 긴밀하게 구성된 반도체 산업에서는 미국이 주도하는 강력한 서방 국가 기술 연합에 맞서 중국이 결정적인 기회를 잡기가 쉽지 않을 것입니다.

겉으로 보이는 기술 패권 다툼의 진정한 이슈는 '이데올로기' 투쟁입니다. 우리가 말하는 이른바 이데올로기적 차이는 단순히 정치 형태와 제도가 다르다는 것에 그치지 않습니다. 서구 세계가 기본적으로 공동 창조, 공동 번영, 공동 소유와 같은 가치를 강조하는 반면, 중국과 같은 권위주의 사회는 국가가 보유한 유한한 자원을 활용해 특정 분야에서 압도적인 우위를 신속하게 확보함으로써 경쟁 상대를 제압하는 전략을 선택한다는 근본적인 차이가 있습니다.

2024년부터 2030년까지 연평균 20% 이상의 높은 성장률을 기록할 것으로 전문가들이 예상하는 실리콘 카바이드 및 질화갈륨^{GaN} 반도체 특수 소재 시장에서 중국은 자국의 전기차 산업 부문에서의 글로벌 영향력과 산업 통합 효과를 지속적으로 강화하기 위해 차별화된 솔루션을 개발하는 데 집중하고 있습니다. 현재 중국의 71개 전기차 제조 공장 중 단 3개만이 실질적인 수익을 내고 있는 어려운 상황이지만, 중국 정부는 여전히 자동차 산업이 중국 하이테크 산업의 결정적인 돌파구가 될 것이라고 믿고 있습니다.

이에 대응하여 EU와 미국은 중국의 급성장하는 전기차 산업에 대해 높은 관세 장벽을 적극적으로 세우며 자국 산업 보호에 나서고 있지만, 모든 유럽 국가에 완전한 자체 자동차 산업 기반이 존재하는 것은 아니기 때문에 중국 기업들도 유럽 내에 직접 생산 공장을 설립하는 방식으로 무역 장벽에 대응할 수 있습니다. 특히 헝가리와 슬로바키아와 같은 동유럽 국가들은 일자리 창출과 경제적 이익을 위해 기꺼이 중국의 진출을 환영하는 '졸卒' 역할을 자처하고 있습니다. 또한 네덜란드는 자국의 첨단 반도체 장비를 중국에 판매하여 단기적 이익을 얻고 싶어 합니다. 즉 유럽 국가마다 단기적 경제 전망과 장기적 경제 전략에 서로 다른 고려 사항과 이해관계를 가지고 있는 복잡한 상황입니다.

최근 미국 정부가 중국산 전기차에 대해 100%에 달하는 강력한 징벌적 관세를 부과하겠다고 공식 발표한 데 이어 EU까지 유사한 보호무역 조치에 적극 가세하면서, 이러한 연쇄적인 무역 제재는 중국 전기차 산업의 글로벌 확장에 치명적인 타격이 될 가능성이 있습니다. 이에 대해 중국 정부는 '이에는 이, 눈에는 눈' 식의 강력한 보복 조치에 즉각 나설 것으로 시장 전문가들은 예상하고 있습니다. 또한 포드, 제너럴 모터스, 도요타 등 세계적으로 유명한 전통 자동차 제조업체들이 배터리 안전성 문제, 주행 안정성 불안, 환경 효율성 등과 같은 이유로 전기차 개발 계획을 연기하고 있습니다. 이처럼 중국 정부가 국가 전략적으로 크게 기대하고 있는 전기차 산업의 미래에는 여전히 많은 불확실한 변수가 존재합니다.

디지타임즈는 원래 중국의 자동차 반도체 시장이 2024년부터 2030년까지 연평균 11.3%의 안정적인 성장률을 기록할 것으로 예상했습니다. 그러나 최근 전기차용 자동차 배터리의 시장 가격이 예상보다 크게 하락했고, 이에 더해 유럽과 미국의 징벌적 관세 조치의 부정적 영향을 고려해야 하므로, 중국 자동차 반도체 시장에 대한 장기적 전망을 보다 현실적으로 하향 조정해야 할 것으로 판단하고 있습니다.

레거시 공정으로 돌파구를 삼다

국제반도체산업협회는 2023년부터 2025년 사이 중국의 반도체 산업 투자와 설비 구매가 매우 빠른 속도로 증가할 것으로 예상하고 있습니다. 그러나 장기적인 관점에서 중국의 실질적 경제력, 실제 시장 수요, 생산 효율성 등을 종합적으로 고려할 때, 2025년 이후 중국 반도체 시장은 현재의 과열된 상태에서 벗어나 보다 정상적인 상태로 돌아갈 것으로 예상됩니다.

구체적인 수치로 보면, 중국의 반도체 제조 장비 시장WFE, Wafer Fabrication Equipment은 2024년에 약 375억 달러 규모로 역사적 정점을 찍은 후, 2030년에는 중국의 실질적 경제력과 축적된 생산 효과를 고려할 때 불과 321억 달러 수준으로 다소 하락할 가능성도 배제할 수 없습니다. 특히 주목해야 할 핵심적인 문제는 중국의 반도체 웨이퍼 생산 능력이 여전히 10nm 이상의 상대적으로 구식 레거시 공정에 압도적

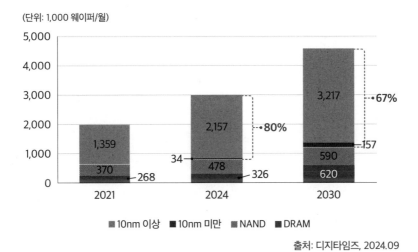

● 중국 웨이퍼 생산 능력의 구조 변화

(단위: 1,000 웨이퍼/월)

■10nm 이상 ■10nm 미만 ■NAND ■DRAM

출처: 디지타임즈, 2024.09

으로 집중되어 있다는 구조적 한계입니다.

국가 안보와 기술 자립을 핵심 이유로 내세우며, 현재 중국 정부로 부터 가장 많은 투자를 받고 있는 분야는 광대역 메모리 반도체, 대규 모 데이터 센터용 낸드 플래시 메모리, 그리고 고성능 서버용 하이엔 드 GPU 칩 등입니다. 물론 전체 반도체 시장은 차량용 반도체와 서버 용 칩만으로 구성된 것이 아니므로, 전통적인 컴퓨터 반도체와 무선 통 신용 반도체 시장도 2024년부터 2030년까지 각각 연평균 11.2%와 4.7%의 안정적인 성장률을 기록할 것으로 예상됩니다. '반도체 자급자 족'은 분명히 중국의 최우선 목표이지만, 중국 정부가 자국의 국내 시 장 수요를 정의하고 해석하는 방식은 다른 나라들과 근본적으로 다른 특성을 보이고 있습니다.

전자 제조 산업 기반이 취약하거나 거의 존재하지 않는 다른 많은 국가들과 달리, 중국은 세계 최대 규모의 거대한 종합 제조 산업을 탄탄하게 보유하고 있어 '세계의 공장'이라고 불립니다. 세계 상위 10대 휴대폰 제조업체 중 무려 8개가 중국 기업이며, 레노버, 화웨이, 웨이브, 텐센트, 원텍, 리신Lixin, BYD 등 수많은 중국 국내 자동차 및 전자기기 제조업체들뿐만 아니라, 중국 내에 대규모 생산 기지를 운영하고 있는 다양한 외국 제조업체들도 반도체에 대한 수요 증가로 주문 물량이 늘어났습니다. 글로벌 반도체 시장에서 중국의 수출 규모는 2024년 1,563억 달러, 2025년 1,837억 달러, 2030년 2,561억 달러에 달할 것이며, 2024년부터 2030년까지 8.6%의 연평균 성장률을 기록할 것입니다.

중국 시장은 여전히 가장 신뢰할 수 있는 곳

인구 감소 위기에 직면한 중국이 이처럼 민감하고 중요한 시기에 대만해협, 남중국해, 심지어 동중국해에서 긴장을 고조시키는 정치적 문제를 의도적으로 만들어낸다면, 글로벌 시장에서 중국의 경제적 역할은 더욱 어려워지고 복잡해질 것이 분명합니다.

현재 전 세계에서 중국처럼 막대한 자국 산업을 급속도로 발전시키면서 동시에 거대한 내수 시장을 활용할 수 있는 독보적인 장점을 가진 나라는 없습니다. 특히 중국의 홈그라운드 이점을 십분 활용한 중국 자국 브랜드들의 급속한 부상은 최근 몇 년간 더욱 두드러지게 나타나고 있습니다. 중국의 노트북 내수 수요는 2023년 기준 약 2,800만 대로 전 세계 전체 수요의 17%를 차지하는 막대한 규모입니다. 자동차 산업에서도 2017년부터 2020년까지 중국은 연간 약 100만 대에서 120만 대 수준의 자동차를 해외로 수출했으나, 2021년 이후 3년간 폭발적인 성장세를 보이며 2023년에는 이미 371만 대를 수출한 것으로 업계 전문가들은 추정했습니다. 전 세계 기업인들과 정책 결정자들은 중국이 유럽과 미국이 설치한 다양한 무역 봉쇄선을 어떤 방식으로 효과적으로 돌파할지 주목하고 있습니다.

중국 공산당 중앙위원회가 반도체 분야의 핵심 돌파구로 전략적으로 삼은 화웨이는 SMIC 및 기타 중국 주요 반도체 제조업체들의 전폭적인 지원을 받아 중국 내에서 자체 개발 및 생산한 첨단 프로세서 칩인 기린麒麟 9010을 최근 성공적으로 출시했습니다. 대만 중앙연구원의 저명한 원사院士*인 린본젠林本堅은 만약 TSMC가 7nm 제품을 성공적으로 대량 생산할 수 있다면 SMIC도 결국 유사한 기술적 성과를 달성할 수 있을 것이라고 공개적으로 평가했습니다. 저와 오랫동안 긴밀한 협력 관계를 유지하며 자문을 제공해 온 TSMC의 전 연구개발 책임자이자 현재 독립 컨설턴트로 활동 중인 양광레이楊光磊도 반도체 제조의 핵심 성공 요소는 결국 생산 수율과 생산 원가에 있다고 강조했

---

*   역주: 우리나라의 학술원 회원에 해당되며 중국의 가장 학술적 공로가 크고 존경받는 학자에게 국가가 수여하는 자격이다.

습니다.

국가 안보라는 중대한 문제에 직면하여 중국 정부 입장에서는 당장의 생산 원가는 물론 가장 중요한 고려 사항은 아니지만, 2023년 8월에 공식 출시된 기린 9000 시리즈는 첨단 EUV 장비 없이 극도로 어렵게 만들어진 7nm 제품이었으며, 중국이 더 미세한 5nm 공정을 계속해서 적극적으로 추진하는 것은 현실적으로 생산 원가와 효율성 문제를 반드시 해결해야만 합니다.* 이러한 중국의 반도체 기술 자립 문제는 2024년 11월부터 TSMC가 미국 정부의 압력으로 중국 제조업체들에 첨단 AI 칩 공급을 전면 중단한 이후, 중국의 AI 관련 산업 전반이 첨단 기술, 핵심 제품, 필수적인 컴퓨팅 파워, 그리고 대규모 자본 조달에 대한 심각한 압박에 동시다발적으로 직면하게 될 것입니다.

특이하게도 2024년 중국 내수 시장에서 화웨이와 샤오미의 매출과 수익은 모두 크게 반등하는 긍정적인 성과를 보였지만, 중국의 반도체 웨이퍼 제조 산업의 두 핵심 축인 SMIC와 화홍華虹은 각각 상당한 수준의 수익 감소를 겪었습니다. 이는 실제 생산 원가를 정확히 반영하고 중국 본토 시장의 심화된 경영 압박이 가중되는 상황에서, 과거 수년간 대규모로 도입한 첨단 설비에 대한 막대한 감가상각 비용까지 더해져 중국의 반도체 제조 업체들은 더욱 큰 재무적 압력을 받고 있는

---

*   역주: EUV 장비 없이 7nm, 5nm 같은 정밀도의 반도체를 만들려면 기존 장비인 DUV를 중첩 반복 사용하는 중첩 노광을 해야 가능하다고 알려져 있다. 따라서 반복 작업으로 인해 수율이 내려가고 제조 비용이 상승하는 것으로 알려져 있다.

것으로 분석됩니다.

화훙은 최근 분기별 재무 실적을 공개하면서 회사 총매출의 약 80%가 중국 국내 고객으로부터 발생하며, 이는 이전의 70% 수준에서 상당히 증가한 수치라고 강조했습니다. 한편 SMIC는 생산 원가를 완전히 고려하지 않은 7nm 웨이퍼의 생산으로 인해 2024년 전체 이익률이 중국 정부의 막대한 보조금을 제외하면 고작 13%에 불과한 낮은 수준을 기록했습니다. SMIC의 웨이퍼당 파운드리 평균 판매 가격은 2023년 초 약 1,200달러에 육박했던 최고치에서 2024년에는 1,000달러 이하로 급격히 하락했습니다. 글로벌 반도체 시장은 전반적으로 레거시 공정 기술에 대한 중장기 전망을 약세로 평가하고 있으며, SMIC의 최고경영자인 자오하이쥔趙海軍 CEO는 2024년이 완만한 회복세 또는 매우 약한 성장세를 보이는 도전적인 한 해가 될 것이라고 신중하게 전망했습니다. 더 나아가 2025년 이후에는 SMIC가 자본 지출 규모를 불가피하게 축소해야 하는 추가적인 재정적 압박에 직면할 가능성도 배제할 수 없는 상황입니다.

어떠한 경우에도 첨단 서구 반도체 제조 장비의 안정적인 확보는 중국이 자국의 반도체 산업을 지속적으로 발전시키기 위해 반드시 극복해야 할 가장 큰 구조적 장애물임에 틀림없습니다. SMIC의 또 다른 주요 임원인 인즈샤오尹志堯는 중국이 약 5~10년 안에 서구의 첨단 반도체 장비 산업 수준에 기술적으로 도달할 수 있을 것이라고 낙관적으로 전망했습니다. 저는 인즈샤오를 여러 차례 직접 만난 인연이 있는데, 대화를 나누어 보면서 반도체 장비가 다양한 핵심 기술들이 복잡하게 통합되어 있기 때문에, 그리고 기술적 난관과 국제 정치적 난세가 있기 때문에 이 국면을 뚫어볼 수 있는 탁월한 비전을 가진 비즈니스 리더가 중국 반도체 산업에 필요하다는 점을 명확히 인식할 수 있었습니다.

더불어 주목해야 할 점은 네덜란드의 ASML의 총매출의 약 3분의 1이 첨단 EUV 장비 판매에서 발생하고 있으며, 이러한 EUV 장비의 핵심 광학 부품은 독일의 정밀 광학 기업인 자이스에서 독점적으로 공급받고 있다는 사실입니다. 글로벌 주요 반도체 제조업체들이 첨단 공정 기술에 지속적으로 대규모 투자하는 상황에서 EUV 장비는 앞으로도 ASML의 매출에서 계속해서 높은 비중을 차지할 것이며, 특히 차세대 고개구율High-NA EUV 장비 한 세트의 가격은 무려 3억 8,000만 달러에 달할 것으로 전문가들은 예측하고 있습니다.

실제로 ASML은 자사의 첨단 EUV 장비 구성 요소 중 약 15% 정도만 직접 자체 제작하고 있으며, 나머지 85%는 전 세계 5,100개에 달하는 다양한 전문 공급업체들에 의존하고 있는 복잡한 공급망 구조를 가지고 있습니다. 동양의 속담처럼 '머리카락 한 올을 당기면 온몸이 함께 따라온다'고 했듯이, 중국에 EUV 장비를 판매할지 여부는 결코 ASML이 단독으로 결정할 수 있는 간단한 문제가 아닙니다. 2024년 5월, 대만의 새로운 총통이 공식 취임하기 바로 전날, 미국과 한국은 중국의 잠재적인 성급한 군사적 움직임을 효과적으로 억제하기 위한 강력한 무력시위 차원에서 서해 지역에서 대규모 합동 군사훈련을 전격적으로 실시했습니다. 과거에는 중국과의 관계에서 신중한 행동을 보여왔던 한국조차도 당시 대중국 정책에서 입장을 분명히 했다는 점을 고려하면, 이제 서방 세계는 중국을 '집단적으로 압박하는' 공동 전선을 형성하고 있음에 틀림없으며, 심지어 중국의 급속한 경제 성장 동력을 철저히 둔화시키고 국제 무대에서 더욱 자제력 있는 행동을 보이도록 만들기 위해 현재의 지정학적 상황을 활용하고 있다고까지 평가할 수 있습니다.

글로벌 산업 패턴의 근본적인 진화에서부터 복잡한 지정학적 영향에 이르기까지 대만과 주변국들과의 관계도 급속도로 변화하고 있으며, 전통적인 중국의 외교 전략인 '원교근공遠交近攻(멀리 있는 국가는 친교를 맺고, 가까이 있는 국가는 공격한다)'은 새로운 시대적 상황에 맞게 재해석될 필요가 있습니다. 대만이 심각한 저출산 위기와 글로벌 산업 규모의 지속적인 확대라는 두 가지 도전에 동시에 직면하면서, 대만에게 주변 지역 시장의 중요성은 그 어느 때보다 높아지고 있는 상황입니다. 대만의 입장에서 자국에 실질적인 가치를 제공할 수 있는 국가는 진정한 파트너이며, 대만의 전반적인 국가 경쟁력을 향상시킬 수 있는 국가는 진정한 친구라고 할 수 있습니다.

지리적으로 작지만 기술적으로 아름다운 역량을 가진 대만에게 있어, 만약 거대한 중국 내수 시장과 방대한 제조 산업이라는 전략적 뒷마당이 완전히 차단된다면, 글로벌 시장을 겨냥한 대량 생산에 필요한 충분한 노동력은 과연 어디에서 효과적으로 조달할 수 있을까요?

전자 업계의 거의 모든 경영자들이 투자 효율성과 생산 효율성 측면에서 여전히 중국이 최선의 제조 거점 선택이라는 데 대체로 동의

하지만, 민주주의 진영의 지정학적 관점에서 볼 때 대만은 미국의 글로벌 기술 패권에 결코 정면으로 도전할 수 없는 구조적 한계를 가지고 있습니다. 비즈니스 이해관계의 관점에서 볼 때 TSMC 고객의 약 70~80%는 미국 기업들로부터 왔으며, 반도체 산업에 필수적인 대부분의 설계 소프트웨어 도구, 핵심 재료 및 제조 장비도 서구 진영의 기업들로부터 공급받습니다. 애플, HP, 델^{Dell} 및 기타 주요 미국 기술 기업들은 대만 공급망의 주요한 고객들이며, 이들은 단순한 비즈니스 파트너를 넘어 대만의 경제적 생존 기회를 지원하는 동맹자입니다.

상대적으로, 중국 기업들은 같은 발전 모델을 가지고 있지만 대만보다 20배나 큰 GDP와 자국 시장에 의지하고 있습니다. 중국은 글로벌 범위에서 대만 공급망의 존속을 위협하는 유일한 문제 국가입니다. 양안이라는 특수한 정치 상황이 없다 해도 대만에는 선택의 여지가 없습니다

또한 테슬라가 중국에서 '완전자율주행^{FSD}'이라는 기회를 그렇게 얻으려 해도 중국 정부가 테슬라에게 바이두의 지도를 사용하도록 요구하고 있는 것처럼, 테슬라는 자율주행이든 데이터 수집이든 모두 중국 정부의 동의가 있어야 진행할 수 있습니다. 게다가 만들어진 데이터 역시 '공동 생산'해야 합니다. 그러니 테슬라의 중국 내 데이터 센터가 얼마나 힘든 입장인지 알 수 있습니다.

반세기 동안 대만은 작은 나라였지만 베이비붐 세대는 최대의 장점을 발휘하여 글로벌 ICT 산업의 공급망에서 필수적인 연결 고리가 되는 데 성공했습니다. TSMC의 비교할 필요도 없는 독보적인 장점은

말할 것도 없고, 대만의 전자 대기업들의 노력이 없었다면 노트북과 휴대폰을 저렴한 가격에 소비자에게 제공할 수 없었을 것입니다. 단말기의 대량 보급이 없었다면 데이터 축적에 더 오랜 시간이 걸릴 수밖에 없습니다. 또한 세계 각지의 대만 공장은 신흥국의 값싼 노동력에 일자리를 제공하였습니다. 국제 사회에서 긍정적인 가치를 창출하려는 대만의 노력은 서구의 유수한 하이테크 기업들과 비교해도 손색이 없으며, 디지털 격차를 줄이기 위한 전 세계의 노력에 있어 대만도 주요 기여자라고 우리는 주장할 수 있습니다.

PC와 휴대폰이 지배하는 시대에 브랜드가 사양을 결정하고 아시아 태평양 지역에서 파트너를 구하는 것은 모두 효율과 원가를 낮추려 하는 것입니다. 아시아 각국이 OEM 오더 수주 경쟁에 나서면서 이 지역의 비즈니스 세계는 제조업체들이 더 낮은 비용으로 돌파구를 마련하고 미국계 브랜드 기업의 선택을 받기 위해 서로 경쟁하는 살벌한 전쟁터가 되었습니다. 고객들의 원가 압박에 직면한 대만 기업들은 중국 본토의 저렴한 노동력과 사회적 비용을 기반으로 거대한 생산 시스템을 구축했습니다. 한국 기업들은 해외 생산 기지의 원가 우위에 의존하는 것 외에 기술 혁신, 브랜드 경영과 경제 규모 등을 나란히 앞세우며 대만과는 완전히 다른 길을 개척해 왔습니다.

사업 기회는 무한하며 하늘은 사람의 길을 절대 끊지 않습니다. 반세기 전부터 반도체와 PC 산업에 투자한 대만은 다양한 우여곡절 속에서도 항상 전화위복을 해 왔습니다. 1985년 애플 II 짝퉁에서부터 IBM 호환 기종에 이르기까지 대만은 산업 발전의 토대를 마련했으며,

전 세계 게이머들이 부품을 구입해 직접 PC를 조립할 수 있는 DIY 개발 모델도 확립했습니다. 1992년, 컴팩은 브랜드 컴퓨터와 대만 PC의 가격 차이를 대폭 줄이기 위해 대대적인 가격 인하를 발표했습니다. 대만이 곤란해진 이때 OEM 주문이 쇄도했고, 불과 몇 년 만에 대만의 PC 산업은 10배 이상 확장되어 그야말로 '10배속의 시대'가 열렸습니다.

2000년, 마지막 노트북 생산 라인이 중국으로 이전하고 양쯔강 삼각주가 대만을 대신해 노트북 생산 기지가 되면서 해외 생산이 대세가 되었습니다. 산업이 공동화되는 가운데 대만 사람들은 대만의 전자 산업에 여전히 미래가 있는지 막연한 의구심을 품었습니다.

그해 대만 GDP에서 제조업이 차지하는 비중은 19.8%로 떨어졌습니다. 게다가 2007년에 출시된 아이폰의 생산 기지가 정저우에 세워졌고, 30만 명 규모의 이 공장을 만족시키기 위해 정저우시는 폭스콘의 직원 채용을 전담하는 공무원들까지 마련했습니다. 폭스콘의 공장은 정저우에만 있는 것이 아니라 아이패드 공장은 청두에 있었고, 청두와 충칭에 세운 대규모 노트북 공장은 2007년부터 2010년 사이에 대거 서부 지역으로 이전했습니다. 동시에 중국의 붉은 공급망은 노트북 및 대만 5대 전자 기업과 함께 생산 규모를 확장해 나갔습니다. 우리는 스마트폰의 물결을 타고 세계 각지에 중국의 브랜드가 델리, 호치민시, 두바이 등에서 아르메니아의 수도 예레반에 이르기까지 퍼져 나가 있는 것을 볼 수 있습니다. 중국의 휴대폰 브랜드는 가격으로 승부를 보겠다는 전통적인 전략에서 벗어나 다양한 휴대폰을 아우르며 전 세계, 심지어 세계 신흥국까지 강타하고 있습니다.

붉은 공급망의 그늘 아래서 대만의 운은 다한 것 같았습니다. 그러나 트럼프의 벼락 소리는 세상을 바꿨습니다. 차기 바이든 행정부가 입장을 완화할 것으로 기대했던 중국은 중국에 가장 유리한 시기를 기다리지 않고 오히려 대만이 새로운 발전의 기회를 잡았습니다. 국제 정치상 유리한 분위기 외에도 2024년 세계 1위 반도체 대기업이 된 엔비디아는 반도체부터 마더보드, 서버 모두 타이완 계열의 공급망에 의존했습니다. 한국의 주류 방송인 KBS도 대만은 이미 AI의 왕국이라고 말했습니다.

이러한 나라의 번영은 신이 대만에 주신 축복처럼 보이지만, 대만은 무적이 아니고 중국도 바지저고리가 아닙니다. 전기차, 드론, 로봇은 중국에게 가장 중요한 돌파구가 될 수 있습니다.

2000년을 전후로 세계적으로 유명한 브랜드들이 중국에 대거 진출했고, 대부분 관세 등을 고려하여 중국에 공장을 설립하기로 결정했습니다. 유럽의 폭스바겐, 메르세데스-벤츠, BMW뿐만 아니라 미국, 한국, 일본의 자동차 제조사들도 중국으로 몰려들었습니다. 2000년 전후 만일 당신이 글로벌 자동차 메이커인데 분명한 중국 정책이 없다면 당신은 바보 소리 들었을 것입니다. 당시 중국 또한 '세계 자동차 산업의 식민지'라는 조롱을 받기도 했습니다.

그 후 중국의 자동차 산업은 많은 회의론 속에서 생각지 못한 두각을 나타내고 있습니다. 1996년에 설립된 지리 자동차는 이미 볼보와 로터스 배후의 소유주입니다. 전 세계 부유층이 자신의 지위를 과시하기 위해 타는 메르세데스-벤츠의 상당 분량 지분도 중국인이 소유하고 있다는 사실을 알고 있습니까? 끌어들여서 카피하고, 양산해서 원가 낮추고, 지분에 참여하는 것은 중국 자동차 산업의 공식이었으며, 여기에 각종 소프트웨어와 자동화된 설계 도구가 더해져 호랑이에 날개를 달아 주었습니다. 1999년 전 세계 자동차 생산량의 3.3%에 불과했던 중국은 2024에는 전 세계 시장의 3분의 1을 차지했습니다. 2024년 중국에서 생산되는 자동차의 절반 이상이 전기차가 될 것이며, 이는 다른 어떤 전기차 개발 국가보다 훨씬 앞서는 것으로 세계 산업 역사에 중국인이 만든 또 하나의 기적이 될 것입니다.

세계 자동차 시장
패권 장악에 시동을 걸다

이제 중국의 전기차 산업은 과거 자동차 산업의 영광스러운 성공을 제대로 이어받았고 많은 의문이 제기된 '과잉 생산'은 결코 문제가 되지 않을 것이며, 시간이 좀 지나면 세대교체 기간에 저품질 전기차는 자동차 묘지로 향할 것으로 보입니다. 중국의 자연도태 메커니즘은 따라잡지 못하는 낙오자들을 걸러낼 것이며 중국인들은 지나치게 걱정할 필요가 없다고 말하고 있습니다. 중국은 다른 어떤 나라보다 실패 허용 공간이 크고 회복력이 강합니다. 수많은 전기차 제조업체가 단지 3개만 남는다 하더라도 중국은 약해지지 않을 것입니다.

BYD는 중국 내수 시장 덕분에 전기차 판매량에서 테슬라를 앞서고 있을 뿐만 아니라 두 회사의 격차는 점점 더 벌어지고 있습니다. 당신은 BYD의 재고에 대해 의문을 품을 수도 있지만, BYD의 해외 시장 점유율은 8%에서 13%로 증가했고, 테슬라는 그다지 흥미로운 반격 계획이 없습니다. 테슬라의 상하이 3기 계획에 새로운 진전이 없는 상황에서 테슬라는 2024년 200만 대 생산을 이루지 못할 것으로 보입니다.

이제 서방 세계는 BYD가 더 이상 바보 온달이 아니라는 것을 인정해야 합니다. BYD는 의도적으로 미국 시장을 피하고 있을 뿐 전 세계 400개 이상의 도시에서 입지를 확대할 준비를 하고 있습니다. BYD로 말하면 중국 내수가 위축되어 기대하기 어렵지만 태국, 우즈베키스탄, 헝가리, 베트남에 공장을 두고 있고 심지어 세계 시장을 정복하기 위한 실질적인 거점인 한국에 배터리 조립 공장까지 두고 있으니 중국이 세계 시장을 정복하는 진정한 기지가 아닌가 싶습니다.

중국인의 장점은 인해전술, 차해전술(자동차의 인해전술), 그리고 가격 전쟁입니다. 중국인들은 바닥에 처하게 되어 일단 모두가 어려움을 겪어야 하게 되면 서양인들이 어려움을 견디는 것보다 훨씬 잘 견딥니다. 이는 마오쩌둥으로부터 이어져 내려온 전략이기도 합니다. 이제 중국 제조업체들은 진화된 버전의 자동차 산업을 내놓으며 시장 침투 속도를 가속하고 경쟁 국가들이 대응하기 어렵게 만들고 있습니다. 서구 자동차 제조업체는 신차를 출시하는 데 3~4년이 걸리지만 중국에서는 1~2년이면 충분합니다. 현재 중국 내 최소 20개 도시에서 무인 자동차 자율주행을 실험하고 있어 이 분야도 중국 업계가 먼저 발전하고 있으며, 차량 안전에 관한 우려도 중국 정부가 허용 가능한 수준 이내 라면 수용할 것입니다. 대부분의 국가는 중국에 대응할 무역 수단이 없으며 미국이 대응하려 할 때는 너무 늦을 것입니다.

중국인들은 일단 레거시 시장(주력 시장)에서 사업 기회를 잡으려면 찐빵 장사와 마찬가지로 찐빵을 직접 만들어야 한다는 것을 잘 알고 있습니다. 반도체 첨단 공정은 좌절을 겪고 있지만 중국은 28nm 이상의 기존 반도체 공정의 생산 능력 확장에 집중하고 있습니다. 이는 한 편으로는 농촌이 도시를 포위하는 전통적 전략*을 지속할 수 있고, 다른 한편으로는 중급 공정을 필요로 하는 차량용 반도체를 지원할 수 있습니다. 그 결과 중국의 반도체 장비 구매는 미-중 무역 마찰 속에서도 결코 줄어들지 않았습니다.

미국 반도체 산업 협회^{SIA}가 보스턴 컨설팅 그룹^{BCG}과 공동으로 실시한 미국 반도체 산업 경쟁력 조사에 따르면, 2032년까지 전 세계 레거시 공정 생산 능력에서 중국의 점유율은 37%에 달해 미국의 10%와 대만의 25%를 훨씬 넘어설 것으로 전망됩니다. 미국 반도체 업계의 생산 현지화 전략에 따라 글로벌파운드리는 미국 정부로부터 보조금을 받아 뉴욕주 제조 기지에 레거시 공정을 확장하고 있습니다. 또한

---

*   역주: 국공 내전 당시 마오쩌둥의 전략으로 경제 수준과 교육 수준이 높은 도시 지역은 국민당 지지도가 높으므로 먼저 농촌을 공산화하고 도시 지역을 단절함으로써 내전을 승리로 이끌었다. 저자는 중국이 최첨단 반도체 공정을 공략하기 어려우니 이를 제외한 레거시 반도체의 역량 강화를 하는 전략을 사용하고 있다고 말하는 것이다.

글로벌파운드리는 버몬트에 미국 최초의 질화 갈륨 공장이 될 질화 갈륨 생산 라인을 건설하려고 합니다. 자동차용 반도체도 당연히 서구 기업들의 주요 관심사입니다.

중국 자동차 시장은 특히 전기차와 같이 빠르게 변화하는 분야에서 킬링 필드로 알려져 있습니다. 일단 기능이나 외관이 구식이거나 시장의 눈길을 끌지 못하는 자동차는 시장에 출시조차 되지 못하기도 하며 곧바로 자동차 무덤으로 보내집니다. 구형 제품은 자동차 제조업체에게 큰 손실을 의미할 뿐만 아니라 업스트림의 부품 공급업체도 가격 폭락으로 인한 손실에 대처해야 합니다. 개별 기업이 비용을 흡수했지만 2024년 리샹理想, BYD, 중국 테슬라가 모두 수천 명의 직원을 대량 해고한다는 소식은 중국의 가장 유망한 산업도 폭풍우에 흔들리는 심각한 위기에 처해 있음을 시사합니다.

저는 항상 "진실은 여전히 당신의 신발끈을 묶고 있지만 거짓은 전 세계를 여행하고 있다"라는 마크 트웨인의 명언을 생각합니다. 인터넷에서 물건 파는 인플루언서가 종종 리서치 분석가보다 대단한 행세를 하는 경우가 있습니다. 하지만 우리는 사실을 확인한 후에만 천천히 해결책을 찾을 수 있습니다.

인류의 역사에서 전염병과 전쟁은 항상 사회 계층을 변화시키고 부를 재분배하는 기회였지만, 현실은 항상 우리의 기대에 반하는 방향으로 흘러갔습니다. 코로나19가 유행하는 동안 정부가 투자한 보조금과 AI, 양자 기술, 위성 통신의 발전은 분명히 가난한 사람은 더 가난해지고 부자는 더 부자가 되는 현실로 이어졌습니다.

'강 동쪽 30년, 강 서쪽 30년*'이라는 말은 변하지 않는 순환의 도리를 의미하며 하늘은 모두에게 기회를 준다는 말입니다. 1950년부터 1980년까지 전 세계는 미국이 주도하는 세계 질서에 종속되어 있었습니다. 1980년부터 2009년까지 30년은 대만, 일본, 한국이 우뚝 서는 시기였고, 저는 원래 2008년 올림픽을 개최한 중국이 향후 30년 동안 세계에서 가장 성공적인 모델이 될 수 있다고 믿었습니다. 유니콘 기업을 선언하는 스타트업 기업이 속속 등장하고 중국 정부의 일대일로, 공자학원, 중국제조 2025 등 중국의 크고 작은 이슈는 이 기간 동안 우리 모두의 관심사가 되었습니다.

중국인의 거대한 내수와 세계의 공장을 이루는 쌍순환 경제 구조는 실제로 10~20년 동안 중화민족 위대한 부흥의 표상이었습니다. 상하이의 세련된 요리나 베이징 제2순환도로 내 사합원四合院**의 오너 셰프 고급 음식점은 말할 것도 없고 방대한 시장이 가져다주는 산해진미는 일반 대중의 상상을 일찍이 뛰어넘었습니다.

예전에 내몽골을 여행할 때 허타오河套 평원에서 저는 위청과 곽거병***이 싸웠던 다칭산大靑山, 인산陰山, 허란산賀蘭山을 지나쳤습니다. 공동부유는 이제 어느 정도 형성되었으며, 중국인들이 굳건히 서서 할 일

을 해 나간다면 앞으로 10년, 20년 더 좋은 시기를 맞이할 수 있을 것입니다.

하지만 중국을 여행해 본 사람이라면 누구나 알다시피 중국은 환경 보호를 위한 사회적 비용을 희생해 왔습니다. 젊은이들의 도시로의 이농, 부모와 자녀의 이별, 노인에 대한 지원 부족, 수많은 부패 사건은 중국이 경제 성장의 이면에서 치러야 했던 엄청난 대가를 보여줍니다. 빠른 성장의 이면에는 숨겨져 있어 눈에 보이지 않는 시민들 사이의 극심한 빈부 격차와 도시와 농촌 사이의 격차가 존재합니다. 중국은 앞으로 이 급속도로 성장하며 달성한 달콤한 경제적 성과와 '빈부 격차' '도농 격차'를 줄이기 위한 균형을 맞추기 위해 얼마나 많은 비용을 지불할 의향이 있을까요?

코로나19가 중국의 행운을 가로막은 걸까요, 아니면 정치 구조의 불가피한 결과일까요? 미-중 패권 경쟁으로 중국의 경제 성장은 급히 멈췄습니다. 2020년부터 '침체內卷', '자포자기躺平', '방치爛尾娃'와 같은 새로운 용어가 등장한 것 외에도 모두가 공동 부유가 어떤 혜택을 가져다 주었는지 살펴보고 있으며 미국과 중국 간의 마찰은 중국이 진로를 바꾸지 않으면 중국의 좋은 시절은 끝났다는 것을 암시하는 것 같습니다.

19세기와 20세기에 접어들던 때 의화단의 난은 8국 연합군의 침략을 초래했고 청나라는 당시 국가 예산의 몇 배에 달하는 배상금을 8개국에 지불했습니다. 서양 세력과 교회가 줄곧 침투하고 있었고 중국인의 자신감은 완전히 파괴되었습니다. 손문은 중국은 이미 식민지나 마찬가지였으며 '상대는 강하고 나는 약자*'라는 인식이 사람들의 마음속에 깊이 뿌리 박혔다고 말했습니다.

극도의 전체주의 사회는 사회 분위기를 포퓰리즘으로 띄워 집정 당국이 쉽게 동원을 하지만 국제 사회의 보편적 가치에 대한 이해에서는 벗어나기 쉽습니다. 중국이 역사적 독자성과 현 단계에서의 글로벌 보편 가치를 어떻게 조화시킬 것인지, 그리고 그 차이를 어떻게 가장 잘 해결할 것인지는 공전절후의 과제가 될 것입니다.

미국 달러 패권의 건재함

중국이 생산한 중국 휴대폰은 아프리카 시장에서 40%에 가까운 시장 점유율을 차지하고 있으며, 인도 정부의 적극적인 개입이 없었다면 인도 시장은 오래전부터 중국 휴대폰 제조업체에게 점령당했을 것입니다. 남중국해와 동중국해의 중국 내해화는 중국이 아시아 안보에 영향을 미치는 단순한 플레이어가 되기를 원하지 않는다는 것을 거듭 보여줍니다. 남중국해는 출발점에 불과하며 동중국해에 대한 중국의 강력한 영유권 주장은 자국의 영향력을 외부로 확장하고자 하는 다음 단계를 위한 것입니다. 서태평양이 중국의 영향권으로 편입되면 세계 무역

---

* 　역주: 人爲刀俎, 我爲魚肉。'사람(상대방)은 도마와 식칼이 되고, 나는 생선과 고기가 된다' 라고 하여 상대방이 강자이고, 자신은 약자로서 무력한 상황을 비유적으로 표현한 것이다.

과 산업의 경로에 큰 변화가 예상되며, 이는 아세안과 남아시아 국가들에게 큰 상황이 될 수 있습니다. 북빙양 또는 대서양을 크게 돌아 중동을 거쳐 남아시아로 이어지는 경제 및 무역 경로를 상상해 볼 수 있겠지만, 세계 경제 및 무역 질서의 형성은 결코 3년 또는 5년 안에 달성할 수 있는 것이 아닙니다.

자본 시장에서 전 세계 준비 통화의 62%는 미국 달러입니다. 위안화는 2% 미만으로 유로화의 10분의 1, 영국 파운드와 일본 엔화의 절반에 불과합니다. 중국은 산유국들과 우호적인 관계를 유지하면서 디지털 화폐와 전자 거래를 통해 자국 통화의 양상을 바꾸려고 노력하고 있습니다. 그러나 디지털 화폐는 양날의 검이 될 가능성이 높습니다. 위안화가 디지털화되면 중국은 위안화의 흐름을 추적하여 중국인들이 자유롭게 해외로 돈을 밀반출하는 것을 막아야 합니다. 새로 취임한 트럼프 행정부는 필연적으로 미국 달러를 무기로 사용할 것이며, 미국 달러를 포기하는 국가는 미국 정부의 강력한 압력에 직면해야 할 것입니다. 위안화로 인한 아시아 통화의 가치 하락은 피하기 어려울 것이고, 환율 전쟁은 이제 막 시작되었으며 이 큰 국면에서 예외가 될 수 있는 국가는 없습니다. 중국 경제를 오랫동안 연구해 온 스탠퍼드 경제학자 쉬청강許成鋼은 뉴욕타임스 및 기타 언론과의 독점 인터뷰에서 중국이 주장하는 2023년 경제 성장률 5.2%는 신뢰할 수 없으며, 더 가능성이 높은 수치는 0~1% 사이의 성장률이라고 지적했습니다.

우리는 중국 경제 성장의 동력을 내수, 투자, 수출이라는 세 가지 관점으로 이해할 수 있습니다. 중국 GDP 성장의 약 3분의 1은 부동산 관련 산업이 기여하고 그다음은 수출이 차지합니다. 그러나 부동산 경기뿐만 아니라 유럽과 미국이 중국과의 디커플링을 시도하면서 중국의 수출은 심각한 제약을 받고 있으며, 대-미 수출 1위 무역 흑자국의 자리마저 멕시코에 빼앗긴 상태입니다. 중국의 대-미 총 무역 흑자는 최고치인 3,400억 달러에서 2023년 2,700억 달러 이상으로 감소했습니다. 단, 2024년 중국의 대외 총 무역 흑자는 1조 달러에 달할 것이며, 디커플링은 글로벌 경제에 새로운 질서가 형성됨을 의미합니다.

2024년 중국 제조업체들은 트럼프가 취임하기 전에 서둘러 수출을 강화했기 때문에 2024년이 중국 대외 무역 흑자의 정점인 해가 될 수 있습니다. 중국이 유럽과 미국 선진국 경제에서 디커플링 되면 세계 경제 성장의 모멘텀에 대한 중국의 비중은 줄어들 수밖에 없습니다. 그러면 우리는 대만의 역할을 어떻게 이해해야 할까요? 어떤 전략을 세워야 할까요?

중국 일대일로의 제약과 한계

많은 서방 언론은 2014년에 시작된 일대일로 이니셔티브BRI가 부채 함정이라고 비난했지만, 중앙아시아와 아프리카의 많은 국가가 중국이 제공한 인프라의 혜택을 받았으며 세계의 정치와 경제 구조에 중대한 변화를 가져왔습니다. 일대일로의 경로를 따라 중국 기업은 글로벌 경제 및 무역 시스템의 핵심 플레이어가 되었습니다.

2019년 휴대폰 제조업체 트랜션^{Transsion}의 매출 중 75%는 아프리카에서 발생했는데, 2023년에는 아프리카의 비중이 35%로 내려갔습니다. 그러나 트랜션은 아세안과 남아시아의 신흥 시장에서 약 1억 대의 스마트폰을 판매하며 세계 5대 휴대폰 브랜드 중 하나로 성장했습니다. 트랜션은 샤오미에 이어 신흥 시장에서 유명 브랜드가 되었습니다. 우리는 중국 제조업체의 경영 전략상의 창의력과 신흥 시장에서 고난을 겪으며 장기 전략을 포진하는 의지를 단순히 저가라든가 보조금으로 치부할 수 없습니다.

제가 국립대만대학교 기업연구소^{NTUIE}에서 강의할 때 이스라엘 히브리대학교에서 교환학생이라는 명목으로 대만으로 유학 온 중국 대륙 출신 청년을 만난 적이 있습니다. 대만에 오기 전에는 트랜션에서 일했다고 합니다. 중국의 젊은이들은 새로운 기회를 찾아 아프리카나 두바이에서 가서 기꺼이 땅바닥에 쪼그리고 앉아 일하는데 대만이나 다른 나라의 젊은이들도 그렇게 할 의향이 있을까요? 중국인들은 19세기 중반 외세의 침략 이후 강인한 민족성을 쌓아왔고 이는 현대 국가 중에서 매우 대표적인 사례입니다.

GDP가 40억 달러에 불과한 몰디브는 중국으로부터 많은 돈을 빌려왔고, 이는 자연스럽게 중국이 인도양에 깃발을 꽂고 인도와 경쟁할 수 있는 기회를 제공했습니다. 중국의 칭하이-티베트 철도 프로젝트가 네팔 카트만두까지 연결되면 고지를 점령한 중국은 인도에 위협감을 줄 것이며, 중-인 무역의 연간 1,000억 달러에 달하는 전자제품 적자는 인도에게 있어 등의 가시가 될 것입니다.

인도의 유일한 돌파구는 '경제'에 있고, 경제의 핵심은 '하이테크'이며, 하이테크의 주요 타깃은 반도체입니다. 중국은 잘 되도 경제, 못되도 경제입니다. 현재 중국은 실패를 피하기 위해 힘을 다하고 있지만 현재 경제 상황은 모호하여 잘 알 수 없습니다.

미-중 간 갈등에 있어 대만은 명확한 담론이 부족합니다. 마르크스-레닌의 투쟁 이데올로기는 변할 수 없는 공산주의 DNA이며, 중국은 러시아 및 북한과의 장기적인 동맹을 견지할 수밖에 없습니다. 궤도위성, AI, 우주 전략 분야 등 중국이 미국과 동등한 위치에서 경쟁할 수 있는 영역에서 중국의 민족성은 생존 공간을 확보할 것이고 미국은 중국의 전기차, 신흥 시장, 그리고 아프리카의 금융 지불 시스템의 우위를 와해하려 할 것입니다.

지난 100년 중국인은 불구덩이에서 다시 살아났고 한 번 실패의 경험을 바탕으로 다시 일어설 수 있는 기회를 만들어 냈습니다. 대만에 대한 기습 공격이 즉각적인 효과를 거두지 못한다면 중국 공산당은 혹독한 대가를 치를 수밖에 없습니다. 그럴 경우 대만해협은 대결의 참호가 될 것이며, 한반도와 유사한 비군사 지대가 되는 것이 최선이고, '교착 상태'가 새로운 국면이 될 수 있습니다.

미-중 전쟁의 와중에도 양안 관계는 여전히 대만이 국제사회 생존의 주제로 남아 있지만, 대만은 더 이상 평화를 얻기 위하여 몸을 낮추고 협력을 구하는 방식을 사용할 수 없습니다.

상황이 어떻게 변하든 대만은 중국이 가장 어려운 조건에서도 전략적 우선 순위를 견지할 것이라고 가정해야 합니다. 대만해협, 남중국해, 마지막에 가서야 동중국해의 중-일 관계, 그리고 한반도와 황해일 것입니다만 모두 장기판 위에서 미-중의 움직이는 하나의 말에 불과합니다.

결전 2030에 대하여 대만은 세 가지 시나리오가 있습니다. 평화, 전쟁, 지연입니다. '평화'는 모두에게 행복한 좋은 시나리오입니다. 중국 내수가 다시 일어나고 쌍순환 경제의 포석하에 중국 본토의 과학기술 산업이 적절히 돌파구를 마련하여 중국의 반도체 장비 시장은 다시 한번 세계 시장의 4분의 1을 차지합니다. 중국은 중국의 게임 법칙을 기반으로 만든 새로운 질서 안에서 충분한 생존 공간을 확보합니다.

'전쟁'은 아마 시진핑 마음속의 시나리오일 것입니다. 중국의 "동방이 흥하고 서방이 기운다東升西降"라는 말은 미국의 세기말에 대한 은유이며, 중국 관영 언론은 항상 미국이 기울고 있다고 주장합니다. 쌍순환 경제는 중국이 서구 시장에 의존하지 않고도 공동부유를 창출할 수 있다는 것을 의미합니다. 하지만 창업해서 사업의 어려움을 경험해보지 않으면 비즈니스가 얼마나 어려운 것인지 모를 것이며, 국가 전략이란 한 줌의 똑똑한 싱크탱크 브레인들이 단숨에 달성할 수 있는 것이 아닙니다. 중국의 경제적 어려움은 오히려 대만에 대한 기습으로 인민의 관심을 돌리려 할 수 있으며 군수 산업은 경제 발전의 중요한 동력이기도 합니다.

'지연'은 가장 가능성이 높은 시나리오입니다. 하지만 시간은 어느 편에 서게 될까요? 2000년 천수이볜 총통이 집권한 이후 양안은 여전히 줄다리기를 하고 있었습니다. 1세대 대만 사업가들은 그저 노동력만으로 중국 투자 타당성을 평가하여 선전과 동관에 자리를 잡았습니다. 2000년을 전후로 대만 사업가들은 장강 삼각주로 이주하기 시작했는데 바로 중국에서 가장 아름다운 강남의 수상 도시였습니다. 대만 사람들은 장수성과 저장성 지역에서 문화와 학문이 만나는 최고의 양안 교류 시대를 만들었으며 이 시기는 세계화의 절정이기도 했습니다.

2008 베이징 올림픽은 스마트폰의 보급과 함께 중국 시장과 중국 공급망의 가치를 새로운 차원으로 끌어올렸으며, 모든 중국인들이 시간은 필연적으로 중국인의 편이라고 말했습니다. 2013년 금마장 남우 주연상을 수상한 베테랑 중국 배우 리쉐젠李雪健은 대만 사람들의 가치나 주장을 전혀 이해하지도 못하면서(또는 상관하지 않고), 상을 받기 위해 대만에 와서 양안 통일에 대해 매우 고상하게 말하는 등 젊은 공산당이나 늙은 공산당이나 꽤나 득의양양했습니다. 리쉐젠은 중-일 전쟁을 소재로 한 영화 '1942'로 상을 받았는데, 그가 아는 중-일 전쟁은 대만의 내성인* 이나 외성인** 들이 아는 중-일 전쟁과는 크게 달랐습니다.

제2차 세계대전이 끝난 지 80년이 지났지만 사람들의 마음속에 남아 있는 가치 주장과 그림자는 여전히 존재합니다. 중국 공산당이 계속 집권하는 한 14억 중국인은 하나의 마음과 하나의 주장만 가능한데

---

*   역주: 원래부터 대만 섬에 살고 있던 한족 계열의 사람들 및 그 후예를 말한다.
**   역주: 중화민국 성립 이후 주로 장제스 총통과 함께 국공 전쟁을 하다 대만으로 넘어온 사람들 및 그 후예를 말한다.

그것은 바로 조국 통일이며 다른 것은 이야기할 것도 없습니다.

　대내외적 상황의 영향으로 대만해협 양쪽은 완전히 다른 성격과 내용으로 맞서기 시작했습니다. 대만 2세대 사업가들은 점점 나이가 들어갔고 3세대 기업가들은 중국은 거들떠보지 않고 태평양을 건너 실리콘밸리, 밴쿠버, 시애틀에서 사업 기회를 찾았습니다. 이는 중국 공산당이 가장 보고 싶지 않은 결과이지만, 대만이 국가 발전 전략을 고민하는 시작점이 되는 대만의 '종착점을 출발점으로 삼은' 결과일 수 있습니다.

　중국 경제 성장의 첫 물결은 이미 지나갔습니다. 다음 성장의 물결이나 발전 방식은 과거와는 다를 수밖에 없는데, 중국식 사회주의가 될까요, 아니면 국가 자본주의가 될까요? 중국은 항상 자신의 가치를 핵심으로 모든 종류의 문제에 대해 사고해 왔습니다. 수천년 역사의 흐름 속에 오랑캐들의 침입은 늘 있었습니다. 융성했던 한나라, 당나라, 그리고 현대 중국의 3분의 1 면적에 불과한 송나라 등 모두 중국은 언제나 자신이 세계의 중심이라고 생각했습니다.

5장

반도체와
대만의 미래

여는 글

엔비디아 CEO 젠슨 황과 AMD의 CEO 리사 수가 빈번하게 대만을 방문하여 연대감을 강화하고 있는 모습은 대만의 하드웨어 제조 역량이 세계 반도체 산업 생태계에서 차지하는 핵심적 위치를 명확히 보여주는 지표라고 할 수 있습니다. 특히 AI 시대의 급속한 발전과 함께, 하드웨어 중심의 산업 구조를 가진 대만은 역사상 유례없는 비즈니스 기회를 직면하고 있는 것 같습니다. TSMC는 호국신산護國神山*이라 불리우며, 200억 달러가 넘는 3nm 첨단 웨이퍼 제조 공장을 2년 넘게 건설

---

* '나라를 지켜주는 신성한 산'이라는 뜻으로 TSMC가 없었다면 미국 등 서방 국가들이 타이완을 이렇게 강력히 보호해 주지 않았을 것이라는 생각에 대만 국민들이 TSMC에 붙여준 별명이다.

했는데 다른 나라에서 이와 같은 규모, 속도 및 품질로 공장 건설을 완성하는 것은 거의 불가능합니다.

해낼 수도 없고 대체할 수도 없다는 것은 대만 하드웨어 산업의 가장 큰 전략적 가치가 되었지만, 동시에 하드웨어 제조 중심의 산업 구조가 AI 관련 산업으로의 확장과 다각화에 있어 직면하는 가장 큰 제약 요인이 되기도 합니다.

대규모 대량 생산 시스템을 구축하려면 수율과 원가 관리가 절대적으로 중요합니다. AI 시대의 다변화된 시장 수요 구조를 내다볼 때 대만 기업은 여전히 전체 시장에서 가장 유리한 위치에 있습니다. 이러한 맥락에서 대만의 신뢰받는 기업인들의 역할은 대만 사회를 발전시키는 기술력을 갖출 뿐만 아니라, 국제 사회의 기술 생태계 재편과 지속가능한 발전에 기여하는 핵심 인물이 될 것입니다.

2024~2030년
반도체 산업 전망

디지타임즈 리서치 센터에 따르면 글로벌 반도체 시장의 규모는 2023년 5,340억 달러에서 2024년 6,295억 달러로 16.8%의 성장률을 보일 것이며, 2030년에는 글로벌 반도체 시장 규모가 1조 달러를 넘어설 것으로 전망됩니다.

이 6,295억 달러의 시장 수요 중 39%는 컴퓨팅 제품에서, 30%는 휴대폰과 네트워크 장비에서 발생합니다. 전기차 및 산업 컨트롤러 시장의 수요도 꾸준히 증가하고 있습니다. 그러나 소위 시장 수요는 IDM과 IC 설계 회사 및 기타 브랜드 소유자가 만듭니다. 아시아 공급망의 관점에서 볼 때, 반도체 산업의 실제 가치는 단순히 최종 제품의 시장 규모만으로 평가할 수 없습니다. 파운드리, FT^{Front-end Technology} 공급업체, EDA/IP 공급업체, 재료 및 장비 공급업체의 생산 가치를 모두 포함하면 2024년까지 전 세계 반도체 산업의 총생산액은 1조 달러를 상회할 것으로 예측됩니다. 이러한 성장세 속에서 대만은 1,440억 달러 규모의 파운드리와 380억 달러 규모의 패키징 분야에서 글로벌 선도자로서의 입지를 공고히 하고 있습니다.

반도체는 모든 연산 장치의 토대로서, 그 수요 구조는 시장과 기업들의 경제 활동의 주요 변화를 실시간으로 반영하는 바로미터가 되었습니다. 현재 PC와 휴대폰 시장이 지속적인 약세를 보이고 있으나, 이는 단순히 시장의 침체가 아닌 수요 구조의 근본적인 변화를 의미할 수 있습니다. AI 분야에서 비롯한 데이터 센터와 서버 산업에서의 폭발적 수요가 수요 구조의 변화를 일으킨 것입니다.

TSMC는 이러한 시장 변화에 발맞추어 2024년 전체 매출의 15%를 AI 관련 분야에서 창출할 것으로 예측되며, 30%에 달하는 매출 성장률 전망은 업계의 이목을 집중시키고 있습니다.

디지타임즈는 2024년부터 2030년까지 글로벌 반도체 수요가 연평균 7.9%의 안정적인 성장을 보일 것으로 전망하고 있는데, 이는 서버와 산업 제어 분야의 지속적인 수요 증가에 기인한 것입니다. 주목할 점은 과거 시장을 주도했던 PC와 휴대폰 중심의 수요 구조가 점차 약화되는 반면, AI 데이터 처리를 위한 고성능 컴퓨팅 수요가 크게 증가하고 있다는 사실입니다. 2023년 중반까지 회복이 기대되었던 노트북과 휴대폰 시장은 2024년까지도 뚜렷한 반등의 모멘텀을 찾지 못할 것으로 예상되며, 자동차 시장마저 2024년에 소폭의 후퇴를 경험할 것으로 전망됩니다.

한편, 2019년 말 코로나19 확산 이후의 초저금리 정책으로 인한 유동성 과잉은 기업 가치의 급격한 상승을 초래했고, 이는 '유니콘' 기업의 폭발적 증가로 이어졌습니다. 2013년 벤처 캐피탈리스트 에일린 리$^{Aileen Lee}$가 처음 제시한 '유니콘'이란 개념은 시가총액 10억 달러 이상의 비상장 기업을 지칭하는 것으로, 2015년 80개에 불과했던 유니콘 기업의 수는 2021년까지 1,200개로 급증했습니다.

그러나 몇 년 전의 유니콘 중 상당수는 수년 동안 기업의 손익에 대한 자본 시장의 면밀한 조사에 직면하여 '도산$^{Belly-up}$'했고, 많은 유니콘이 사라졌습니다. 물론 경기가 어려울 때 투자할 만한 가치가 있는 기업도 여전히 존재합니다. AI와 정보 보안은 현재 뜨거운 분야입니다. 그러나 가장 좋은 기업은 경기 사이클의 영향을 받지 않는 기업입니다. 이는 '모든 기술은 신뢰할 수 없으며, 신뢰할 수 있는 유일한 것은 새로운 과학기술을 학습하는 능력뿐'이라는 말을 따르는 것이기도 합니다.

유니콘을 찬양하던 시대는 끝났습니다. 글로벌 시장조사업체 CB인사이트$^{CB Insights}$에 따르면 스타트업의 자본 조달액은 2021년과 2022년에는 여전히 1,600억 달러 이상이지만 2023년에는 669억 달러에 불과할 것이며, 유니콘으로 인증된 기업 수는 2021년 500개 이상에서 71개로 급감하고 인수합병도 독점이라는 비난을 피하기 위해 크게 감소할 것으로 예상됩니다. 유니콘으로 인증된 기업 수도

2021년 500개 이상에서 71개로 급감했습니다.

유니콘은 기업가들이 꿈꿔왔던 성공의 상징badge of success이자 왕관이었습니다. 하지만 매출 500만 달러의 회사가 시가총액 10억 달러에 달하던 시절은 이미 오래 전에 지나갔습니다. 투자 자산과 안정적인 수익 보유 기업이 더 인정받고 있으며, 이는 새로운 트렌드가 하드웨어 제조 산업 및 관련 분야에 새로운 기회를 가져올 것임을 의미합니다.

대만 사람들은 결코 쉽게 돈을 벌 수 없습니다. 소프트웨어와 하드웨어의 통합, 심지어 하드웨어 제조가 트렌드를 주도하는 시대에 대만 산업의 실제 가치는 새롭게 인증되고 판단되어야 합니다.

미국의 경제 잡지 포춘Fortune지는 기업 공개를 통해 자본을 조달하는 전통적인 모델이 2022년 1분기에 이미 '고갈'되고 있다고 보도했습니다. 대부분의 사람들은 회사가 운영을 중단하거나 직원을 해고한다고 발표할 때서야 상황이 바뀌었다는 것을 알게 되지만, 사실상 2022년 1분기가 시작될 때 상황은 십분 분명했으며 단지 다수의 스타트업이 18~24개월 간의 운영 자금을 보유하고 있어서 자금이 고갈될 때까지 단서를 내비치지 않은 것입니다. 2024년부터는 이러한 구조적 문제가 더욱 뚜렷하게 표면화될 것입니다. 따라서 대규모 자금 조달을 시도하는 스타트업들은 자신들의 실질적 가치를 입증하는 데 있어 과거보다 훨씬 더 큰 어려움을 겪을 것이며 현금을 조달할 투자 시장은 더욱 신중하고 합리적인 투자 결정을 하게 될 것입니다.

2019년과 2024년 사이에 전 세계 GDP가 17조 달러 증가하면서 부의 집중이 심화되는 현상이 나타났습니다. 이러한 부의 집중은 주요 테크 기업 경영자들의 대규모 투자 행보를 통해 더욱 뚜렷하게 드러냈습니다. 메타의 마크 저커버그는 메타버스 개발에 천문학적 자금을 투자하고 있으며, 오픈AI의 샘 알트먼Sam Altman은 7조 달러 규모의 반도체 산업 지원 시스템 구축을 시도하고 있습니다. 또한 테슬라의 일론 머스크는 전기차를 넘어 에너지 저장 시스템ESS, 위성 인터넷 서비스 스타링크Starlink 등 다양한 사업 영역으로 확장을 시도하고 있습니다.

이러한 막대한 자본력을 바탕으로 한 투자에도 불구하고, 삼성과 인텔은 단순히 현금과 기술력만으로는 최첨단 반도체 공정을 성공적으로 구축할 수 없다는 것을 입증했습니다.

한편, 우려되는 점은 샘 알트먼의 대규모 반도체 투자 계획보다도, 중국의 레거시 반도체 생산 설비 과잉의 부정적 영향입니다. 이러한 생산 과잉은 시장 균형을 무너뜨려 전반적인 산업 생태계에 혼란을 초래할 수 있기 때문입니다.

이들 강력한 기업가들 뒤에는 2024년 당시 한국의 수만 명의 의료 노동자들이 파업을 벌이고, 프랑스와 스페인의 농민들이 대규모 농기계를 들고 거리로 나서고, 중국 섬서성과 산시성의 석탄 광부들이 광산 재해로 인해 어려움을 겪으며, 중국 대도시에서 배달로 인해 기존 식당의 수익이 폭락하고 일부 소수 유명 브랜드 상점의 줄이 길어지는 등의 일들이 우리 사회의 현실 속에 동시다발로 발생하고 있습니다. 과학 기술의 발달로 생산 효율은 높아졌지만 막대한 빈부 격차는 일말의 동정심도 없이 더욱 벌어지고 있습니다.

지피지기면 백전불태

이러한 상황에서 GDP의 구성 요소를 면밀히 분석하는 것은 매우 중요합니다. GDP는 기업의 순영업 이익, 임대료, 세금, 자본 비용, 급여, 감가상각 등에서 발생하는 부가가치의 총합을 의미합니다. 대만의 경우, 반도체 제조, IC 설계, EMS 제조, 산업용 컴퓨터 등 전자 산업이 GDP에서 차지하는 비중이 약 25%에 달하며, 여기에 구글, HP, 델, 마이크로소프트, AWS 등 글로벌 기업들의 R&D 센터와 70% 메모리를 대만에서 생산하는 마이크론, ASML, 어플라이드 머티리얼즈Applied Materials, 램 리서치, KLA 등 장비 업체들의 서비스 인프라를 포함하면 그 비중은 30%까지 확대됩니다. 장외시장의 추산에 따르면 대만 주식 시장의 약 63%를 전자 산업 상장 기업이 차지하고 있습니다. 일일 거래량은 60%가 넘는 경우가 많아 대만에서 전자 산업의 영향력은 실로 막대합니다.

두 늑대와
어떻게 춤을 출 것인가?

미국과 중국이 국제무대에서 주도권 경쟁을 벌이는 상황에서 대만은 미국과 중국 사이에서 수급 균형을 맞추는 핵심 관건입니다. 하지만 각 영역에서 유리한 고지를 점하고 있는 것은 미국과 중국이고 여기에 한국, 일본과 시장 경쟁까지 해야 하니 마치 '화중취율火中取栗(불 속에서 밤을 손으로 끄집어낸다)'과 같아 저는 항상 쉬운 벌이는 대만 사람에게 까지는 차례가 안 온다고 말합니다.

한국 언론에 따르면 TSMC의 최첨단 칩 외에도 ASE의 반도체 패키징, 라간 프리시전Largan Precision의 카메라 렌즈, 캐처Catcher의 섀시, ZDT

의 플렉시블 보드 등 대만의 단일 제품 21개가 세계 1위에 올랐고, 이들 제품 하나하나가 글로벌 수급에 영향을 미치고 있다고 보도했습니다. 저는 40년 동안 한국을 연구했지만 과거부터 중국을 제조 강국이라고 이야기해 온 한국이 대만의 산업과 경제력을 이렇게 높게 평가하는 것을 처음 보았습니다.

컴퓨텍스 타이베이 2024는 컴퓨팅 산업의 새로운 전환점을 알리는 역사적인 무대가 되었습니다. 특히 퀄컴의 CEO 크리스티아노 아몬Cristiano Amon이 발표한 '새로 태어난 PCThe PC Reborn' 프레젠테이션은 PC 산업의 근본적인 변화를 예고했습니다. 무지개색 운동화를 신고 무대에 등장한 아몬은 2007년 아이폰이 모바일 산업에 가져온 혁명적 변화에 비유하며, AI가 PC 산업에 미칠 혁신의 잠재력을 강조했습니다.

아몬이 전한 '새로 태어난 PC'의 핵심 메시지는 빅데이터, 클라우드 서비스, AI의 점진적 진화였습니다. 특히 퀄컴의 스냅드래곤 X 프로세서 제품군이 전력 효율성, 연산 속도, 멀티미디어 처리 능력 등 모든 면에서 인텔의 동급 프로세서를 압도한다고 강조했습니다. 여러 유명 노트북 브랜드 관계자가 참석해 청중들에게 새로운 시대의 시작이라는 인상을 강하게 심어주었습니다. 레거시 반도체 제품이 새로운 정의를 받으면 다시 태어날 수 있고, 나아가 새로운 산업을 창출할 수 있다는 '새로 태어난 PC'의 의미를 다시 알린 것입니다.

더욱 주목할 만한 점은 아몬이 프레젠테이션에서 마이크로소프트의 CEO 사티아 나델라Satya Nadella가 온라인으로 참여하여 퀄컴의 프로세서와 마이크로소프트의 코파일럿Copilot 시스템의 통합이 가져올 혁신적 변화를 설명한 것입니다. 이는 하드웨어와 소프트웨어의 긴밀한 통합을 통해 AI 기반의 새로운 사용자 경험을 제공하겠다는 비전을 보여주는 것이었습니다.

이어서 에이서의 제이슨 첸Jason Chen, 아서스의 쉬 시엔위Xu Xianwei를 필두로 HP, 델, 레노버의 고위 임원들이 무대에 올라 AI 노트북 시대의 개막을 선언했습니다. 이는 PC 산업 전체가 인텔 중심의 전통적 구도에서 벗어나 AI 중심의 새로운 생태계로 전환하고 있음을 보여주는 상징적인 순간이었습니다.

이러한 흐름 속에서 퀄컴이 인텔의 잠재적 인수자로 거론된 것은 매우 상징적입니다. 비록 매출 규모는 인텔에 미치지 못하지만, 퀄컴의 시가총액이 2,000억 달러로 인텔의 두 배에 달한다는 사실은 시장이 AI 시대의 컴퓨팅 패러다임 변화를 어떻게 평가하고 있는지를 명확히 보여줍니다.

사업 영역의 확장

테슬라는 항상 "소프트웨어의 정의는 운반 도구"라고 강조하고, 실리콘밸리 사람들은 항상 '세상은 소프트웨어가 지배하고, 소프트웨어는 AI가 지배한다Software is eating the world, AI is eating software'라고 강조하는데, 이는 AI의 큰 깃발 아래 소프트웨어의 가치는 낮아지고 하드웨어의 가치는 그보다 더 낮아지고 있다는 의미입니다.

이는 일반적으로 사실이며, 미래의 자동차는 AI와 소프트웨어의 결합을 통해 다양한 유형으로 진화할 것으로 예상되며, 개인화된 데이터와 애플리케이션을 통해 사용자 경험이 크게 확장될 것으로 전망됩니다. MIH 전기차 플랫폼을 담당했던 폭스콘의 전 CTO 웨이궈장^{魏國}^章은 디지타임즈가 주최한 AI 엑스포에서 단말기와의 공동 창작이라는 첨단 사고방식을 강조했습니다. 그는 다양한 언어 모델이 소비자의 라이프스타일을 정의하며, 디바이스의 운영 품질을 최적화하여 자신만의 전용 에이전트^{Agent} AI를 구축하는 것이 미래의 일상생활을 결정할 것이라고 말했습니다.

현재 개발되고 있는 다양한 언어 모델들은 대부분 공공 영역의 데이터를 기반으로 사전 교육을 받고 있을 가능성이 큽니다. 각 기관과 기업들은 자신들의 필요에 맞는 특화된 모델을 개발할 것입니다. 교육, 기상, 교통 및 정부 기능을 위한 다양한 대규모 언어 모델을 사적 영역에 통합하는 사업은 우리에게 AI의 무한한 가능성을 보여줍니다. 예를 들어, 중앙 기상청이나 민간 일기 예보 회사들은 일기 예보의 우위를 점하기 위해 경쟁할 것이며, 심지어 마이크로 날씨 정보를 두고도 경쟁할 것입니다.

하드웨어 측면에서 공급망을 생각해 보면 어떤 기술적 변화 가능성이 있을까요? 하드웨어 공급망의 관점에서 볼 때, 범용 그래픽 처리 장치^{GPU}에서 응용 특화 집적 회로^{ASIC}로의 진화가 예상되며, 단말기 사용자들의 행동 패턴을 근본적으로 변화시킬 수 있는 혁신적인 반도체가 등장할 수 있습니다. 따라서 소프트웨어 영역에서는 무한한 상상력이 허용될 수 있지만, 여전히 반도체 공급업체들은 반도체 칩 제조라는 본질적 경쟁력을 유지해야 할 것입니다.

컴퓨텍스 타이베이 2024에서 확인할 수 있었듯이, AI의 부상은 대만의 공급망에 새로운 활력을 불어넣고 있습니다. 2025년에는 이러한 추세가 더욱 강화될 것으로 전망되며, AI 관련 하드웨어 수요의 증가로 인해 대만 기업들의 성장 기회는 더욱 확대될 것으로 예상됩니다.

혁신의 새로운 지평

컴퓨텍스 타이베이 2024에서 전 인텔 CEO 팻 겔싱어$^{Pat\ Gelsinger}$는 역사적 맥락을 강조하며, 인텔은 1985년 대만에 지사를 설립한 이래 대만 컴퓨터 산업과 함께 성장해 왔기 때문에 IT는 "Intel & Taiwan의 약자"라는 표현을 사용했습니다. 저는 1985년에 업계에 들어와서 대만 초대 지사장이었던 첸차오이^{陳朝益}을 잘 알고 있을 뿐만 아니라 나중에 인텔의 아시아 태평양 사장이 된 천준성^{陳俊聖}과도 오랜 친구 사이였습니다.

겔싱어의 연설은 표면적으로는 공급망에서 대만의 핵심적 위치를 강조하면서 신경처리장치^{NPU}의 중요성을 의도적으로 축소했습니다. 그는 무어의 법칙이 여전히 유효하다고 주장했지만, 동시에 현재 인텔이 모바일 통신과 AI 시대의 발전 기회를 정확히 포착하지 못했다는 사실은 부인하지 않았습니다.

행사 무대에는 아수스의 스종탕^{施崇棠}과 에이서의 천준성이 번갈아 등장했고, MSI의 쉬샹^{徐祥}과 기가바이트^{Gigabyte}의 예페이청^{葉培城}이 그 뒤를 이었습니다. 대만 기업들은 무대 위 어느 한편에 서지 않고 무대 양측에 균형 있게 서 있었는데, 이를 '이퀄 시스템^{Equal System}'이라고 합니다. 기술 패권 경쟁 속에서 대만 기업들의 중립적 입장과 유연한 포지셔닝을 의도적으로 보여주었다고 생각합니다.

겔싱어가 연설할 때 백보드에는 마이크로소프트, 에이서, 아수스, 삼성의 로고가 배치되었으나, 엔비디아의 로고는 보이지 않았습니다. 이 세계적인 무대에서 우리는 세대교체를 둘러싼 생존 경쟁의 한 단면을 목격한 것입니다. 인텔의 공동 창립자 앤디 그로브^{Andy Grove}의 명언, "업계 리더라면 사람들은 당신이 아무것도 남지 않을 때까지 당신의 성과를 공유하려고 할 것이다"라는 말을 저는 아직도 기억합니다. 이 명언은 현 상황에 적절한 교훈을 전합니다.

현대 기술 산업에서 '승자 독식'이라는 자본주의 경쟁 논리는 더욱 분명하게 드러나고 있습니다. 엔비디아는 단순히 칩 성능에서 선두를 달리는 것을 넘어, CUDA와 같은 소프트웨어 플랫폼을 통해 데이터를 축적하고 경쟁 격차를 더욱 확대하며, 세계 최고 벤처 캐피탈들의 주목을 받는 투자처가 되었습니다. 2024년에는 전 세계 반도체 제조업체들의 상당한 수익이 엔비디아의 수중으로 흘러들 것으로 예상되며, 이에 대응하기 위해 경쟁사들이 연합하여 엔비디아의 우위에 도전하는 것은 업계에서 자연스러운 현상이 되고 있습니다.

겔싱어의 연설이 끝나기 전 행사에 참석한 대만 IT 업계 리더들은 일제히 '우리는 인텔과 함께한다'고 선언했으며, 젠슨 황이 무대에 섰을 때는 같은 기업인들이 '우리는 엔비디아와 함께한다'고 강조했습니다. 이는 앞서 설명한 이퀄 시스템의 기조에 맞게 대만이 어떤 특정 진영에 속하지 않으면서도 세계 최고 기업들의 핵심 파트너로서의 위치를 유지하는 전략적 유연성을 보여주는 장면입니다. 중국 고사성어를 빌리자면 "상황을 명확히 이해하고 준비되어 있다면, 진퇴가 자연스럽고 질서 있게 이루어진다*"라고 표현할 수 있겠습니다.

아수스의 스종탕과 에이서의 천준성이 인텔 아레나에서 서로의 노트북을 홍보하기 위해 대결을 펼칩니다. 두 사람 모두 거의 매년 컴퓨텍스 타이베이에서 연단에 오른 베테랑이지만, 이 세대 기업가들의 고령화는 세대교체라는 과제를 제기하고 있습니다. 대만은 매년 수천 개의 이벤트가 있는 기술의 섬이므로 차세대 리더들이 무대 경험을 쌓을 기회는 너무나 많습니다. 현재의 애플리케이션 중심의 시대에서는 강단에 올라 존재감을 비치지 않으면 시장에서 생존할 수 없게 되었습니다.

한편, 기술의 물결이 전 세계를 휩쓸면서 대만과 한국의 산업 구조와 경쟁력에도 미묘한 변화를 보이고 있습니다. 2000년 전후 인터넷 시대에는 시스코, 노키아, 에릭슨과 같은 네트워크 장비 제공업체들이 주도권을 쥐었고, 2007년 이후 스마트폰과 모바일 통신 시대에는 애플, 삼성, 중국의 붉은 공급망이 선두를 차지했습니다. 빅데이터와 스

---

* 瞭然於胸, 自然進退有序。

트리밍 시대에는 AWS, 구글, 마이크로소프트가 클라우드 서비스 제공자로서 승자가 되었고, 현재 AI 시대에는 엔비디아가 선두를 달리고 있으며, AMD가 시장 점유율 확대를 노리고 있고, 전통적 리더였던 인텔이 재기를 위해 고군분투하고 있습니다.

현시대는 고도의 성장세를 보이고 있지만 동시에 기술 집약적, 자본 집약적, 그리고 과점적 비즈니스 기회가 많은 시대입니다. 이러한 거대 기업들의 성공 뒤에는 공급망에서 '늑대와 함께 춤추는' 대만 기업가들과 특화된 기술력을 보유한 제조업체들의 공헌이 있습니다.

PC 시대에 한 달에 수백만 대의 컴퓨터를 생산할 수 있는 기업은 대만 기업뿐이었습니다. 중국이 현지 시장에 짝퉁 개발 환경을 조성하고 심지어 휴대폰 왕국을 건설했을 때, 그 뒤에 있던 부품 공급업체도 대만 기업이었습니다. 밀레니엄이 시작된 직후 대만 기업들은 인텔, 마이크로소프트 및 기타 대기업의 지원을 받아 서버 생태계를 구축하기 시작했고, 2020년 이후에는 전 세계 서버 마더보드[16]의 90% 이상이 대만 기업에서 생산되고 있는 것으로 추정됩니다.

대만의 TSMC, 위스트론, 콴타, 폭스콘, 페가트론[Pegatron], 인벤텍[Inventec]은 모두 AI의 물결로 큰 이익을 얻고 있습니다. 미디어텍이 이끄는 IC 설계 회사들도 가능한 모든 종류의 사업 기회에 주목하고 있으며 언론에서는 AI 붐으로 큰 이익을 얻고 있는 대만 기업가 10명을 선정하기도 했습니다.

국제 분업 관계의 재정립

반도체는 현대 사회의 기반 기술로서 어디에나 사용되며 미래 산업의 핵심으로 자리 잡고 있는 산업입니다. 일부 분석가들은 오늘날 대만이 반도체와 전자 산업에 지나치게 의존하는 경제 구조의 위험성을 설명하기 위해 '네덜란드 병'을 인용하기도 합니다. 그러나 네덜란드의 튤립과 달리, 반도체는 단순한 투기 대상이 아닌 국가 산업 발전의 핵심 동력이자 미래 지향적 산업입니다. 심지어 국가 안보의 측면에서도 전략적 중요성을 가지고 있습니다. 대만이 이러한 고부가가치 산업을 선도할 수 있게 된 것은 다양한 요소들의 복합적인 상호작용과 축적된 행운의 결과물이라고 할 수 있습니다.

현재 대만해협은 전쟁의 위험에 처해 있으며, 대만의 자원은 유한하고, 언제든지 활주로를 변경하거나 용광로에 다시 불을 붙이는 일은 할 수 없습니다. 다양한 산업 정책의 이면에는 복잡한 이해관계와 가치 주장이 존재하며, 정책 결정의 논리적 근거를 확립하기 위해서는 이를 지속적으로 검토하는 과정이 필요합니다. 1966년 당시 경제부 장관 리궈팅李國鼎이 노력하여 설립된 '보세가공구역加工出口區'도 상하이와 톈진에 있던 서구 열강의 조계租界와 같다는 비판을 받았다는 사실을 잊지 말아야 합니다. 반세기가 넘게 지난 지금, 우리는 당시 결정을 내린 정부 관리들을 되돌아보고 응당 그들을 어떻게 평가해야 하는지 숙고해야, 다음 세대의 용기 있는 의사 결정자들에게 더 나은 지지를 할 수 있을 것입니다.

AI가 4차 산업혁명의 물결로 떠오르면서 반도체와 공급망이 다시 한 번 화두로 떠오르고 있습니다. 컴퓨텍스 타이베이 2024 개최 전날, 인도 정보기술산업부 장관과 구자라트주Gujarat 주총리를 포함한 고위 관리들이 대만을 방문하여 위엔산圓山에 위치한 미화교상회American Chamber of Commerce에서 전략적 협력을 논의하는 만찬을 가졌습니다. 인도의 정책 관리들은 여러 반도체 기업들이 약 210억 달러 규모의 투자를 약속했다고 발표했으며, 당시 블룸버그 보도에 따르면 말레이시아는 2023년 대만에 이어 미국의 반도체 웨이퍼 수입국 중 두 번째 위치를 차지할 것이라고 밝혔습니다. 장기적인 산업 발전 전략의 일환으로, 말레이시아는 국가 차원의 반도체 발전 계획을 수립했으며, 쿠알라룸푸르와 페낭은 단순히 테스트 및 패키징과 같은 백엔드 공정에만 집중하는 것이 아니라, 프론트엔드 공정을 위한 12인치 웨이퍼 제조 시설을 개발하려는 명확한 목표를 세우고 있습니다.

1988년 일본의 반도체 세계 시장 점유율은 한때 50%를 넘어섰으나, 현재는 10% 미만으로 크게 하락했습니다. 일본은 국가 안보에 대한 민감도가 매우 높은 국가로, 최근 부상한 중국의 영향력 확대가 일본에 상당한 압박을 가하고 있습니다. 자동차, 인공위성, 국방 산업은 모두 일본의 국가 경쟁력에 직접적인 영향을 미치는 핵심 산업이며, 이들 모두가 첨단 반도체 기술을 필요로 합니다. 일본 정부는 2030년까지 1,000억 달러 규모의 반도체 생산 능력을 확보한다는 목표를 세웠으며, 현재 40nm 수준인 자국의 반도체 기술을 2027년까지 2nm 공정 수준으로 발전시키겠다는 도전적인 목표를 추진하고 있습니다.

미국은 1970년대부터 글로벌 아웃소싱 및 해외 생산 전략을 적극적으로 추진했는데, 이는 기본적으로 다른 국가들의 풍부한 노동력과 상대적으로 낮은 사회적 비용을 활용하여 비용 효율성을 극대화하기 위한 전략이었습니다. 장난감부터 개인용 컴퓨터, 반도체와 핵심 부품에 이르기까지 광범위한 제조업을 해외로 이전한 미국은 이를 통해 저렴하면서도 품질 좋은 제품을 빠르게 세계 시장에 공급할 수 있었습니다.

미국 기업들은 이러한 전략으로 단기적인 수익을 창출했지만, 대량 생산에 기반한 제조업의 산업 문화와 경영 역량을 점차 상실하게 되었습니다. 현재 미국 정부는 이러한 상황을 타개하기 위해 2032년까지 전 세계 첨단 제조 능력의 28%를 자국 내에 확보하겠다는 계획을 발표했습니다. TSMC의 애리조나 공장 설립은 미국이 과거의 제조업 경쟁력을 회복하기 위한 노력의 중요한 시금석이 될 것으로 예상됩니다.

그러나 미국은 인구 밀도가 상대적으로 낮은 국가로, 대량 생산 체제를 지원할 수 있는 충분한 제조업 인력을 양성하는 것이 상당히 어려운 과제입니다. 전략적 파트너십 구축 측면에서 인구 1억 명 이상의 국가들이 우선적으로 고려될 수 있으나, 인프라 환경이 열악한 나이지리아, 에티오피아, 방글라데시, 파키스탄, 브라질이나 지정학적 경쟁 관계에 있는 러시아를 제외하면 미국의 선택지는 상당히 제한적입니다. 또 다른 가능성은 대만으로부터 스마트 제조 및 무인 공장 기술을 신속하게 도입하는 것이지만, 이 경우에도 중급 및 고급 기술 인재의 부족 문제는 여전히 미국이 직면한 중대한 도전 과제로 남게 될 것입니다.

한편, 한국의 윤석열 대통령은 한국을 세계 '3대 AI 강국'으로 발전시키겠다는 비전을 제시했습니다. 3대 강국 중 나머지 두 국가가 미국과 중국임이 자명한 상황에서, 한국은 두 강대국 간의 치열한 경쟁 속에서 전략적 틈새를 발견해야 하는 과제를 안고 있습니다. 그러나 이는 결코 쉽게 확보할 수 있는 사업 기회가 아니며, 정치적 불안정성을 경험하고 있는 한국은 예측하기 어려운 거친 항해를 겪을 가능성이 높습니다.

삼성의 경영 방식은 AI 시대의 급변하는 기술 환경에 충분히 적응하지 못하여, 메모리 반도체 시장에서의 선도적 위치를 점차 상실하고 있습니다. 파운드리 사업에 오랫동안 투자해 왔으나 기대에 미치지 못하는 성과를 거두었으며, 휴대폰 시장은 이미 포화 상태에 도달했습니다. SK하이닉스만으로는 한국 전체 산업 경쟁력을 지탱하기에 역부족이며, 한국 경제의 중심축인 삼성이 근본적인 혁신 없이는 심각한 위기에 직면할 가능성이 있습니다. 하드웨어와 소프트웨어의 통합이 가속화되는 현재의 시장 환경에서 삼성이 차별화된 경쟁 우위를 확보하는 것은 쉽지 않을 수도 있습니다.

2030년 GDP 기준으로 세계 3위 경제 대국이 될 것으로 예상되는 인도는 2035년에는 중국보다 더 많은 젊은 노동력을 보유하게 될 것으로 전망됩니다. 그 시점까지 대만, 일본, 한국, 미국 기업들의 인도 시장 진출이 완전히 사라지지는 않겠지만, 나렌드라 모디Narendra Modi 인도 총리는 이미 2030년까지 12인치 웨이퍼 제조 시설의 확보가 국가 경쟁력에 필수적이라는 점을 명확히 인식하고 있습니다. 과거 핵무기 개발에 성공했던 것과 마찬가지로 인도는 반도체 산업에서도 세계적인 경쟁력을 확보하기 위한 국가적 전략을 추진할 것입니다. 따라서 자국 내 반도체 제조 시설의 전략적 중요성을 간과하지 않을 것이며, 특히 글로벌 반도체 산업에서 인도 출신 인재들이 이미 상당한 비중을 차지하고 있다는 점을 고려할 때 이들이 자국 시장의 기회를 효과적으로 활용한다면 반도체 설계 및 제조 분야에서 인도의 부상이 가속화될 가능성이 높습니다.

향후 베트남의 생산 기지가 북부 지역은 휴대폰과 노트북 중심으로, 남부 지역은 반도체와 산업용 컴퓨터 중심으로 특화될지 여부는 베트남의 인프라 수준, 정치적 안정성, 국제적 위상 등 다양한 요인에 따라 결정될 것입니다. 베트남 또한 반도체 산업에서 선도적 위치를 확보하기 위한 노력을 기울이고 있으나, 미국 정부는 베트남과 중국 간의 잠재적인 협력 관계를 경계하는 입장을 취하고 있습니다. 결국 공산주의 체제와 자본주의 체제 간의 이념적 차이는 향후 글로벌 패권 경쟁 과정에서 전략적 동맹 형성에 중요한 고려 요소로 작용할 것으로 보입니다.

이미 반도체 산업에서 주도적 위치를 확보한 국가들이 쉽게 그 지위를 내어주지 않을 것이라는 점은 자명합니다. 산업 초기 단계에서 국가적 역량을 집중하여 반도체 산업에 전략적으로 투자함으로써 오늘날의 성과를 이룩할 수 있었던 것은 오직 한국과 대만뿐입니다. 이들 국가의 기술적, 산업적 지원 없이는 아세안 국가들의 반도체 산업 발전 비전은 실현 가능성이 낮은 꿈에 불과했을 것입니다. 따라서 현재 진행 중인 반도체 산업 경쟁의 이면에는 국가 경제의 근본을 흔들 수 있는 막대한 재정적, 전략적 위험이 내재되어 있음을 인식해야 할 것입니다.

선택의 기로, TSMC의 전략은?

미국과 중국 간의 새로운 세대적 경쟁 구도 속에서, 대만 기업들은 중국에서 전략적으로 민감한 제품의 생산 기지를 철수해야 하는 상황에 직면하고 있습니다. 그리고 동시에 미국이 첨단 기술 분야에서 중국을 배제하는 정책으로 인한 수혜를 받게 될 것으로 예상됩니다. 대만, 말레이시아, 멕시코, 인도의 생산 기지 강화는 중국의 제조업 황금기가 종료 단계에 접어들었음을 시사하고 있습니다. 중국이 가장 번영하는 시대에 대만은 운이 좋았고, 중국의 압력이 없는 상황에서 대만은 늑대와 계속 춤을 추었습니다. 그러나 현재의 G2 구도하에서 대만은 에너지, 인재, 토지 등 다양한 내부적 제약에 직면하고 있으며, 무역 흑자를 유지하는 것만으로도 중대한 도전이 되고 있습니다. 이러한 상황에서 트럼프 행정부의 대만 정책이 핵심 변수로 부상하고 있습니다.

트럼프의 두 번째 임기는 TSMC의 향후 경영 전략에 상당한 불확실성을 초래하고 있습니다. 실제로 2022년 10월 미국 정부는 중국의 첨단 반도체 제조 공정 개발을 억제하기 위한 광범위한 수출 규제를 시행했으며, 2024년에는 인텔과 삼성전자에 연이어 영업 경고를 하여 첨단 제조 공정 분야에서 TSMC의 시장 점유율이 지속적으로 확대되는 결과를 가져왔습니다. 그러나 이러한 시장 지배력 강화는 동시에 지정학적 위험과 산업 독과점에 따른 규제 리스크를 크게 증가시키고 있는데, 향후 트럼프 2기 4년 동안 TSMC가 이러한 사업 리스크를 어떻게 효과적으로 완화할 수 있을까요?

많은 전문가가 '경쟁과 공존'이라는 균형적 접근을 강조하고 있지만, 급변하는 국제 정세 속에서 TSMC의 뿌리 깊은 경쟁 중심적 기업 문화를 근본적으로 변화시키는 것은 쉽지 않습니다. 과거 인텔이 전략적 판단을 통해 AMD에 일정 부분 시장을 양보하여 경쟁사의 생존 기회를 제공했던 사례와 달리, TSMC가 삼성이나 인텔과 같은 주요 경쟁사에 핵심 기술을 이전하는 시나리오는 현실적으로 상상하기 어렵습니다. 만약 삼성과 인텔에 대한 기술 이전이 실현 가능성이 낮다면, 글로벌파운드리^{GlobalFoundries}와 같은 2선 업체들이 더 현실적인 협력 파트너가 될 수 있을 것입니다.

TSMC가 이미 2nm 공정 개발에 성공한 상황에서, 두 세대 이전의 10nm 또는 7nm 기술을 글로벌파운드리에 라이선스를 허가하는 N-2 전략은 리스크 분산을 위한 실용적인 방안이 될 수 있습니다. 또한, TSMC는 트럼프 행정부의 '제조업의 미국 회귀, 리쇼어링^{reshoring}' 전략에 필연적으로 대응해야 하는 상황에서 미국의 강점을 전략적으로 활용하여 우수한 R&D 인재를 유치하고, 미국 언론계에서 더 강력한 발언권을 확보하여 TSMC가 미국의 첨단 제조 산업 재건을 지원하고자 하는 적극적인 의지와 방안을 효과적으로 전달해야 합니다.

그러나 TSMC의 대규모 자본 지출 전략의 이면에는 '승자독식winner-takes-all' 사고방식이 깊게 자리 잡고 있으며, 이는 경쟁사들이 TSMC와의 격차를 좁히는 것을 근본적으로 차단하려는 전략적 의도에서 비롯된 것입니다. 만약 TSMC가 이러한 기존의 접근 방식을 근본적으로 변화시킨다면, 과거 모리스 창 TSMC 회장이 수립한 비즈니스 전략은 전혀 새로운 차원의 도전에 직면하게 될 것입니다.

　　TSMC가 자체적인 혁신을 통해 기업의 핵심 가치와 사명을 근본적으로 재정의하지 않는다면, 전 세계의 반도체 관련 자원이 하나의 기업에 과도하게 집중된 현재의 불균형한 상황에서 TSMC는 전략적 후퇴의 여지가 점차 축소될 가능성이 높습니다. 결과적으로 TSMC는 사업부 분사, 기술 공유, 혹은 미국 기업으로의 변환과 같은 근본적인 변화 가능성에 직면할 수 있습니다. 또한 대만이 단순한 제조 기지로 전락할 위험성 역시 대만이 진지하게 고려해야 할 현실적인 도전 과제입니다.

　　한편, 중국 반도체 산업이 미국이 설정한 기술 제재 장벽을 넘지 못하는 상황이 지속된다면 과거 중국 시장에 상당 부분 의존해 왔던 반도체 장비 및 소재 제조업체들이 TSMC에 어떻게 전략적으로 다가가는지도 중요한 대목입니다. 이들 제조업체들은 TSMC를 활용해 일본, 독일, 인도, 심지어 멕시코와 캐나다의 반도체 산업과 협력해 중국 시장 상실로 인한 손실을 효과적으로 상쇄해야 할 것입니다.

　　이러한 모든 산업 구조의 변화는 TSMC와 대만을 중심축으로 전개되고 있습니다. 대만의 반도체 공급망은 지금까지 '효율성'을 중요시하며 성장했는데, 이는 대만의 지리적, 인문학적 특성에서 기인한 제약 조건을 극복하기 위한 결과였습니다. 미국 현지에서 TSMC는 동아시아 출신 직원을 우대하고 현지 미국인 직원을 차별한다는 비판에 직면해 왔으며, 심지어 내부 회의에서 중국어만을 사용한다는 지적도 제기되어 왔습니다. 그러나 이러한 문화적 충돌은 미국에만 국한된 현상이 아니라, 대만 내에서 근무하는 외국인 직원들 역시 중국어를 주로 사용하는 대만인 관리자들이 의도적으로 외국인 직원들의 감정을 배려하지 않는다고 인식하는 경우가 빈번하게 발생하고 있습니다.

대만의 첨단 기술 산업은 상대적으로 수출 지향적인 특성을 가지고 있으면서도, 내부적으로는 다소 폐쇄적인 성격을 유지하고 있습니다. 따라서 많은 고위 경영진은 대만 기업이 지나치게 국제화될 경우 지금까지 대만 산업이 유지해 온 고유한 경쟁 우위가 약화될 가능성을 우려하고 있습니다. 대만의 산업적 성과는 삼성이나 현대와 같은 글로벌 기업들처럼 외형적으로 화려하지는 않지만, 대만 산업이 보유한 견고한 기술적 역량과 산업 기반으로 인해 많은 해외 방문객들은 대만의 산업적 성공이 어떻게 가능했는지에 대해 깊은 관심을 표명하고 있습니다.

저는 이러한 대만의 산업적 성공을 손자병법의 '기세는 험하되 단시간 내에 집중되어야 한다'라는 구절[*]을 인용하여, 고위험 환경에서

---

[*]   其勢險, 其節短。화력을 단 시간 내에 한 곳에 총집중하는 그런 상황을 말한다.

형성된 신속한 대응 본능으로 설명하고자 합니다. BBC는 아이슬란드의 숨막히는 자연 경관을 소개하면서 "가장 위험한 지역에 거주하는 사람들이 종종 더욱 강렬한 행복을 경험할 수 있다"라고 언급한 바 있습니다. 유라시아 판의 가장자리에 위치한 대만은 화산 활동과 지진의 지속적인 위협 아래 있으며, 동시에 첨단 기술 산업의 세력 전이와 지정학적 긴장이 고조되는 전략적 위치에 놓여 있습니다. 대만 국민들은 세계 어느 나라보다도 경제적 역학 관계의 변화, 지질학적 불안정성, 정치적 지형의 변동이 초래할 수 있는 잠재적 영향을 더욱 민감하게 인식하고 있습니다.

국토가 협소하고 인구 밀도가 높은 대만은 국제 사회에서의 발언권이 제한적입니다. 따라서 산업과 경제 발전에 집중하는 것 외에는 국가적 역량을 발휘할 수 있는 영역이 상대적으로 제한되어 있습니다. 대만 전자 산업의 핵심 경쟁력은 신주Hsinchu 북부 지역에 형성된 고밀도 산업 클러스터에 있으며, 이는 미국의 실리콘밸리보다 더 높은 효율성을 보여주고 있습니다. 대만 국민들이 하드웨어 제조 산업에 집중적으로 참여하면서 대만은 공학 및 기술적 우위를 확보하게 되었으며, 대만 기업들은 선도자로서의 강점을 전략적으로 활용하는 데 매우 뛰어나, 경쟁사들이 따라잡기 어려운 기술적 격차를 지속적으로 유지하고 있습니다.

한편, 최근 중국 반도체 산업의 급속한 발전 역시 전 세계적인 관심의 대상이 되고 있습니다. 그러나 중국 반도체 산업에 관한 정보는 종종 혼란스럽고 다양한 해석이 공존하는 상황이기에 오랜 기간 산업 정보를 체계적으로 연구해 온 전문가만이 핵심적인 통찰력을 확보하고 적절한 전략적 판단을 내릴 수 있습니다. 예를 들어, 중국 관영 미디어에서는 화웨이가 엔비디아와 인텔의 기술 봉쇄에도 불구하고 자체 마이크로프로세서를 성공적으로 개발하고 있다거나, 중국의 홍멍鴻蒙* 운영체제가 어떻게 마이크로소프트의 윈도우 의존성에서 벗어날 것인지에 관한 낙관적인 전망을 지속적으로 보도하고 있습니다.

일반적으로 전 세계 인구의 약 18%를 차지하는 중국이 글로벌 시장에서 약 20% 정도의 점유율을 확보하고 있는데 이 점유율은 '균형적인' 점유율 분포를 보이지 않습니다. 중국이 실제로 글로벌 시장에 큰 파장을 일으키고 있는 제품군은 텔레비전, 스마트폰, 태양광 패널, 그리고 최근에는 가격 경쟁력을 무기로 전 세계 시장을 공략하고 있는 전기차 부문입니다. 중국의 전자제품 위탁생산EMS, Electronics Manufacturing Service 기업들이 글로벌 시장에 미치는 실질적인 영향력을 정확히 평가하기 위해서는 모든 관련 데이터를 철저히 검증하고, 나아가 중국 산업의 발전 동향을 종합적으로 파악해야 할 필요성이 있습니다.

여기서 반도체는 고도로 전문화된 국제 분업 체계가 발달한 산업으로, 업스트림의 반도체 장비, 소재, IC 설계에서부터 미들스트림의 파운드리 및 패키징, 그리고 다운스트림의 최종 조립에 이르기까지 모든 가치 사슬 단계에서 산업의 경쟁력과 상호 연결성을 명확하게 확인

---

*   화웨이가 개발한 중국 고유 OS, 안드로이드나 윈도우를 대체할 것이라는 기대를 받고 있다.

할 수 있습니다. 중국은 전략적 인수합병, 집중적인 투자 등 다양한 방법을 통해 이미 대만에 필적하는 수준의 반도체 패키징 및 테스트 산업 역량을 구축하고 있습니다. 창뎬長電, 포팀 마이크로일렉트로닉스富通微電, 화톈華天 등 3개의 주요 반도체 패키징 기업의 개별 매출은 각각 100억 위안(약 13억 8,000만 달러) 이상을 기록하고 있으며, 상위 2개 기업의 매출은 이미 200억 위안을 돌파했습니다. 통푸 마이크로일렉트로닉스通富微는 전체 매출의 80% 이상이 AMD로부터 발생하고 있으며, 엔비디아와 SK하이닉스의 수요에 크게 의존하는 타이지太極實業는 HBM 분야에 전략적으로 집중하고 있어, 지정학적 환경과 미-중 관계의 변화에 따라 기업 전략을 유연하게 조정할 수밖에 없습니다.

세계를 바꿀 기연

대만은 특별한 역사적 계기 없이도 미국과 중국 간의 전략적 경쟁에서 핵심적인 초점이 되었습니다. 자본주의와 공산주의 사이의 이념적 대립 구도를 넘어, 대만의 독특한 지정학적 조건과 산업적 특성 역시 국제사회가 대만을 판단하는 기준의 중요한 요소입니다. 국제 정치의 현실주의적 관점에서 볼 때 대만은 자국의 산업적 역량과 경제적 성과로만 국제사회에 자신의 전략적 가치를 증명할 수 있는 상황에 놓여 있습니다. 그러나 대만은 대부분의 국제 관계에서 외교적 영향력을 행사하는 데 상당한 제약을 받고 있습니다.

지정학적 측면에서 가장 명확하게 드러나는 대만의 전략적 중요성은 국제 무역과 항공 및 해상 운송 네트워크에서의 역할입니다. 일본이 '대만에 위기가 발생하면 일본에게도 위기'라고 공식적으로 선언한 것은 일본의 식량 자급률이 20% 미만에 불과하고, 일본의 필수적인 해상 운송 루트가 대만해협을 통과해야 하기 때문입니다. 만약 대만이 중국에 의해 통제된다면 일본의 국가 안보와 경제가 잠재적 적국의 손에 달려있게 된다는 현실적인 우려인 것입니다. 이러한 상황에서 자연스럽게 제기되는 질문은 '일본에 위기가 닥친다면 한국은 과연 안전할 수 있을까?'라는 점입니다.

지리적 조건이 유사하고 천연자원이 제한적인 한국 역시 일본과 마찬가지로 식량 안보와 에너지 안보의 취약성이라는 유사한 어려움을 겪을 수 있습니다. 한국은 복잡한 역사적 배경, 민주주의 사회의 공유된 가치체계, 그리고 직면한 생존적 조건의 유사성으로 인해 미국 주도의 동맹 체제의 핵심 구성원으로 자리매김하게 되었습니다.

대만 영공을 통과하는 각 국제 항공기는 400달러 이상의 통행료를 지불하고 있으며, 현재 연간 20만 대 이상의 항공편이 대만 영공을 경유하여 약 1억 달러에 이르는 정부 수입을 창출하고 있습니다. 이는 글로벌 운송 네트워크에서 대만이 차지하는 중추적인 위치를 증명하는 지표입니다. 또한 홍콩, 인천, 상하이 푸동, 타오위안, 도쿄 나리타 순으로 세계 5대 국제 항공화물 허브가 모두 서태평양 지역에 집중되어 있어 이 지역이 국제 물류 시스템에서는 전략적으로 매우 중요합니다. 특히 중화항공China Airlines과 에바항공EVA Air의 화물기 운영 규모를 통합할 경우, 대만은 세계 최대의 항공 화물 운송 역량을 보유하게 될 것으로 전망됩니다. 더불어 에버그린長榮, 양밍陽明, 완하이萬海와 같은 대만의 해운 기업들은 이미 세계 10대 해운사에 포함되어 있습니다. 대만은 국제 정치 무대에서는 상대적으로 제약을 받고 있지만, 실질적으로는 글로벌 해운 및 물류 네트워크의 중요한 허브로서 그 전략적 위상을 꾸준히 강화해 나가고 있습니다.

대만은 서태평양의 핵심 교차로에 위치해 있지만, 특수한 국제적 지위로 인해 소위 '대만 방공식별구역ADIZ, Air Defense Identification Zone'과 관련된 문제는 여전히 논쟁의 여지가 많은 복잡한 사안으로 남아 있습니다. 중국은 자국의 영토 주권을 근거로 대만의 방공식별구역 주장을 인정하지 않고 있으며, 일본 역시 대만과의 방공식별구역 경계선 재조정을 요구하고 있어 국제사회에서 대만의 복잡한 지정학적 상황은 외부 관찰자들이 온전히 이해하기 어렵습니다. 그럼에도 불구하고 대만은 1960년대부터 '아시아의 네 마리 용' 중 하나로 부상한 이래, 글로벌 공급망의 핵심적인 구성 요소가 되기 위해 지속적인 노력을 기울여 왔으며, 위탁생산 중심의 산업 구조를 통해 세계 시장에서 '비위협적인' 협력 파트너로서의 입지를 구축해 왔습니다. 대만과 유사한 경제 규모와 산업 역량을 갖춘 국가라면 어느 나라든 이처럼 수익성 있는 OEM 사업 모델을 쉽게 포기하지 않을 것입니다. 즉 대만은 다양한 외부적 제약 요인들에 직면해 있음에도 불구하고 여러 산업 분야에서 '보이지 않는 챔피언Hidden Champion'으로서 활약하고 있는 독특한 경제적 지위를 확보하고 있습니다.

반도체 산업의 미래 전망에 관한 대부분의 분석은 첨단 기술 혁신이나 이질적인 기술 융합에 초점을 맞추는 경향이 있지만, 저는 비즈니스 모델의 진화, 최종 소비자 수요의 변화 패턴, 그리고 급변하는 지정학적 환경 역시 우리가 깊이 고려해야 할 중요한 요소라고 생각합니다. 비즈니스 환경은 결코 정적인 상태로 유지되지 않기 때문에 산업 전문가들은 축적된 지식을 바탕으로 모든 가능한 시나리오를 예측하고 분석해야 합니다.

세계 10대 서버 제조업체 중 중국 기업이 3개, 미국 기업이 7개를 차지하고 있는 현재의 시장 구도에서, 미국의 주요 OEM 브랜드와 클라우드 서비스 기업들인 구글, 마이크로소프트, AWS, 메타는 일부 전략적 조정을 시도할 수 있으나, 이들의 기존 아웃소싱 구조는 근본적으로 쉽게 변화하지 않을 것으로 예상됩니다. 또한 AMD, HP, 델, 그리고 대만의 에이서와 아수스도 시장 점유율을 높이기 위한 치열한 경쟁을 벌이고 있어, 이 과정에서 삼성과 같은 주요 기업을 전략적 파트너로 영입하려는 움직임이 더욱 활발해질 것입니다.

글로벌 반도체 산업의 경쟁 구도는 미묘하면서도 중요한 변화의 조짐을 보이고 있습니다. 만약 삼성이 인텔과 네이버와의 전략적 협력을 통해 엔비디아, TSMC, SK하이닉스의 연합에 대항하려 한다면 우리는 다양한 형태의 전략적 제휴와 협력 구도를 예상해 볼 수 있습니다. 예를 들어, 인텔이 TSMC와의 경쟁에서 우위를 점하거나, 제3자를 통해 TSMC와 인텔 사이의 전략적 균형을 조정하고자 한다면, UMC^{United Microelectronics Corporation}를 재평가할 필요성이 대두될 수 있습니다. 또한 UMC 자체적으로도 변화하는 시장 환경에 대응하기 위한 새로운 전략적 방향을 모색해야 할 것입니다.

최근 조사에 따르면, UMC 역시 현재의 경쟁 구도에서 돌파구를 찾고 있습니다. 반도체 산업에서 정체는 곧 경쟁력 상실을 의미하기 때문에 이들 기업은 모두 다양한 자원을 활용한 합작 투자와 전략적 제휴를 추진할 것으로 예상됩니다. 예를 들어, 중동 지역과 신흥 경제국으로부터 대규모 투자 자금을 유치하려는 움직임이 가시화되고 있습니다. 인텔과 삼성이 UMC를 전략적으로 활용할 수 있는 다양한 협력 모델이 검토될 가능성이 높으며, 이는 높은 기술적 진입 장벽, 자본 집약적 특성, 그리고 지정학적 영향력 등 다양한 요인에 의해 복잡한 양상으로 전개될 것입니다.

모든 산업 발전 전략의 목표는 더 강력한 비교 우위를 지속적으로 확대하는 것입니다. 반도체 및 정보통신기술 공급망은 기술 집약적이면서 동시에 자본 집약적인 산업으로, 대만은 이 두 가지 측면에서 모두 세계적인 선두 주자로 자리매김하고 있습니다. 대만의 산업적 우위를 활용하고자 하는 국가들은 모두 대규모 자본 투자와 우수한 인재 유치를 통해 대만과의 협력을 강화함으로써 더욱 고도화된 경쟁 우위를 구축하려 할 것입니다. 따라서 향후 몇 년간 대만의 글로벌 경쟁력은 더욱 강화될 전망입니다. 그러나 동시에 지정학적 긴장 관계로 인해 중국은 여러 측면에서 전략적 제약에 직면하게 될 가능성이 높습니다.

물론 대만이 일본 및 유럽과의 전략적 협력 가능성을 배제해서는 안 되겠지만, 표면적으로 긴밀해 보이는 대만-일본 관계의 이면에는 여전히 다양한 불확실성과 변수가 존재하고 있습니다. 닛케이의 보고서에 따르면, 2021년부터 2029년까지 일본의 8개 주요 전자 기업이 총 320억 달러 규모의 반도체 관련 투자를 확정했다고 합니다. 기시다 후미오岸田文雄 전 총리도 총리직에서 물러나기 직전 홋카이도에 위치한 라피더스 시설을 방문하여 2nm 공정 프로젝트의 진행 상황을 직접 점검하고, 기업들이 겪는 기술적 병목 현상을 해소할 수 있도록 정부 차원의 적극적인 지원을 약속한 바 있습니다.

일본과 유럽은 역사적으로 반도체 산업을 가장 먼저 발전시킨 선구자적 위치에 있었던 국가들입니다. 이들이 반도체 장비와 소재 산업에서 전략적 움직임을 본격화하여 대만의 현재 위치가 위협받게 되는 상황이 발생한다면, 그것은 바로 일본과 유럽이 공동의 이해관계를 바탕으로 대만을 대체하려는 시도를 본격화하는 시점일 것입니다. 만약 일본이 2027년에 실제로 2nm 공정 기술 개발에 성공한다면, 글로벌 반도체 산업은 새로운 경쟁 구도와 발전 국면을 맞이하게 될 가능성이 있습니다.

파운드리 산업의 재정의

부정적인 관점에서 보면 파운드리의 부가가치는 매우 제한적인 것처럼 보입니다. 전 세계 파운드리 업계에서 첨단 칩 시장에서 최고의 기술력으로 90% 이상의 시장 점유율을 달성하고 나서야 국제 사회는 TSMC

가 전체 파운드리 시장에서 60%의 시장 점유율을 차지했을 뿐만 아니라 오랜 기간 동안 53%의 매출 총이익과 40%에 가까운 순이익률을 유지했다는 사실에 놀랐고, 이 모든 것이 대만 사람들이 최고의 인재를 중심으로 만들어낸 경이로운 성과였다는 것을 알게 되었습니다.

이제 TSMC는 파운드리 2.0을 통해 파운드리 산업을 재정의하려고 합니다. TSMC의 새로운 정의에 따르면 파운드리 산업은 기존의 정의 범위 외에 비메모리 IDM 매출, 일부 테스트 및 패키징, 포토마스크 및 설계 서비스를 포함하는 것으로 정의됩니다. 새로운 정의에 따르면 TSMC의 글로벌 시장 점유율은 28%에 불과한 반면 주요 경쟁사인 인텔은 22%로 증가했으며, 메모리에 주력하는 삼성은 더 이상 TSMC가 주시할 경쟁자가 아닌 것으로 보입니다.

웨이퍼 파운드리 사업뿐만 아니라 폭스콘鴻海과 대만 5대 전자 기업은 모두 EMS 업체이며 이들은 글로벌 전자 제품 수급을 안정화시켜 최고의 효율로 글로벌 소비자들에게 저렴하고 좋은 품질의 노트북과 휴대폰을 공급합니다. 대만을 방문한 발머 전 마이크로소프트 CEO를 만난 자리에서 대만이 따라야 할 표준을 가질 수 있도록 윈도우와 같은 플랫폼 소프트웨어를 제공한 마이크로소프트에 감사하다고 말한 적이 있는데, 마이크로소프트가 매년 대량으로 판매되는 노트북 등 관련 제품에 대해 막대한 라이선스 비용을 징수할 수 있었던 것도 대만의 노력 덕분이기도 합니다. 마이크로소프트뿐만 아니라 엔비디아, AMD, 인텔이 생산하는 마이크로프로세서, 그래픽 칩, 데이터 칩, 심지어 삼성, SK하이닉스, 마이크론, 키오시아Kioxia, 르네사스 전자가 생산

하는 메모리까지 모두 대만의 생산 시스템을 통해 다양한 상품에 부착
되어 있습니다. 이는 과거에도 그랬고 가까운 미래에도 그럴 것입니다.
과거 의도적으로 무시되어 왔던 대만의 공급망의 가치가 2030년을 앞
둔 이 수년 동안 재평가되기 시작했습니다.

블랙 스완,
하늘을 날다

2025년 1월 말, 전 세계 중국인들의 설 명절인 춘절 전날 갑자기 나타난 블랙 스완(딥시크의 등장)은 전 세계 하이테크 산업을 극한의 동결 모드로 몰아넣었습니다. 중국 대입 수능에서 수석을 했던 량원펑梁文鋒이 이끄는 딥시크DeepSeek가 저사양 칩셋으로 수학과 논리적 추론에서 오픈AI를 뛰어넘자, AI 분야의 선두 주자였던 미국의 주도권이 흔들리며 엔비디아의 주가가 17% 급락했습니다. 시가총액이 6,000억 달러 가까이 증발하는 상황에 미국 백악관도 "미국이 AI 분야에서 중국보다 3~6개월밖에 앞서지 못했다"라고 우려의 말을 전했습니다.

중국이 소수 정예 인재로 실리콘밸리 기업을 이긴 배경에 관심이 집중되고 있습니다. 중국 언론은 최고 1% 중에서도 선별된 이들이 실리콘밸리 99.99%를 이겼다고 합니다. 딥시크는 2년 만에 하이테크 역사상 희귀한 기적을 만들었습니다. 딥시크가 시장 검증을 통과하고 적은 컴퓨팅 파워로도 높은 효율을 낸다면, 엔비디아 칩 수요 감소와 TSMC 생산 일정 해소가 예상됩니다. 그리고 딥시크의 등장은 TSMC 주가 급락의 원인이 되었습니다. 그러나 AI 서버와 엣지 컴퓨팅 패러다임 변화를 주목한 이는 드뭅니다. 엣지 컴퓨팅으로의 초점 이동은 붉은 공급망에 유리할 수 있습니다.

전 세계적으로 AI 관련 분야에 1조 달러가 투자되고 있다면, 과거에는 대부분 컴퓨팅 성능을 목표로 하는 IT 인프라에 투자되었고, 네트워크 대기업이 리소스 흐름을 주도했으며 엣지 컴퓨팅은 상대적으로 낮은 비중을 차지했습니다. 이제 딥시크의 등장으로 컴퓨팅 파워 부족에 대한 압박이 완화되었으므로 이 자금은 휴대폰, 노트북, 심지어 중국 기업들이 지난 몇 년 동안 일찍부터 준비해 온 잠재적 사업인 드론, 전기차, 휴머노이드 로봇, 스마트 안경과 같은 신흥 분야의 엣지 컴퓨팅으로 흘러 들어갈 수 있습니다.

2025년에 접어들면서 승자독식의 추세에 따라 엔비디아, 애플, 마이크로소프트, 테슬라, AWS, 구글은 계속해서 막대한 수익을 거두고 있습니다. TSMC, 마이크론, AMD, 엔비디아가 대만에 연구 및 생산 기지를 확장할 것으로 예상됩니다. 한 주 동안 저는 경제부 궈즈후이郭智輝 장관 그리고 국가과학기술위원회国家科学及技术委员会 우청원吳誠文 위원장과 만찬 회동을 가졌고, 두 사람은 산업 업그레이드와 인력 및 토지 자원 부족 문제에 어떻게 대처할 것인지에 대해 이야기 했습니다.

그동안 대만이 평안과 번영을 유지할 수 있었던 것은 선천적인 조건과 후천적인 노력, 그리고 우호적인 시대적 흐름이라는 요소가 잘 맞았기 때문입니다. 선천적 조건으로는 산업체들의 본사가 신주 북쪽으로 자동차 1시간 거리 이내에 밀집해 있다는 점, 경영자들 사이의 관계가 우호적이라는 점, 5성급 호텔에서 매일 다양한 종류의 하이테크 트렌드 세미나를 볼 수 있다는 점, 산업 초기에 필요한 저렴하고 근면한 노동력 및 엔지니어가 대만에 세계 최고 수준으로 많다는 점 등이 있습니다. 후천적인 노력은 대만의 선천적 조건을 잘 활용하기 위해, 어느 정부가 집권하든 국영 기업이 저가의 전력과 물을 충분히 공급할 수 있도록 약속하고 있다는 점입니다.

전자 산업의 비약적인 발전 덕분에 최소 100만 가구가 전자 산업으로부터 직접적인 혜택을 받았습니다. 또한 금융, 미디어, 요식업, 관광업, 부동산 분야의 많은 사람들도 전자 산업의 고수입으로 인한 기여와 혜택을 받았을 것입니다. 대만 경제 활동의 최소 40%가 전자 산업과 밀접한 관련이 있다고 해도 과언이 아닐 것입니다.

지난 세기 동안 대만인들은 미국과 중국의 관점에서 문제를 바라보는 데 익숙해졌습니다. 대만인에게 미국과 중국은 하늘과 땅과 같았고, 이 틀 안에서 생각해 왔습니다. 현재는 미-중 갈등으로 인해 대처 방안을 고민하고 있습니다. 그러나 1996년 대통령 직선제 도입 이후, 우리 사회의 자주성 확립을 위해 노력해야 합니다.

신사업과 XYZ세대가 대만의 희망입니다. 1세대 기업가들이 물러나는 시점에서 XYZ세대에게 바통을 넘겨주어야 합니다. 대만 산업계는 '5세대 한 지붕 아래'지만 세대 간 인식 격차가 큽니다. 이 책은 중립적인 시각으로 선배 기업가들의 용기와 지혜를 이해하고, 1970년대 창업한 1세대 기업가들에게 경의를 표하는 데 목적이 있습니다.

다른 나라가 주저앉아 있는 지금이야말로 대만이 작은 규모를 최대한 활용해 공격적으로 일어날 적기입니다. 저는 설산雪山 터널 입구에서 잡초를 뽑고 농지를 정리하며 이 책의 초안을 마무리했습니다. 호황을 누리는 전자 산업은 대만의 주축이 되었고, 저는 거인들의 어깨 위에 올라서서 노력의 결실을 누리고 있습니다.

한걸음에 밭에 다다르니 바람은 살랑거리고, 저는 벼꽃 향기 속에서 한 해의 풍년을 이야기할 수 있었습니다.

2025년 2월,

설산 터널의 냉이밭에서 원고를 마치다.

옮긴이 소개 이철(李鐵)

1960년 충남 서산에서 태어났다. 학창 시절에 학생회 간부로 활동하는가 하면 수개월 정학을 당하는 등 평탄하지 않은 과정을 겪었다. 서울대학교에서 산업공학으로 학부에서 박사까지 취득했다. 한국전자통신 연구소 위촉 연구원으로 경력을 시작하여 KT 기술협력부장, 삼성SDS 중국법인장, 디지카이트 대표, SK엔카 중국본부장, TCL CIO, 이스라엘 카타센스(CartaSense), 국내 상장사인 플랜티넷 중국 본부장 등 중국에서 다양한 직장을 거쳐 지금은 지텍이라는 작은 기술 기업의 고문으로 있다. 중국의 정부 기관 프로젝트를 많이 수행한 관계로 중국 내부 사정에 밝아 중국 산업 및 시사 전문가로 활동하고 있다. 저서로『중국의 선택』,『중국 주식 투자 비결』,『이미 시작된 전쟁』,『디커플링과 공급망 전쟁』등이 있고 역서로는『문명, 현대화 그리고 가치투자와 중국』이 있다.

TSMC와 트럼프 이펙트: 대격변 예고

초판 1쇄 발행 2025년 4월 17일

지은이 콜리 황
옮긴이 이철
브랜드 경이로움
출판 총괄 안대현
책임편집 이제호
편집 김효주, 심보경, 정은솔, 전다은
마케팅 김윤성
표지디자인 블루노머스
본문디자인 윤지은

발행인 김의현
발행처 (주)사이다경제
출판등록 제2021-000224호(2021년 7월 8일)
주소 서울특별시 강남구 테헤란로33길 13-3, 7층(역삼동)
홈페이지 cidermics.com
이메일 gyeongiloumbooks@gmail.com(출간 문의)
전화 02-2088-1804 **팩스** 02-2088-5813
종이 다올페이퍼 **인쇄** 재영피앤비
ISBN 979-11-94508-16-8 (03320)